D1617652

Schäder/Weber

Praxiskommentar zum Streitwertkatalog Arbeitsrecht

AnwaltKommentar

Praxiskommentar zum Streitwertkatalog Arbeitsrecht

Von

Dr. Gerhard Schäder
Rechtsanwalt, Fachanwalt für Arbeitsrecht,
München

und

Dr. Sebastian Weber
Rechtanwalt, Lehrbeauftragter an der
Kath. Universität Eichstätt-Ingolstadt
und der Hochschule München,
München

DeutscherAnwaltVerlag

Zitiervorschlag:
Schäder/Weber, Praxiskommentar Streitwertkatalog Arbeitsrecht, Nr. 1 Rn 1

Anregungen und Kritik zu diesem Werk senden Sie bitte an
kontakt@anwaltverlag.de
Herausgeber, Autoren und der Verlag freuen sich auf Ihre Rückmeldung.

Copyright 2016 by Deutscher Anwaltverlag, Bonn
Satz: Cicero Computer GmbH, Bonn
Druck: Hans Soldan Druck GmbH, Essen
Umschlaggestaltung: gentura, Holger Neumann, Bochum
ISBN 978-3-8240-1395-1

Bibliografische Information der Deutschen Nationalbibliothek
Die Deutsche Nationalbibliothek verzeichnet diese Publikation in der Deutschen Nationalbibliografie; detaillierte bibliografische Daten sind im Internet über http://dnb.d-nb.de abrufbar.

Vorwort

Eine verlässliche Grundlage für die Berechnung der Kosten eines Rechtsstreits ist für alle Beteiligten erstrebenswert. Ein Streitwertkatalog kann das allseits bestehende Bedürfnis nach Vorhersehbarkeit zumindest in Teilen befriedigen. Dies gilt auch für den hier kommentierten Streitwertkatalog zum Arbeitsrecht.

Der Wunsch nach Planbarkeit darf jedoch nicht zu schematischen und „zu" einfachen Lösungen verleiten, die den Besonderheiten des jeweiligen Einzelfalls dann nicht gerecht werden. Schon die Entstehung wie auch die Frage der Verbindlichkeit eines Streitwertkatalogs sind deshalb kritisch zu betrachten. Für die Vielzahl der erfassten Verfahren im individuellen wie kollektiven Arbeitsrecht lassen sich zudem – dies zeigt die bisherige Rechtsprechung – verschiedene Lösungen mit guten Argumenten vertreten.

Kein Streitwertkatalog kann deshalb das erkennende Gericht seiner Aufgabe entheben, sämtliche Umstände des Einzelfalls zu gewichten und mit Blick auf diese auch „abweichende" Entscheidungen zu treffen. Schon die Formulierung eines Katalogs muss deutlich machen, dass bei seiner Anwendung deshalb Sorgfalt geboten ist. In Teilen sind die Verfasser dieses Kommentars zudem der Auffassung, dass die Vorschläge des Streitwertkatalogs nicht überzeugen oder jedenfalls in der praktischen Anwendung zu modifizieren sind. Die kritische Auseinandersetzung mit dem Streitwertkatalog mündet deshalb an den entsprechenden Stellen in eigene Vorschläge. Wir hoffen, dass wir damit zusätzlich zum Streitwertkatalog eine Hilfestellung für die Praxis geben können.

Die berechtigten Vergütungsinteressen eines Rechtsanwalts wie auch die Interessen der mit den Kosten belasteten Parteien (im Beschlussverfahren nur der Arbeitgeber) in einen angemessenen Ausgleich zu bringen, erweist sich dabei bisweilen durchaus als Gratwanderung. Dies eint letztlich alle, die Streitwerte zu katalogisieren versuchen. Ohnehin ist kein Werk perfekt! Wir sind deshalb natürlich für Anregungen und Kritik dankbar. Bei der Gelegenheit möchten wir uns für die engagierte und kompetente Begleitung dieses Werkes durch den Verlag, insbesondere durch Herrn Rechtsanwalt Dennis Flohr, sehr herzlich bedanken.

München, im September 2015

Gerhard Schäder

Sebastian Weber

Inhaltsübersicht

Literaturverzeichnis

Baumbach/Lauterbach, ZPO, 73. Aufl. 2014

Bischof u.a., RVG-Kommentar, 6. Aufl. 2014

Bläsing, Der Streitwert im arbeitsgerichtlichen Verfahren, 2003

Düwell/Lipke/Reinfelder, ArbGG – Kommentar zum gesamten Arbeitsverfahrensrecht, 3. Aufl. 2012

Erfurter Kommentar zum Arbeitsrecht, 15. Aufl. 2015

Fitting/Engels/Schmidt/Trebinger/Linsenmaier, Betriebsverfassungsgesetz: BetrVG, 27. Aufl. 2014

Gerold/Schmidt, RVG, 21. Aufl. 2013

Korinth, Einstweiliger Rechtsschutz im Arbeitsgerichtsverfahren, 3. Aufl. 2015

Mayer/Kroiß, Rechtsanwaltsvergütungsgesetz: RVG, 6. Aufl. 2013

Meier/Becker, Streitwerte im Arbeitsrecht, 3. Aufl. 2012

Schneider/Wolf, RVG-Kommentar, 7. Aufl. 2014

Schneider/Herget, Streitwertkommentar für den Zivilprozess, 13. Aufl. 2011

Tschöpe/Ziemann/Altenburg, Streitwert und Kosten im Arbeitsrecht, 2013

Abkürzungsverzeichnis

a.a.O.	am angegeben Ort
Abs.	Absatz
AE	Arbeitsgerichtliche Entscheidungen (Zs.)
AnwBl.	Anwaltsblatt (Zs.)
ArbG	Arbeitsgericht
ArbGG	Arbeitsgerichtsgesetz
ArbR	Arbeitsrecht
ArbRB	Arbeits-Rechtsberater (Zs.)
AuR	Arbeit und Recht (Zs.)
BAG	Bundesarbeitsgericht
BAGE	Entscheidungen des Bundesarbeitsgerichts
BB	BetriebsBerater
Beschl.	Beschluss
BetrVG	Betriebsverfassungsgesetz
BGB	Bürgerliches Gesetzbuch
BVerwG	Bundesverwaltungsgericht
DAV	Deutscher Anwaltsverein
DB	Der Betrieb
ErfK	Erfurter Kommentar
EUR	Euro
EzA	Entscheidungssammlung zum Arbeitsrecht
f.	folgende
ff.	fort folgende
GewO	Gewerbeordnung
GKG	Gerichtskostengesetz
HS	Halbsatz
i.V.m.	in Verbindung mit
JurBüro	Das Juristische Büro (Zs.)
KSchG	Kündigungsschutzgesetz
LAG	Landesarbeitsgericht
LAGE	Entscheidungen der Landesarbeitsgerichte

LG	Landgericht
MDR	Monatsschrift für Deutsches Recht (Zs.)
NJW	Neue Juristische Wochenschrift
Nr.	Nummer
Nrn.	Nummern
NZA	Neue Zeitschrift für Arbeitsrecht
NZA-RR	NZA-Rechtsprechungsreport (Zs.)
Rdn	Randnummer (interner Verweis)
Rn	Randnummer (externer Verweis)
RVG	Rechtsanwaltsvergütungsgesetz
S.	Seite
s.	siehe
TVöD	Tarifvertrag für den Öffentlichen Dienst
TzBfG	Teilzeitbefristungsgesetz
u.	unten
u.Ä.	und Ähnliches
VG	Verwaltungsgericht
vgl.	vergleiche
VV	Vergütungsverzeichnis
z.B.	zum Beispiel
ZPO	Zivilprozessordnung
Zs.	Zeitschrift

Streitwertkatalog für die Arbeitsgerichtsbarkeit
Überarbeitete Fassung 9.7.2014

Auf der Basis der ersten Fassung eines einheitlichen Streitwertkatalogs für die Arbeitsgerichtsbarkeit aus dem Jahre 2013 hat die Streitwertkommission unter Auswertung der Stellungnahmen und Vorschläge aus der Anwaltschaft, von Seiten der Gewerkschaften und der Arbeitgeberverbände, von Seiten der Versicherungswirtschaft und aus der Richterschaft eine überarbeitete Fassung des Streitwertkatalogs erstellt. Auch künftig soll der Streitwertkatalog weiter entwickelt werden.

Der Streitwertkatalog kann selbstverständlich nur praktisch wichtige Fallkonstellationen aufgreifen, ebenso selbstverständlich sind die darin enthaltenen Bewertungsvorschläge zugeschnitten auf die entsprechenden typischen Fallkonstellationen.

Trotz dieser Einschränkungen versteht sich der Streitwertkatalog als Angebot auf dem Weg zu einer möglichst einheitlichen Wertrechtsprechung in Deutschland, im Interesse der Rechtssicherheit und Rechtsklarheit für alle Beteiligten. Er beansprucht jedoch keine Verbindlichkeit.

I.
Urteilsverfahren

Nr.	Gegenstand
1.	*Abfindung und Auflösungsantrag, tarifliche Abfindung, Sozialplanabfindung, Nachteilsausgleich*
	Wird im Kündigungsrechtsstreit eine gerichtliche Auflösung des Arbeitsverhältnisses beantragt (§§ 9, 10 KSchG; § 13 Abs. 1 S. 3–5, Abs. 2 KSchG; § 14 Abs. 2 S. 2 KSchG), führt dies nicht zu einer Werterhöhung.
	Wird in der Rechtsmittelinstanz isoliert über die Auflösung gestritten, gilt § 42 Abs. 2 S. 1 GKG; wird isoliert über die Abfindungshöhe gestritten, ist maßgebend der streitige Differenzbetrag, höchstens jedoch das Vierteljahresentgelt.
	Eine im Vergleich vereinbarte Abfindung in entsprechender Anwendung der §§ 9, 10 KSchG ist nicht streitwerterhöhend; Vereinbarungen über andere Abfindungen oder einen Nachteilsausgleich im Vergleich können hingegen zu einer Werterhöhung führen.

Nr.	Gegenstand
	Wird hingegen über eine Sozialplanabfindung, über eine tarifliche Abfindung oder über einen Fall des Nachteilsausgleichs nach § 113 Abs. 1 BetrVG gestritten, richtet sich der Wert nach dem streitigen Betrag. Ggf. ist das zum Hilfsantrag (siehe I. Nr. 18) Ausgeführte zu beachten.
2.	*Abmahnung*
2.1	Der Streit über eine Abmahnung wird – unabhängig von der Anzahl und der Art der darin enthaltenen Vorwürfe und unabhängig von dem Ziel der Klage (Entfernung, vollständige Entfernung, ersatzlose Entfernung, Zurücknahme/Widerruf, Feststellung der Unwirksamkeit) – mit 1 Monatsvergütung bewertet.
2.2	Mehrere in einem Verfahren angegriffene Abmahnungen werden mit maximal dem Vierteljahresentgelt bewertet.
3.	*Abrechnung*
	Reine Abrechnung nach § 108 GewO, ggf. auch kumulativ mit einer Vergütungsklage:
	5 % der Vergütung für den geltend gemachten Abrechnungszeitraum.
4.	*Änderungskündigung – bei Annahme unter Vorbehalt – und sonstiger Streit über den Inhalt des Arbeitsverhältnisses:*
4.1	Monatsvergütung bis zu einem Vierteljahresentgelt je nach dem Grad der Vertragsänderung.
4.2	Bei Änderungskündigungen mit Vergütungsänderung oder sonstigen messbaren wirtschaftlichen Nachteilen: 3-fache Jahresdifferenz, mindestens 1 Monatsvergütung, höchstens die Vergütung für ein Vierteljahr.
5.	*Altersteilzeitbegehren*
	Bewertung entsprechend I. Nr. 4.
6.	*Annahmeverzug*
	Wird in einer Bestandsstreitigkeit im Wege der Klagehäufung fällige Annahmeverzugsvergütung geltend gemacht, bei der die Vergütung vom streitigen Fortbestand des Arbeitsverhältnisses abhängt, so besteht nach dem Beendigungszeitpunkt eine wirtschaftliche Identität zwischen Bestandsstreit und Annahmeverzug. Nach § 45 Abs. 1 S. 3 GKG findet keine Wertaddition statt. Der höhere Wert ist maßgeblich.

Nr.	Gegenstand
7.	*Arbeitspapiere*
7.1	Handelt es sich hierbei nur um reine Bescheinigungen z.B. hinsichtlich sozialversicherungsrechtlicher Vorgänge, Urlaub oder Lohnsteuer: pro Arbeitspapier 10 % einer Monatsvergütung.
7.2	Nachweis nach dem Nachweisgesetz: 10 % einer Monatsvergütung.
8.	*Arbeitszeitveränderung*
	Bewertung entsprechend I. Nr. 4
9.	*Auflösungsantrag nach dem KSchG*
	Dazu wird auf I. Nr. 1 verwiesen.
10.	*Auskunft/Rechnungslegung/Stufenklage* (für leistungsabhängige Vergütung z.B. Provision oder Bonus):
10.1	**Auskunft (isoliert):** von 10 % bis 50 % der zu erwartenden Vergütung, je nach Bedeutung der Auskunft für die klagende Partei im Hinblick auf die Durchsetzung des Zahlungsanspruchs.
10.2	**Eidesstattliche Versicherung (isoliert):** 10 % der Vergütung.
10.3	**Zahlung:** Nennbetrag (ggf. nach der geäußerten Erwartung der klagenden Partei, unter Berücksichtigung von § 44 GKG).
11.	*Befristung, sonstige Beendigungstatbestände*
	Für den Streit über die Wirksamkeit einer Befristungsabrede, einer auflösenden Bedingung, einer Anfechtung des Arbeitsvertrags, einer Eigenkündigung und eines Auflösungs- oder Aufhebungsvertrags gelten die Bewertungsgrundsätze der I. Nr. 19 und 20 sowie der Nr. 17.
12.	*Beschäftigungsanspruch*
	1 Monatsvergütung.
13.	*Betriebsübergang*
	Bestandsschutzklage gegen Veräußerer und Feststellungs- bzw. Bestandsschutzklage gegen Erwerber: allein Bewertung der Beendigungstatbestände nach I. Nrn. 11, 19 und 20, keine Erhöhung nur wegen subjektiver Klagehäufung (also z.B. bei Klage gegen eine Kündigung des Veräußerers und Feststellungsklage gegen Erwerber im selben Verfahren: Vergütung für ein Vierteljahr).

Nr.	Gegenstand
	Bestandsschutzklage gegen Veräußerer und Beschäftigungsklage / Weiterbeschäftigungsklage gegen Erwerber: Bewertung nach I. Nrn. 11, 12, 19 und 20, keine Erhöhung allein wegen subjektiver Klagehäufung (also z.b. bei Klage gegen eine Kündigung des Veräußerers und Beschäftigungsklage gegen Erwerber im selben Verfahren): 4 Monatsvergütungen.
	Alleiniger Streit in Rechtsmittelinstanz über Bestand Arbeitsverhältnis mit Betriebserwerber: Vergütung für ein Vierteljahr.
14.	*Direktionsrecht – Versetzung*
	Von in der Regel 1 Monatsvergütung bis zu einem Vierteljahresentgelt, abhängig vom Grad der Belastungen aus der Änderung der Arbeitsbedingungen für die klagende Partei.
15.	*Einstellungsanspruch/Wiedereinstellungsanspruch*
	Die Vergütung für ein Vierteljahr; ggf. unter Berücksichtigung von I. Nr. 18.
16.	*Einstweilige Verfügung*
16.1	Bei Vorwegnahme der Hauptsache: 100 % des allgemeinen Wertes.
16.2	Einstweilige Regelung: Je nach Einzelfall, i.d.R. 50 % des Hauptsachestreitwerts.
17.	*Feststellungsantrag, allgemeiner (Schleppnetzantrag):*
17.1	Allgemeiner Feststellungsantrag isoliert: höchstens Vergütung für ein Vierteljahr.
17.2	Allgemeiner Feststellungsantrag neben punktuellen Bestandsschutzanträgen (Schleppnetzantrag): keine zusätzliche Bewertung (arg. § 42 Abs. 2 S. 1 GKG).
18.	*Hilfsantrag*
	Auch uneigentlicher/unechter Hilfsantrag: Es gilt § 45 Abs. 1 S. 2 und 3 GKG.
19.	*Kündigung (eine)*
	Die Vergütung für ein Vierteljahr, es sei denn unter Auslegung des Klageantrags und der Klagebegründung ist nur ein Fortbestand des Arbeitsverhältnisses von unter 3 Monaten im Streit (dann entsprechend geringerer Wert).

Nr.	Gegenstand
20.	***Kündigungen (mehrere):***
20.1	Außerordentliche Kündigung, die hilfsweise als ordentliche erklärt wird (einschließlich Umdeutung nach § 140 BGB): höchstens die Vergütung für ein Vierteljahr, unabhängig davon, ob sie in einem oder in mehreren Schreiben erklärt werden.
20.2	Mehrere Kündigungen ohne Veränderung des Beendigungszeitpunktes: keine Erhöhung.
20.3	Folgekündigungen mit Veränderung des Beendigungszeitpunktes: Für jede Folgekündigung die Entgeltdifferenz zwischen den verschiedenen Beendigungszeitpunkten, maximal jedoch die Vergütung für ein Vierteljahr für jede Folgekündigung. Die erste Kündigung – bewertet nach den Grundsätzen der I. Nr. 19 – ist stets die mit dem frühesten Beendigungszeitpunkt, auch wenn sie später ausgesprochen und später angegriffen wird.
	Die Grundsätze des Absatzes 1 gelten jeweils für die betreffende Instanz. Fallen Klagen gegen einzelne Kündigungen im Laufe des Verfahrens in einer Instanz weg, gelten die Grundsätze des ersten Absatzes ab diesem Zeitpunkt für die in dieser Instanz verbleibenden Kündigungen.
21.	**Rechnungslegung**: siehe Auskunft (I. Nr. 10.)
22.	***Vergleichsmehrwert***
22.1	Ein Vergleichsmehrwert fällt nur an, wenn durch den Vergleichsabschluss ein weiterer Rechtsstreit und/oder außergerichtlicher Streit erledigt und/oder die Ungewissheit über ein Rechtsverhältnis beseitigt werden.
	Beispiele:
	Wird im Rahmen eines Abmahnungsrechtsstreits oder des Streits über eine Versetzung die Beendigung des Arbeitsverhältnisses vereinbart oder im Rahmen einer verhaltensbedingten Kündigung eine Regelung zum Arbeitszeugnis mit inhaltlichen Festlegungen vereinbart, ist dies mit dem Wert der Hauptsache zu bewerten.
	Nur wenn eine Partei sich eines Anspruchs auf oder eines Rechts zur Freistellung berühmt hat, wird die Freistellungsvereinbarung mit bis zu 1 Monatsvergütung (unter Anrechnung des Werts einer Beschäftigungs- oder Weiterbeschäftigungsklage) bewertet. Die Freistellung wird nur zukunftsbezogen ab dem Zeitpunkt des Vergleichsabschlusses bewertet, etwaige Zeiten einer Freistellung zuvor spielen keine Rolle.

Nr.	Gegenstand
22.2	Ist ein Anspruch unstreitig und gewiss, aber seine Durchsetzung ungewiss, wird das Titulierungsinteresse mit 20 % des Wertes des Anspruches bewertet.
23.	**Wiedereinstellungsanspruch:** siehe Einstellungsanspruch (I. Nr. 15.)
24.	**Weiterbeschäftigungsantrag incl. Anspruch nach § 102 Abs. 5 BetrVG:**
	1 Monatsvergütung
25.	**Zeugnis**
25.1	Erteilung oder Berichtigung eines einfachen Zeugnisses: 10 % einer Monatsvergütung.
25.2	Erteilung oder Berichtigung eines qualifizierten Zeugnisses: 1 Monatsvergütung, und zwar unabhängig von Art und Inhalt eines Berichtigungsverlangens, auch bei kurzem Arbeitsverhältnis.
25.3	Zwischenzeugnis: Bewertung wie I. Nr. 25.2. Wird ein Zwischen- und ein Endzeugnis (kumulativ oder hilfsweise) im Verfahren verlangt: Insgesamt 1 Monatsvergütung.

II.
Beschlussverfahren

Nr.	Gegenstand
1.	**Betriebsänderung/Personalabbau**
1.1	Realisierung des Verhandlungsanspruchs: Ausgehend vom Hilfswert nach § 23 Abs. 3 S. 2 RVG wird ggf. unter Berücksichtigung der Umstände des Einzelfalles, z.B. Inhalt und Bedeutung der Regelungsfrage, eine Erhöhung bzw. ein Abschlag vorgenommen.
1.2	Unterlassung der Durchführung einer Betriebsänderung: Ausgehend von II Nr. 1.1 erfolgt eine Erhöhung nach der Staffelung von II. Nr. 13.7.
2.	**Betriebsratswahl**
2.1	Bestellung des Wahlvorstandes: Grundsätzlich Hilfswert nach § 23 Abs. 3 S. 2 RVG; wenn zusätzlicher Streit über die Größe des Wahlvorstandes bzw. Einzelpersonen grundsätzlich Erhöhung jeweils um 1/2 Hilfswert nach § 23 Abs. 3 S. 2 RVG.

Nr.	Gegenstand
2.2	Maßnahmen innerhalb des Wahlverfahrens (incl. einstweilige Verfügungen) z.b.: Abbruch der Wahl: 1/2 Wert der Wahlanfechtung (siehe II Nr. 2.3). Zurverfügungstellen von Unterlagen (auch Herausgabe der Wählerlisten): 1/2 Hilfswert von § 23 Abs. 3 S. 2 RVG.
2.3	Wahlanfechtung (incl. Prüfung der Nichtigkeit der Wahl): ausgehend vom doppelten Hilfswert nach § 23 Abs. 3 S. 2 RVG, Steigerung der Staffel gemäß § 9 BetrVG mit jeweils 1/2 Hilfswert.
3.	**Betriebsvereinbarung**
	Ausgehend vom Hilfswert nach § 23 Abs. 3 S. 2 RVG wird ggf. unter Berücksichtigung der Umstände des Einzelfalls, z.B. Inhalt und Bedeutung der Regelungsfrage, eine Erhöhung bzw. ein Abschlag vorgenommen.
4.	**Einigungsstelle, Einsetzung nach § 98 ArbGG bei Streit um:**
4.1	Offensichtliche Unzuständigkeit: Höchstens Hilfswert nach § 23 Abs. 3 S. 2 RVG.
4.2	Person des Vorsitzenden: Grundsätzlich 1/4 Hilfswert nach § 23 Abs. 3 S. 2 RVG.
4.3	Anzahl der Beisitzer: Grundsätzlich insgesamt 1/4 Hilfswert nach § 23 Abs. 3 S. 2 RVG.
5.	**Einigungsstelle, Anfechtung des Spruchs**
	Ausgehend vom Hilfswert nach § 23 Abs. 3 S. 2 RVG wird gegebenenfalls unter Berücksichtigung der Umstände des Einzelfalls, z.B. Inhalt und Bedeutung der Regelungsfrage, eine Erhöhung bzw. ein Abschlag vorgenommen.
6.	**Einigungsstelle, Anfechtung des Spruchs über den Sozialplan**
6.1	Macht der Arbeitgeber eine Überdotierung geltend, dann entspricht der Wert des Verfahrens der vollen Differenz zwischen dem festgesetzten Volumen und der von ihm als angemessen erachteten Dotierung.
6.2	Beruft sich der anfechtende Betriebsrat nur auf eine Unterdotierung, dann die Grundsätze von § 23 Abs. 3 S. 2 RVG Anwendung.
7.	**Einstweilige Verfügung**
7.1	Bei Vorwegnahme der Hauptsachte: 100 % des allgemeinen Wertes.

Nr.	Gegenstand
7.2	Einstweilige Regelung: Je nach Einzelfall, in der Regel 50 % des Hauptsachestreitwertes.
8.	*Freistellung eines Betriebsratsmitglieds*
8.1	Freistellung von der Arbeitspflicht im Einzelfall (§ 37 Abs. 2 und 3 BetrVG): Bewertung nach § 23 Abs. 3 S. 2 RVG, abhängig von Anlass und Dauer der Freistellung kann eine Herauf- oder Herabsetzung des Wertes erfolgen.
8.2	Zusätzliche Freistellung (§ 38 BetrVG): Grundsätzlich doppelter Hilfswert nach § 23 Abs. 3 S. 2 RVG.
9.	*Informations- und Beratungsansprüche*
9.1	Grundsätzlich Hilfswert des § 23 Abs. 3 S. 2 RVG, abhängig vom Gegenstand des Mitbestimmungsrechts und der Bedeutung des Einzelfalls sowie des Aufwands kann eine Herauf- oder Herabsetzung des Wertes erfolgen.
9.2	Sachverständige/Auskunftsperson: Nichtvermögensrechtliche Streitigkeit Es ist vom Hilfswert nach § 23 Abs. 3 S. 2 RVG auszugehen, einzelfallabhängig kann eine Herauf- oder Herabsetzung erfolgen.
10.	*Mitbestimmung in sozialen Angelegenheiten*
	Streit über das Bestehen eines Mitbestimmungsrechts: Grundsätzlich Hilfswert des § 23 Abs. 3 S. 2 RVG; abhängig vom Gegenstand des Mitbestimmungsrechts und der Bedeutung des Einzelfalls (organisatorische und wirtschaftliche Auswirkungen, Anzahl der betroffenen Arbeitnehmer u.a.) kann eine Herauf- oder Herabsetzung des Wertes ohne Staffelung erfolgen.
11.	*Mitbestimmung in wirtschaftlichen Angelegenheiten: siehe hierzu II. Nr. 1.*
12.	*Nichtigkeit einer Betriebsratswahl: siehe Betriebsratswahl (II. Nr. 2.3).*
13.	*Personelle Einzelmaßnahmen nach §§ 99, 100, 101 BetrVG*
13.1	Grundsätzliches: Es handelt sich um nicht vermögensrechtliche Angelegenheiten; entscheidend sind die Aspekte des Einzelfalles, z.B. die Dauer und Bedeutung der Maßnahme und die wirtschaftlichen Auswirkungen, die zur Erhöhung oder Verminderung des Wertes führen können.
13.2	Einstellung: Als Anhaltspunkte für die Bewertung können dienen:
13.2.1	der Hilfswert von § 23 Abs. 3 S. 2 RVG oder

Nr.	Gegenstand
13.2.2	die Regelung von § 42 Abs. 2 S. 1 GKG, wobei eine Orientierung am 2-fachen Monatsverdienst des Arbeitnehmers sachgerecht erscheint.
13.3	Eingruppierung/Umgruppierung: Die Grundsätze zu II. Nr. 13.1 und 13.2 gelten unter Berücksichtigung des Einzelfalles auch bei diesem Mitbestimmungsrecht, wobei bei der Wertung gemäß II. Nr. 13.2.2 die Orientierung an § 42 Abs. 2 S. 2 GKG vorzunehmen ist. Bei der 36-fachen Monatsdifferenz erfolgt ein Abschlag i.H.v. 25 % wegen der nur beschränkten Rechtskraftwirkung des Beschlussverfahrens für den fraglichen Arbeitnehmer.
13.4	Versetzung: Je nach Bedeutung der Maßnahme Hilfswert (bei Vorgehensweise nach II. Nr. 13.2.1) oder Bruchteil davon bzw. (Vorgehensweise nach II. Nr. 13.2.2) 1 bis 2 Monatsgehälter, angelehnt an die für eine Versetzung im Urteilsverfahren genannten Grundsätze.
13.5	Das Verfahren nach § 100 BetrVG wird mit dem 1/2 Wert des Verfahrens nach § 99 Abs. 4 BetrVG bewertet.
13.6	Das Verfahren nach § 101 BetrVG wird als eigenständiges Verfahren wie das Verfahren nach § 99 Abs. 4 BetrVG bzw. nach § 100 BetrVG bewertet. Als kumulativer Antrag in einem Verfahren mit 1/2 Wert des Verfahrens nach § 99 Abs. 4 bzw. 100 BetrVG.
13.7	Bei Massenverfahren mit wesentlich gleichem Sachverhalt, insbesondere bei einer einheitlichen unternehmerischen Maßnahme und parallelen Zustimmungsverweigerungsgründen und/oder vergleichbaren Eingruppierungsmerkmalen, erfolgt – ausgehend von vorgenannten Grundsätzen – ein linearer Anstieg des Gesamtwertes, wobei als Anhaltspunkt folgende Staffelung für eine Erhöhung angewendet wird: – beim 2. bis einschließlich 20. parallel gelagerten Fall wird für jeden Arbeitnehmer der für den Einzelfall ermittelte Ausgangswert mit 25 % bewertet, – beim 21. bis einschließlich 50. parallel gelagerten Fall wird für jeden Arbeitnehmer der für den Einzelfall ermittelte Ausgangswert mit 12,5 % bewertet, – ab dem 51. parallel gelagerten Fall wird für jeden Arbeitnehmer der Ausgangswert mit 10 % bewertet.

Nr.	Gegenstand
14.	*Sachmittel – Kostenerstattung nach § 40 BetrVG*
14.1	Vermögensrechtliche Streitigkeit: Entscheidend ist die Höhe der angefallenen Kosten/des Wertes der Aufwendungen; bei dauernden Kosten, z.B. Mietzinszahlungen: max. 36 Monatsaufwendungen.
14.2	Schulungskosten: Vermögensrechtliche Streitigkeit: Entscheidung ist die Höhe der Schulungskosten, inklusive Fahrtkosten.
15.	*Unterlassungsanspruch*
	Sowohl für den allgemeinen Unterlassungsanspruch als auch den Anspruch nach § 23 Abs. 3 BetrVG: Festsetzung entsprechen dem Wert des streitigen Mitbestimmungs- oder Mitwirkungsrechts.
16.	*Zuständigkeitsstreitigkeiten/Kompetenzabgrenzung*
16.1	Abgrenzung Zuständigkeit Betriebsratsgremien: Grundsätzlich Hilfswert nach § 23 Abs. 3 S. 2 RVG, ggf. wird unter Berücksichtigung der Umstände des Einzelfalls eine Erhöhung bzw. ein Abschlag in Betracht kommen.
16.2	Abgrenzung Betrieb/gemeinsamer Betrieb/Betriebsteil: Grundsätzlich Hilfswert nach § 23 Abs. 3 S. 2 RVG, ggf. wird unter Berücksichtigung der Umstände des Einzelfalls eine Erhöhung bzw. ein Abschlag in Betracht kommen.
17.	*Zustimmungsersetzungsantrag (§ 103 BetrVG)*
	Vergütung des betroffenen Arbeitnehmers für ein Vierteljahr (wegen der Rechtskraftwirkung).

Streitwertkatalog für die Arbeitsgerichtsbarkeit
Überarbeitete Fassung 9.7.2014

Vorbemerkung

Auf der Basis der ersten Fassung eines einheitlichen Streitwertkatalogs für die Arbeitsgerichtsbarkeit aus dem Jahre 2013 hat die Streitwertkommission unter Auswertung der Stellungnahmen und Vorschläge aus der Anwaltschaft, von Seiten der Gewerkschaften und der Arbeitgeberverbände, von Seiten der Versicherungswirtschaft und aus der Richterschaft eine überarbeitete Fassung des Streitwertkatalogs erstellt. Auch künftig soll der Streitwertkatalog weiter entwickelt werden.

Der Streitwertkatalog kann selbstverständlich nur praktisch wichtige Fallkonstellationen aufgreifen, ebenso selbstverständlich sind die darin enthaltenen Bewertungsvorschläge zugeschnitten auf die entsprechenden typischen Fallkonstellationen.

Trotz dieser Einschränkungen versteht sich der Streitwertkatalog als Angebot auf dem Weg zu einer möglichst einheitlichen Wertrechtsprechung in Deutschland, im Interesse der Rechtssicherheit und Rechtsklarheit für alle Beteiligten. Er beansprucht jedoch keine Verbindlichkeit.

A. Zur Entstehung des Streitwertkataloges

Die Öffentlichkeit erfuhr von einem arbeitsrechtlichen Streitwertkatalog **erstmals** durch **1** dessen unmittelbare Veröffentlichung.[1] Daraus ergab sich, dass sich die Streitwertkommission aus acht LAG-Richtern zusammensetzt (weitere LAGs waren nicht beteiligt) und die Streitwertkommission in mehreren Sitzungen **bereits** abschließend einen Streitwertkatalog **erarbeitet** hatte. Die Notwendigkeit der Entwicklung eines solchen Streitwertkataloges wurde damit begründet, dass die Streitwertrechtsprechung für alle Beteiligten recht unbefriedigend sei, da jeder LAG-Bezirk seine eigene Rechtsprechung

---

1 Bader/Jörchel, NZA 2013, 809 ff.

pflege. Die Konferenz der Präsidentinnen und Präsidenten der Landesarbeitsgerichte habe daher im Mai 2012 in Berlin beschlossen, eine Streitwertkommission einzurichten, die Grundlagen für eine einheitliche Werterechtsprechung in der Arbeitsgerichtsbarkeit erstellen solle.

2 Unmittelbar nach dieser Veröffentlichung wurde **umfangreiche Kritik** (vor allem von Seiten der Anwaltschaft) sowohl am Verfahren als auch am Inhalt des ersten Streitwertkataloges laut, da nur einige wenige Richter diesen Katalog erarbeitet hatten und darüber hinaus auch mehrere handwerkliche Fehler ausgemacht werden konnten.[2] Die wesentlichen Kritikpunkte waren:

- die fehlende Beteiligung der Anwaltschaft am Verfahren,
- das Fehlen eines expliziten Hinweises bei den einzelnen Ziffern des Katalogs, dass eine **Abweichung von den dort angegebenen Werten nach oben oder unten** jeweils möglich sei, da diese lediglich Orientierungshilfen darstellen würden und der Streitwert in jedem Einzelfall durch das Gericht zu ermitteln ist (§ 3 ZPO!), sowie
- dass es sich bei § 42 Abs. 2 S. 1 GKG um eine **nicht analogiefähige Regelung** handele, die bei der Bewertung der Streitwerte nicht generell zugrunde gelegt werden könne.

3 Angesichts des Umfangs der erhobenen Kritik wurde der bereits veröffentlichte Streitwertkatalog nun zum **vorläufigen Entwurf** umgedeutet,[3] bisher fehlende Stellungnahmen der Gewerkschaften, der Arbeitgeberverbände, der Versicherungswirtschaft, der Richterschaft sowie der Rechtsanwaltschaft ausgewertet und der Katalog(-entwurf) in der Folge abgeändert. Eine **Beteiligung** der Rechtsanwaltschaft an der Streitwertkommission, wie von dieser gefordert, wurde jedoch abgelehnt.[4] Die Richterschaft begründete dies damit, dass eine Beteiligung der Rechtsanwälte gegen das Verbot der widerstreitenden Interessen (§ 43a Abs. 4 BRAO) verstoßen würde. Dabei wären Rechtsanwälte tatsächlich nicht als Parteivertreter (nur das Interesse einer Partei könnte überhaupt verraten werden) beteiligt, sondern würden ihr fachliches Know-How einbringen. Da es sich bei der Erarbeitung eines Streitwertkatalogs auch **nicht**, wie seitens der des Mitgliedes der Streitwertkommission, **Ziemann** ausgeführt,[5] um einen Akt der **Rechtsprechung** handelt, sondern lediglich um **Vorschläge** (wie nun ausdrücklich klargestellt), könnten auch Rechtsanwälte Mitglieder der Streitwertkommission sein. Die

---

2 Stellungnahme des Deutschen Anwaltsvereins: NZA 2013, 1112 ff.; eine ergänzende Stellungnahme für das Beschlussverfahren: NZA 2014, 356; Stellungnahme der BRAK, BRAK-Mitteilungen 2013, 275 ff., NZA 2013, VI. ff.

3 So auch: NZA 2013, 1112.

4 Gleiches Vorgehen wie beim Streitwertkatalog der Verwaltungsgerichtsbarkeit: Veröffentlichung der Rechtsanwaltskammer Hamm vom 11.12.2013; Ziemann, Erläuterungen zum Streitwertkatalog 2014 vom 30.7.2014, Juris PR ArbR – 30/2014.

5 Ziemann, Erläuterungen zum Streitwertkatalog 2014 vom 30.7.2014, Juris PR ArbR – 30/2014.

fehlende Mitwirkung von entsprechenden Vertretern in der Streitwertkommission ist ein großes Manko des Verfahrens als auch des Streitwertkataloges, was in Zukunft überdacht werden sollte. Die angeführten Fachkreise könnten ihre fachlichen Kompetenzen und ihre unterschiedlichen Sichtweisen einbringen, um ein ausgeglichenes Verfahren zu gewährleisten und einen am Gesetz orientierten Streitwertkatalog zu erarbeiten.

Nach Anhörung der beteiligten Kreise und Verhandlungen ausschließlich in der von **4** den LAG-Richtern zusammengesetzten Streitwertkommission, wurde der aktuelle Streitwertkatalog veröffentlicht.[6] Dieser wurde auf der 76. Konferenz der Präsidentinnen und Präsidenten der Landesarbeitsgerichte vom 25. bis 27.5.2014 verabschiedet.

B. „Weiterentwicklung" des Streitwertkataloges

In der Vorbemerkung ist ausdrücklich ausgeführt, dass der Streitwertkatalog „weiterent- **5** wickelt" werden soll. Das nächste Treffen ist seitens der Streitwertkommission für die zweite Jahreshälfte 2015 vorgesehen, so dass möglicherweise entweder Ende des Jahres 2015 oder Anfang des Jahres 2016 mit einer weiter **überarbeiteten Version** des Streitwertkataloges gerechnet werden kann. Neben der Tatsache, dass der Streitwertkatalog **keine Rechtsverbindlichkeit** besitzt (dazu unter Rdn 8 ff.) und dies auch in der Vorbemerkung nun ausdrücklich ausgeführt ist, ist auch der Hinweis zur „Weiterentwicklung" zu beachten. Durch die Änderung des Kataloges können rechtliche Fehler behoben werden oder auch Anregungen von den beteiligten Kreisen Berücksichtigung finden. Auch kann daraus abgeleitet werden, dass **die Richter**, die über einen Streitwertantrag entscheiden, an den Streitwertkatalog gebunden sind und dieser **keinerlei Verbindlichkeit für sonstige beteiligte Kreise** (Rechtsanwälte, Gewerkschaften, Arbeitgeber oder auch Rechtsschutzversicherungen) beinhaltet, sonst könnte dieser nicht einfach "weiter entwickelt" werden. Letztlich kann sich keiner auf eine Verbindlichkeit berufen, da eine solche rechtlich nicht existent ist (siehe hierzu auch die Ausführungen unter C.).

Ein **wesentlicher Kritikpunkt** an dem Streitwertkatalog ist (wie oben unter A. bereits **6** erwähnt) die Tatsache, dass die Streitwertkommission die Regelung des § 42 Abs. 2 S. 1 GKG (bei Bestandsstreitigkeiten ist der Streitwert höchstens das Vierteljahresentgelt) als eine Bestimmung, die im Arbeitsrecht generell Berücksichtigung finde, wertet und die deshalb bei der Ausübung des freien Ermessen nach § 3 ZPO bei Bewertung sämtlicher Streitgegenstände zugrunde zu legen sei (dazu unter D.). Tatsächlich ist dies jedoch nur eine **Streitwertbegrenzungsklausel**,[7] die nicht extensiv ausgelegt werden kann und bei den Streitwerten, die nicht davon betroffen sind, muss eine Festlegung nach § 3 ZPO (also nach dem tatsächlichem wirtschaftlichen Interesse der Klagepartei) erfolgen.

---

6 NZA 2014, 745 ff.
7 LAG München, ArbRB 2013, 116: Diese Streitwertbegrenzungsklausel gilt **nur für Bestandsstreitigkeiten**.

Im Bereich des Beschlussverfahrens geht die Streitwertkommission fehlerhaft stets vom Ausgangswert des § 23 Abs. 3 Satz 2 HS 2 RVG (Gegenstandswert von 5.000,– EUR nach Lage des Falles niedriger oder höher, jedoch maximal 500.000,– EUR) aus.

7 Es bleibt abzuwarten, welche weitere Entwicklung der Streitwertkatalog nehmen wird und ob die rechtlichen Einwendungen in Zukunft tatsächlich Berücksichtigung finden werden. Es ist jedoch nicht damit zu rechnen, dass die Richter andere Beteiligte (Rechtsanwälte, Gewerkschaften oder Arbeitgeberverbände) in die Streitwertkommission einladen werden.

C. Rechtsqualität des Streitwertkataloges

8 In der Vorbemerkung zum Streitwertkatalog wird ausgeführt, dass er nur **faktisch wichtige Fallkonstellationen aufgreife** und darin lediglich **Bewertungsvorschläge** für **typische Fallkonstellationen** enthalten seien. Auch beanspruche der Streitwertkatalog **keinerlei Verbindlichkeit.** Diese Ausführungen sind sehr wichtig und müssen bei jeder Bewertung des Streitwertes und den einzelnen Vorschlägen zu einem Streitwert Berücksichtigung finden. Diese Ausführung müsste an sich **vor jedem einzelnen Streitwertvorschlag** nochmals stehen, damit dies allen Beteiligten klar und deutlich ist.

9 Mit Ausnahme der Regelungen des § 42 Abs. 1 und 2 GKG bemisst sich der Streitwert (soweit nicht klar bezifferbar) nach § 3 ZPO und damit nach dem **pflichtgemäßen Ermessen des Gerichtes,** das den vollen Wert zu ermitteln und festzusetzen hat. Dabei steht dem Gericht ein Ermessen zu, das jedoch **kein freies Ermessen** ist, sondern es muss der **tatsächliche Wert** zugrunde gelegt werden. Allein aus diesem Grund kann der Streitwertkatalog **keine allgemein gültigen Vorschläge** beinhalten, denn dies wäre gegen das Gesetz (§ 3 ZPO). In der Praxis hat dies in der Tat dazu geführt, dass sehr unterschiedliche Festsetzungen in den einzelnen Bezirken der Landesarbeitsgerichte, innerhalb der Landesarbeitsgerichte und auch innerhalb der Arbeitsgerichte stattfinden. Da eine Beschwerde über eine Kostenentscheidung des Landesarbeitsgerichtes **ausgeschlossen** ist, ist dieses im Regelfall die letzte Instanz der Streitwertrechtsprechung. Das Bundesarbeitsgericht setzt Streitwerte nur für das ihm vorliegenden Verfahren fest und diese unterscheiden sich oftmals erheblich von denen der Landesarbeitsgerichte. Dies ist ebenfalls Folge der Regelung des § 3 ZPO, wobei zutreffend ist, dass auch bei vergleichbaren Konstellationen häufig unterschiedliche Festsetzungen erfolgen. Ein Bedarf, eine gewisse Annäherung herbeizuführen, ist daher gegeben. Die entscheidenden Richter und Richterinnen sind bei ihrer Entscheidung **nur dem Gesetz unterworfen** (Art. 97 Abs. 1 GG) und müssen die gesetzlichen Regelungen (§ 42 Abs. 1, 2 GKG, § 3

ZPO) anwenden. Dabei muss das Gericht **stets sein Ermessen ausüben** und kann sich nicht einfach auf den Vorschlag des Streitwertkataloges verlassen.[8]

Selbst bei einer „typischen Fallkonstellation" kann das entscheidende Gericht von dem **10** vorgeschlagenen Streitwert **nach oben oder unten** abweichen und muss den Streitwert zutreffend nach § 3 ZPO bemessen. Die Ausführungen innerhalb des Streitwertkataloges klingen allerdings so, als sei eine **anderweitige Festsetzung nahezu nicht möglich** und als sei nur der im Katalog enthaltenen **Vorschlag** zutreffend. Die beteiligten Parteien einer Streitwertfestsetzung sollten daher grundsätzlich auf den **tatsächlichen Wert** und die mögliche Abweichung nach oben oder unten hinweisen. Eine Bindung seitens des Gerichtes besteht in keinem Fall. Erfolgt dies nicht oder nur eine unreflektierte Übernahme des Vorschlages im Streitwertkatalog ist die Festsetzung **unzutreffend** und ist (soweit möglich) im Beschwerdeverfahren zu korrigieren.

Setzt daher ein Gericht einen Streitwert abweichend vom Streitwertkatalog fest oder **11** rechnet ein Rechtsanwalt seine Gebühren mit einem anderen Streitwert als im Streitwertkatalog angegeben ab, stellt sich rechtlich nur die Frage, ob dies **dem Gesetzt entspricht**. Ist dies der Fall, ist die Festsetzung bzw. Abrechnung zutreffend. Ist dies nicht der Fall, ist dies zu korrigieren. Selbst bei einer Orientierung an dem Streitwertkatalog, kann **jederzeit eine Abweichung nach oben oder unten** erfolgen.[9] Allerdings benutzen **Rechtsschutzversicherungen** bereits jetzt die Vorschläge dazu, auf einen angeblichen „bundeseinheitlichen" Streitwertkatalog für die Arbeitsgerichtsbarkeit" zu verweisen. Dabei soll der Versicherungsnehmer auf eine Streitwertfestsetzung gemäß dem Streitwertkatalog hinwirken und bei einer „Abweichung" vom Katalog ist die Rechtsschutzversicherung zu informieren.[10] Damit möchten die Rechtsschutzversicherungen die Vorschläge nutzen, um die Gebühren möglichst niedrig zu halten. Dem Gesetz entspricht dies nicht.

Auch haben ein Teil der Landesarbeitsgerichte dazu angekündigt, dass die Vorschläge **12** zwar eine **Grundlage** sein können, die Festsetzung jedoch nur unter **Berücksichtigung des Einzelfalles** erfolgt.[11]

---

8 So jedoch: Ziemann, a.a.O., IV. 1.
9 Ebenso: Schipp, ArbRB 2014, 271.
10 Hinweise der Auxilia Rechtsschutzversicherungs-AG zur Streitwertfestsetzung.
11 LAG Rheinland-Pfalz; Mitteilung v. 5.8.2014; LAG Berlin-Brandenburg, Mitteilung v. 6.3.2014 unter Hinweis auf die in jedem Fall bestehenden Abweichungen (z.B. Keine Begrenzung bei mehreren Abmahnungen, Vierteljahresentgelt für Streit über den Betriebsübergang); Hessisches LAG (www.lag-frankfurt-justiz-hessen.de); ebenso: LAG Schleswig-Holstein, NZA-RR 2014, 494.

D. § 42 Abs. 2 S. 1 GKG als „Leitnorm"?

I. § 42 Abs. 2 S. 1 GKG ist keine Leitnorm

13 Die Veröffentlichung des „Entwurfes" des Streitwertkatalog sowie des aktuellen Streitwertkataloges ließ nur Vermutungen zu, wie die Streitwertkommission im Einzelnen die Streitwerte ermittelt hat. Aus der Veröffentlichung des Mitglieds der Streitwertkommission Richter am LAG Hamm Werner Ziemann, kann jedoch entnommen werden, dass die Streitwertkommission in § 42 Abs. 2 S. 1 GKG eine **„Leitnorm" für das gesamte Arbeitsrecht** sieht und das Vierteljahresentgelt daher grundsätzlich als den höchsten Streitwert im Arbeitsrecht betrachtet.[12] Zwar war in den vorherigen Stellungnahmen, insbesondere der Rechtsanwaltschaft, stets darauf verwiesen worden, dass § 42 Abs. 2 S. 1 GKG nur für die dort geregelten Bestandsstreitigkeiten gilt und nicht generell im Arbeitsrecht. Hiervon unbeeindruckt hat die Streitwertkommission dennoch § 42 Abs. 2 S. 1 GKG als „Leitnorm" zugrunde gelegt und daraus abgeleitet, dass sonstige Streitigkeiten über den Inhalt des Arbeitsverhältnisses **im Wert darunter liegen** müssen. Nur der Streitwert der wiederkehrende Leistungen sei auf den dreifachen Jahresbetrag der wiederkehrenden Leistungen zu begrenzen (§ 42 Abs. 1 GKG). Je nach der „Nähe" eines Streitgegenstands zu einem der beiden Fallgruppen sollen diese gesetzlichen Begrenzungen gelten. Dabei wird behauptet, dass § 42 GKG eine Gesamtkonzeption zugrunde liege, nach der **grundsätzlich der Arbeitnehmer eine Kostenprivilegierung** erfahren solle.[13] Des Weiteren wird auf das Grundrecht des effektiven Rechtsschutzes aus Art. 2 Abs. 1 i.V.m. Art. 20 Abs. 3 GG verwiesen, das auch bei der Anwendung des § 3 HS 1 ZPO zu berücksichtigen sei.[14]

14 Soweit jedoch kein Fall des § 42 Abs. 2 GKG gegeben ist, ist der Streitwert gem. § 3 HS 1 ZPO (allein) nach dem **Interesse** des Angreifers[15] zu berücksichtigen.[16] Der Wert kann zwar **geschätzt** werden, es besteht jedoch lediglich ein **Beurteilungsspielraum**. Das Gericht muss das tatsächliche Interesse bestimmen und in vermögensrechtlichen Streitigkeiten das **wirtschaftliche Interesse** berücksichtigen.[17] Indizwirkung haben hierfür die **Parteiangaben**, was vor allem auch für die Festsetzung des Gebührenstreitwertes gilt. Entscheidend ist immer das **Interesse des Klägers**; bei **Zahlungsklagen** ist der **geforderte Betrag** maßgebend.[18]

---

12 Natürlich grundsätzlich mit Ausnahme der bezifferten Forderungen, da dabei der geforderte Betrag der Streitwert ist, obwohl beispielsweise bei der Frage des Annahmeverzuges auch insoweit keine vollständige Berücksichtigung erfolgt (vgl. die Kommentierung zu I. Nr. 6).

13 Ziemann, a.a.O.

14 Mit Verweis auf BVerfG, NZA 2011, 354: Das BVerfG bezieht sich aber dabei gerade auf **Streitwerterhöhung** durch die Anträge auf Zahlung von **Annahmeverzugslohn**!

15 Sogenanntes Angreiferprinzip.

16 Schumann, NJW 1982, 1257, 2800; MüKo-ZPO, § 3 Rn 4.

17 BGH, NJW 1995, 664.

18 Zöller/Herget, ZPO, § 3 Rn 2.

Entgegen anderweitiger Ausführungen[19] existieren für den Arbeitsgerichtsprozess auch **15** **keine eigenen Streitwertbemessungsvorschriften.** § 3 HS 1 ZPO ist nur im Anwendungsbereich des § 42 Abs. 2 (sowie Abs. 1) GKG verdrängt, gilt aber im Übrigen. Dem Gericht wird durch diese **Streitwertbegrenzungsklausel kein anderer Ermessensspielraum** eingeräumt. § 42 Abs. 2 GKG ist zu § 3 HS 1 ZPO eine **lex specialis**, sodass **alle übrigen Streitwerte nach § 3 HS 1 ZPO** zu bemessen sind. Zwar verfolgt § 42 Abs. 2 GKG tatsächlich den sozialen Zweck, das Kostenrisiko von **Bestandsstreitigkeiten** für den Arbeitnehmer zu begrenzen, allerdings nur für die dort festgelegten Fälle. Auch das Ermessen bedeutet bei **nicht vermögensrechtlichen Streitigkeiten nicht** die Bewertung **nach freiem Belieben,** sondern das Ermessen muss stets ein **pflichtgemäßes Ermessen** sein.[20] § 3 HS 1 ZPO beinhaltet bei vermögensrechtlichen Streitigkeiten keinen Ermessensspielraum, sondern es ist vom **wirtschaftlichen Interesse der Klagepartei an den von ihm gestellten Antrag** auszugehen.[21]

Die Behauptung der Streitwertkommission wird im Übrigen gerade auch durch § 42 **16** Abs. 1 S. 1 GKG **widerlegt,** der den Streitwert bei wiederkehrenden Leistungen im Arbeitsrecht auf **maximal den dreifachen Jahresbetrag** begrenzt. Da dieser die Obergrenze des § 42 Abs. 2 S. 1 GKG weit übertrifft, kann letzterer schon keine generelle Leitnorm des Arbeitsrechtes darstellen. Auch die Ausführungen, dass sich die Streitwerte im Arbeitsrecht **zwischen dem Vierteljahresentgelt und dem dreifachen Jahresbetrag** bewegen sollen, finden in dem Katalog keinerlei Niederschlag, da tatsächlich **maximal das Vierteljahresentgelt** als Obergrenze bei den Vorschlägen angenommen wird. Eine Orientierung an § 42 Abs. 1 S. 1 GKG erfolgt schlichtweg nicht, obwohl diese Streitwertbegrenzungsklausel auch für das Arbeitsrecht gilt.

Eine Begrenzung des nach § 3 HS 1 ZPO ermittelten Wertes durch die „Leitnorm" des **17** § 42 Abs. 2 S. 1 GKG entspricht daher nicht dem Gesetz, sodass der Streitwertkatalog an diesem Punkt erheblich krankt.[22] Seitens der Rechtsanwaltschaft wird an dieser Annahme auch ausführlich Kritik geübt und insbesondere auch nach Verabschiedung des aktuellen Streitwertkataloges darauf verwiesen, dass diese **Höchstbegrenzung unzutreffend** ist.[23] Des Weiteren haben auch bereits verschiedene Landesarbeitsgerichte bereits zutreffend ausgeführt, dass es sich bei § 42 Abs. 2 GKG **nicht um eine generelle Begrenzungsklausel** handele.[24]

---

19 Ziemann, Erläuterungen zum Streitwertkatalog 2014 vom 30.7.2014, Juris PR ArbR – 30/2014.

20 Baumbach/Lauterbach/Albers/Hartmann, ZPO, § 3, Rn 4

21 Ausführlich dazu: Bläsing, Der Streitwert im arbeitsgerichtlichen Verfahren, S. 129 ff.

22 Ebenso: Schipp, ArbRB 2014, 271, mit dem zutreffenden Hinweis auf die **mehrfach erfolgten Novellierungen** des Gesetzgebers zum § 42 GKG, **ohne diese Streitwertbegrenzungsklausel zu erweitern!**

23 AE 2014, 108, 201 ff.

24 LAG Baden-Württemberg, NZA-RR 2013, 550, 127; LAG München, ArbRB 2013, 116.

18 Die Annahme der Streitwertkommission, dass § 42 Abs. 2 S. 1 GKG eine „Leitnorm" im Arbeitsrecht sein soll, trifft also nicht zu. Die Ausführungen dazu[25] finden sich im Übrigen auch nicht in dem vom selben Autor kommentierten Werk.[26] Dort wird vielmehr auf die **Streitwertbegrenzungsvorschrift** verwiesen und zutreffend ausgeführt, dass sich der Wert des Streitgegenstandes im Übrigen nach § 3 HS 1 ZPO und damit nach dem wirtschaftlichen Interesse der antragstellenden Partei richtet.

19 Zusammenfassend ist festzustellen, dass bei einer Entscheidung über einen beantragten Streitwert das Gericht § 3 HS 1 ZPO, mit Ausnahme der Anwendung der § 42 Abs. 1 und 2 GKG, nach dem **vollen Wert des Interesses der Klagepartei** berücksichtigen muss und nicht einfach einen verringerten oder pauschal angenommenen Wert berücksichtigen darf. Eine Streitwertfestsetzung darf **nicht contra legem** erfolgen.

II. Keine analoge oder entsprechende Anwendung von § 42 Abs. 2 S. 1 GKG

20 Eine analoge oder entsprechende Anwendung setzt eine **planwidrige Regelungslücke** voraus,[27] wenn es das Gesetz also für eine bestimmte Fallgestaltung **keine Regelung** enthält.[28] Der Gesetzgeber hat jedoch den Streitwert bei Bestandsstreitigkeiten gemäß § 42 Abs. 2 S. 1 GKG **beschränkt** und im Übrigen **keine Streitwertbegrenzung geregelt**, so dass (wie bereits ausgeführt) § 3 HS 1 ZPO anzuwenden ist. Von dieser gesetzlichen Bestimmung ist **keine Abweichung** geregelt. Da eine Regelungslücke somit offensichtlich nicht vorliegt, kommt weder eine analoge noch eine entsprechende Anwendung in Betracht.[29]

21 Auch dies bestätigt, dass die Ausführungen, dass es sich bei § 42 Abs. 2 S. 1 GKG um eine Leitnorm des Arbeitsrechts handeln und diese entsprechend (gemeint ist wohl analog) auf andere Fälle Anwendung finden soll, offensichtlich nicht dem Gesetz entspricht.

22 Auch ist eine analoge (oder entsprechende) generelle Anwendung einer Streitwertbegrenzungsklausel, mit der also der **an sich nach dem Gesetz ergebende** Streitwert (hier: nach dem wirtschaftlichen Interesse der Klagepartei) **begrenzt** wird, vom **Sinn und Zweck** einer solchen Klausel (nämlich die Begrenzung des gesetzlichen geregelten Streitwertes in Ausnahmefällen) **ausgeschlossen**.

---

25 Ziemann, Erläuterungen zum Streitwertkatalog 2014 vom 30.7.2014, Juris PR ArbR – 30/2014.
26 Tschöpe/Ziemann/Altenburg, Streitwert und Kosten im Arbeitsrecht, S. 6 ff.
27 Palandt/Sprau, BGB, Einleitung Rn 48.
28 Palandt/Sprau, BGB, Einleitung Rn 55.
29 Ebenso: Stellungnahme des DAV vom August 2014, S. 6.

III. Selbst eine „Leitnorm" wäre nur eine Streitwertbegrenzungsklausel

Selbst wenn man entgegen den obigen Ausführungen bei § 42 Abs. 2 S. 1 GKG von **23** einer „Leitnorm" ausgehen würde, müsste dennoch beachtet werden, dass sich der Streitwert an sich gemäß § 3 HS 1 ZPO nach dem Interesse der Klagepartei bemisst und dann nur nach oben durch die Regelung in § 42 Abs. 2 GKG **begrenzt** ist! Selbst wenn diese **Streitwertbegrenzungsklausel** also auf andere Gegenstände im Arbeitsrecht Anwendung finden würde, wäre folgende Vorgehensweise zu beachten:

Der Streitwert müsste zunächst nach dem Interesse der Klagepartei gemäß § 3 HS 1 **24** ZPO bemessen werden. Liegt dies unterhalb dem Vierteljahresentgelt wäre dann das **tatsächliche wirtschaftliche Interesse der Streitwert**. Läge dieses oberhalb des Vierteljahresentgeltes wäre der **Streitwert das Vierteljahresentgelt**. Damit wäre selbst bei der Unterstellung einer „Leitnorm" zu beachten, dass der Streitwert immer nach dem wirtschaftlichen Interesse der Klagepartei zu bemessen ist, allerdings der Streitwert höchstens das Vierteljahresentgelt beträgt.

Bei einer bezifferten Forderung (z.B. 100.000,– EUR) ist auch klar, dass diese angebli- **25** che Leitnorm des Arbeitsrechtes (wie seitens der Streitwertkommission zugrunde gelegt) nicht existent ist, da der Streitwert eines Streites über eine solche Zahlung **keinesfalls durch die angebliche „Leitnorm" auf das Vierteljahresentgelt begrenzt werden kann. Dies gilt im Ergebnis auch für andere Streitwerte.**

Insgesamt ist daher die Ausführung, dass es sich dabei um eine Leitnorm handele, nicht **26** zutreffend und im Übrigen inkonsequent, da nicht einmal das **wirtschaftliche Interesse der Klagepartei, begrenzt durch das Vierteljahresentgelt**, berücksichtigt wird.

E. Streitwert und Rechtsanwaltsgebühren (Gegenstandswert nach § 33 Abs. 1 RVG)

Der Streitwertkatalog enthält Vorschläge für die Festsetzung von **Streitwerten** im ar- **27** beitsgerichtlichen Verfahren. Bei der Festsetzung des Streitwertes handelt es sich um die Wertfestsetzung für die **Gerichtsgebühren** (§ 63 GKG), die auch durch gesonderten Beschluss ergehen kann (§ 63 Abs. 2 GKG). Grundsätzlich ist für die Rechtsanwaltsgebühren der gerichtlich festgesetzte Streitwert maßgeblich (§ 32 Abs. 1 RVG). Berechnen sich die Rechtsanwaltsgebühren jedoch in einem gerichtlichen Verfahren **nicht nach dem für die Gerichtsgebühren maßgebenden Wert** oder **fehlt es an einem solchen Wert**, hat das Gericht den **Wert des Gegenstandes der anwaltlichen Tätigkeit** auf Antrag durch Beschluss festzustellen (§ 33 Abs. 1 RVG). Der **Gegenstandswert** ist daher auf Antrag durch das Gericht festzusetzen, wenn keine Gerichtsgebühren entstehen (im Beschlussverfahren und bei Abschluss eines Gesamtvergleiches) oder wenn der Streitwert **nicht mit dem Gegenstand der anwaltlichen Tätigkeit** übereinstimmt.

28 Da das **Beschlussverfahren** gerichtskostenfrei ist[30] und auch keine Gerichtskosten im Klageverfahren entstehen, wenn sich die Parteien über alle streitgegenständlichen Ansprüche geeinigt haben (Gesamtvergleich),[31] wird in diesen Fällen (auch wenn dies in der Praxis oft anders tituliert wird) kein Streitwert, sondern richtigerweise auf Antrag der **Gegenstandswert** nach § 33 Abs. 1 RVG durch das Gericht festgesetzt.

29 Eine eigene Wertfestsetzung auf Antrag gemäß § 33 Abs. 1 RVG ist auch dann möglich, wenn sich der Streitwert für die Gerichtsgebühren **nicht mit dem Gegenstand der anwaltlichen Tätigkeit** deckt (so wörtlich in § 33 Abs. 1 1. Alt RVG). Dies ist offensichtlich dann der Fall, wenn die dem Gericht zur Entscheidung gestellten Anträge (aus der letzten mündlichen Verhandlung) nicht mit den im Verfahren insgesamt gestellten Anträgen decken. Dies ist bei einer **Teilklagerücknahme** oder auch bei einer Klageänderung der Fall. Decken sich der Gegenstand der anwaltlichen Tätigkeit nicht mit dem Streitwert nicht, ist die Festsetzung des Streitwertes nach § 32 RVG i.V.m. § 63 GKG **nicht für die Berechnung der Anwaltsgebühren** maßgebend.[32]

30 Ein Fall des § 33 Abs. 1, 1. Alt. RVG ist des Weiteren auch dann gegeben, wenn die antragstellende Partei einen **Hilfsantrag** stellt, über den das Gericht **nicht entscheidet** (§ 45 Abs. 1 S. 2 GKG) und über den auch **keine Einigung** erzielt wird (§ 45 Abs. 4 GKG). In diesen Fällen ist der gestellte Hilfsantrag in den Streitwert nicht einzurechnen (vgl. hierzu die Kommentierungen zu I. Nr. 18, Rdn 250). Auf Antrag des Rechtsanwalts ist der Gegenstandswert in diesem Fall unter **Einbeziehung des Wertes des Hilfsantrages** festzusetzen.[33] Nach § 33 Abs. 1 RVG ist nämlich der Wert des Gegenstand der anwaltlichen Tätigkeit festzusetzen. Der Gegenstand der anwaltlichen Tätigkeit bezieht sich aber auch auf einen gestellten Hilfsantrag, selbst wenn über diesen nicht entschieden oder dieser nicht mitverglichen wird. Auch in diesem fallen der **Streitwert und der Gegenstandswert auseinander** und der Gegenstandswert ist nach § 33 Abs. 1 RVG festzusetzen.

---

30 § 2 Abs. 2 GKG.
31 Vorbemerkung 8 der Anlage 1 zum GKG.
32 Gerold/Schmidt/Mayer, RVG, § 33 Rn 3.
33 Ebenso: Schneider/Wolf/N. Schneider/Thiel, RVG, § 33 Rn 8; Mayer/Kroiß, RVG, § 33 Rn 6; Bischof u.a./ Bischof, RVG, § 33 Rn 15, ErfK-ArbR, § 12 ArbGG, Rn 13, Meier/Becker, Streitwerte im Arbeitsrecht, 1. Teil, Rn 18.

I.
Urteilsverfahren

Nr.	Gegenstand
1.	*Abfindung und Auflösungsantrag, tarifliche Abfindung, Sozialplanabfindung, Nachteilsausgleich*
	Wird im Kündigungsrechtsstreit eine gerichtliche Auflösung des Arbeitsverhältnisses beantragt (§§ 9, 10 KSchG; § 13 Abs. 1 S. 3–5, Abs. 2 KSchG; § 14 Abs. 2 S. 2 KSchG), führt dies nicht zu einer Werterhöhung. Wird in der Rechtsmittelinstanz isoliert über die Auflösung gestritten, gilt § 42 Abs. 2 S. 1 GKG; wird isoliert über die Abfindungshöhe gestritten, ist maßgebend der streitige Differenzbetrag, höchstens jedoch das Vierteljahresentgelt. Eine im Vergleich vereinbarte Abfindung in entsprechender Anwendung der §§ 9, 10 KSchG ist nicht streitwerterhöhend; Vereinbarungen über andere Abfindungen oder einen Nachteilsausgleich im Vergleich können hingegen zu einer Werterhöhung führen. Wird hingegen über eine Sozialplanabfindung, über eine tarifliche Abfindung oder über einen Fall des Nachteilsausgleichs nach § 113 Abs. 1 BetrVG gestritten, richtet sich der Wert nach dem streitigen Betrag. Ggf. ist das zum Hilfsantrag (siehe I. Nr. 18) Ausgeführte zu beachten.

A. Gerichtliche Auflösung des Arbeitsverhältnisses

Die Beantragung der Auflösung des Arbeitsverhältnisses bei einer ordentlichen Kündi- **31** gung (§§ 9,10 KSchG), bei einer außerordentlichen Kündigung (§ 13 Abs. 1 S. 3–5, Abs. 2 KSchG), sowie bei der Kündigung eines leitenden Angestellten (§ 14 Abs. 2

Satz 2 KSchG) soll nicht zu einer Werterhöhung führen. Damit wird grundsätzlich vorgeschlagen, dass ein Auflösungsantrag, eine Kündigung, unabhängig davon, welche Art Kündigung Gegenstand des Kündigungsschutzverfahrens ist, nicht zu einer Erhöhung des Streitwertes führt, obwohl offensichtlich der Auflösungsantrag einen **anderen Streitgegenstand** (anderer Antrag und anderer Lebenssachverhalt) beinhaltet und nach der Rechtsprechung völlig eigene Voraussetzungen hat. Am Ende von Nr. 1 wird ausgeführt, dass gegebenenfalls das zum Hilfsantrag Ausgeführte zu beachten ist. In I. Nr. 18 wird darauf verwiesen, dass § 45 Abs. 1 S. 2 und S. 3 GKG gelten (auf eine einvernehmliche Regelung im Rahmen eines solchen Antrages gemäß § 45 Abs. 4 GKG wird nicht verwiesen).

32   Grundsätzlich kommt es für die Bemessung des Streitwertes darauf an, in welcher Form der Auflösungsantrag gestellt worden ist, ob als **Hauptantrag, echter Hilfsantrag oder unechter Hilfsantrag.** Da die Streitwertkommission hier ohnehin keinen eigenen Streitwert sieht, könnte dies nach dieser Bewertung dahingestellt bleiben, da, egal wie der Antrag gestellt ist, dieser keine eigene Bewertung erfährt. Seitens der Streitwertkommission wird dies damit begründet, dass der Auflösungsantrag nach dem „Willen des historischen Gesetzgebers" ohne Ansatz zu bleiben hat. Tatsächlich ist nicht ersichtlich, wo der Gesetzgeber den Auflösungsantrag ohne Ansatz lassen wollte. Die Gesetzgebungsmaterialien geben dies tatsächlich nicht her. Vielmehr muss eine rechtliche Bewertung anhand der Regelungen zum Streitgegenstand erfolgen. Dabei wird Bezug genommen auf § 42 Abs. 2 S. 1 HS 2 GKG, der regelt, dass eine **Abfindung** bei einem Rechtsstreit über das Bestehen, das Nichtbestehen oder die Kündigung eines Arbeitsverhältnisses nicht hinzugerechnet wird. § 42 Abs. 2 HS 1 GKG bezieht sich jedoch nur auf das **Bestehen, dass Nichtbestehen** oder die **Kündigung** eines Arbeitsverhältnisses, der **Auflösungsantrag** ist dort nicht genannt und ist daher von der **Streitwertbegrenzungsklausel offensichtlich auch nicht umfasst.**[1] Da es sich jedoch um eine Streitwertbegrenzungsklausel handelt (vgl. hierzu die Kommentierung unter Rdn 13 ff.) und der Auflösungsantrag nicht angeführt ist, bezieht sich diese nicht auf den **Auflösungsantrag und damit auch nicht auf die Abfindung.**

33   Die rechtliche Tatsache, dass der Auflösungsantrag einen eigenen Wert hat, der nach dem Interesse der antragstellenden Partei zu bewerten ist, ergibt sich auch aus Nr. 1 S. 2 des Streitwertkataloges. Dort wird ausgeführt, dass wenn in der Rechtsmittelinstanz **isoliert über die Auflösung** gestritten wird, der Streitwert des § 42 Abs. 2 S. 1 GKG und damit grundsätzlich das **Vierteljahresentgelt** anzunehmen ist! Da das Bestehen oder Nichtbestehen sowie die Kündigung des Arbeitsverhältnisses gerade keine Auflösung des Arbeitsverhältnisses gemäß §§ 9, 10 KSchG ist und dies einen **eigenen Streitgegenstand** darstellt, ist dieser auch eigens zu bewerten und dem weiteren Streitwert hinzuzurechnen. Die Tatsache, dass die Streitwertkommission bei einem isolierten Streit

---

1 Dies ist in der bisherigen Rechtsprechung umstritten: Düwell/Lipke/Schäder, ArbGG, Anhang 2, S. 1284.

diesen mit dem Vierteljahresentgelt bewertet, zeigt die **Widersprüchlichkeit** zu der ersten Bewertung, dass keine Streitwerterhöhung erfolgen soll.

Ergebnis: Tatsächlich ist daher für den Auflösungsantrag ein **eigener Streitwert anzunehmen,** der auch nicht durch § 42 Abs. 2 Satz 1 GKG begrenzt wird, sondern nach dem tatsächlichen Interesse der **antragstellenden Partei** zu bewerten ist (vgl. hierzu auch unten die Ausführungen unter Rdn 47 ff.).   **34**

Im Übrigen steht die Behauptung, dass die Streitwertbegrenzungsklausel auch den Auflösungsantrag mit umfasse, einem eigenen Streitwert des Auflösungsantrags nicht entgegen, da die **Streitwertbegrenzungsklausel** nur festlegt, dass der Wert dann **maximal mit dem Vierteljahresentgelt** zu bemessen ist und die **Abfindung nicht hinzuzurechnen ist!** Tatsächlich ergibt sich selbst daraus nicht, dass der Auflösungsantrag gänzlich ohne Ansatz zu verbleiben hat. Vielmehr ist grundsätzlich (entgegen dem Vorschlag) zunächst nach der Art des gestellten Antrages und dem konkreten Auflösungsantrag wie folgt zu unterscheiden: **35**

I. Art der Antragstellung

Wird der Antrag als **Hauptantrag** und nicht als Hilfsantrag gestellt, kommt es nicht darauf an, ob das Gericht hierüber entscheidet und ob der Auflösungsantrag in einen Vergleich mit einbezogen worden ist. Ein Hauptantrag wird möglicherweise dann gestellt, wenn der Antragsteller davon ausgeht, dass das Arbeitsverhältnis nicht durch eine Kündigung beendet worden ist. Unabhängig davon kann eine Partei auch bei sonstigen Fällen den Antrag als Hauptantrag stellen. In diesem Fall **muss eine eigenständige Bewertung** erfolgen.   **36**

Zum Hilfsantrag wird verwiesen auf die ausführlichen Erläuterungen zu I. Nr. 18 (Rdn 250 ff.). Stellt die antragstellende Partei den Auflösungsantrag als echten (für den Fall des Unterliegens mit dem Feststellungsantrag zur Kündigung) oder unechten **Hilfsantrag,** ist die Frage, ob das Gericht über diesen **Hilfsantrag entscheidet** (§ 45 Abs. 1 S. 2 GKG). Wird über den hilfsweise geltend gemachten Antrag entschieden (da die Kündigung beispielsweise sozialwidrig war), wird der Streitwert des hilfsweise geltend gemachten Anspruches mit dem Hauptanspruch zusammengerechnet. Bei einer **vergleichsweisen** Regelung gilt dies entsprechend (§ 45 Abs. 4 GKG). Wird im Rahmen eines Vergleiches festgestellt, dass das Arbeitsverhältnis durch den Auflösungsantrag beendet worden ist, hat ebenfalls eine **eigenständige Bewertung** zu erfolgen. Der Gegenstand der **gerichtlichen und anwaltlichen Tätigkeit kann differieren**, insbesondere wenn der Rechtsanwalt einen Hilfsantrag stellt, über den das Gericht nicht entscheidet oder der nicht in den Vergleich einbezogen wird. Beantragt in diesem Fall der Rechtsanwalt eine **Gegenstandswertfestsetzung** nach § 33 Abs. 1 S. 1 RVG, ist in den   **37**

Gegenstandswert auch ein **nicht entschiedener oder nicht verglichener Hilfsantrag mit einzurechnen!**

II. Auflösungsantrag gemäß §§ 9,10 KSchG

38 Ein vom Arbeitnehmer oder Arbeitgeber gestellter Auflösungsantrag beinhaltet das Begehr, das Arbeitsverhältnis, welches nicht durch die ordentliche Kündigung beendet worden ist, gegen Zahlung einer Abfindung zu beenden. Der Streitgegenstand setzt sich aus dem gestellten Antrag und dem zugrundeliegenden Lebenssachverhalt zusammen. Der Antrag ist **ein anderer** als hinsichtlich der Feststellung der Unwirksamkeit der Kündigung, auch liegt diesem ein **anderer Lebenssachverhalt** zugrunde gelegt wird, (da der Auflösungsantrag eigene Voraussetzungen beinhaltet), so dass ein Auflösungsantrag einen **eigenen Streitgegenstand darstellt.** Ist ein eigener Streitgegenstand gegeben, ist dieser nach § 3 HS 1 ZPO zu bewerten und gemäß § 5 ZPO mit den weiteren Gegenständen zusammenzurechnen. Der Auflösungsantrag hat daher grundsätzlich einen **eigenen Streitwert.**

39 Nach § 3 HS 1 ZPO kommt es dabei auf das **Interesse der antragstellenden Partei** an, sodass zu unterscheiden ist, ob der Antrag seitens des **Arbeitgebers** oder seitens **des Arbeitnehmers** gestellt wird.

40 Stellt der **Arbeitgeber** den Antrag, ist es sein Ziel, das Arbeitsverhältnis zu beenden (auch wenn er dafür eine Abfindung bezahlen muss). Sein Interesse liegt daher in der **Auflösung** des Arbeitsverhältnisses. Der Auflösungsantrag des Arbeitgebers hat eine Vielzahl von Voraussetzungen.[2] Nach § 3 HS 1 ZPO kann daher ein **wesentlich höherer** oder auch ein **wesentlich niedrigerer Betrag** als das Vierteljahresentgelt zugrunde gelegt werden, da auf das tatsächliche Interesse abzustellen ist. Selbst wenn, wie unzutreffend von der Streitwertkommission angenommen (siehe hierzu die Kommentierung zur Vorbemerkung Rdn 13 ff.), § 42 Abs. 2 GKG als Leitbild herangezogen werden könnte, wäre dann zumindest das **Vierteljahresentgelt** als Streitwert anzunehmen. Bei einem vom Arbeitgeber gestellten Auflösungsantrag bemisst sich der Streitwert nicht anhand der beantragten Abfindung, sondern nach dessen Interesse an der Auflösung des Arbeitsverhältnisses. Bei der konkreten Bewertung des Interesses kommt es auf die Auflösungsgründe an, also warum eine dem Betriebszweck dienliche weitere Zusammenarbeit zwischen den Parteien nicht zu erwarten ist.

---

2 Ordentliche Kündigung, Erhebung einer Kündigungsschutzklage, Stellung eines Auflösungsantrages, Bestehen des Arbeitsverhältnisses, Sozialwidrigkeit der Kündigung, eine dem Betriebszweck dienliche weitere Zusammenarbeit zwischen den Parteien darf nicht zu erwarten sein.

Wird der Antrag dagegen vom **Arbeitnehmer** gestellt, hat dieser Auflösungsantrag   **41**
gleichfalls umfangreiche Voraussetzungen.[3] Das Interesse des Arbeitnehmers besteht
auch hier einmal darin, das Arbeitsverhältnis aufzulösen, gleichzeitig begehrt er aber
eine Abfindung zu erhalten, grundsätzlich besteht also ein **doppeltes Interesse**. Nach
dem klaren Wortlaut des § 42 Abs. 2 HS 2 GKG ist dieser somit nicht auf den Auflösungsantrag anwendbar. Dies gilt auch für die Abfindung.[4] Daher ist zutreffend bei
einem solchen Auflösungsantrag das **konkrete Interesse des Arbeitnehmers an der
Beendigung** mit der Höhe der Abfindung zu vergleichen. Es kann daher zutreffend
sein, dass der Streitwert der begehrten **Abfindung** entspricht. Selbst wenn man § 42
Abs. 1 HS 2 GKG auf den Auflösungsantrag anwenden sollte, könnte nur die Abfindung
nicht als Streitwert herangezogen werden. Da das Interesse des Arbeitnehmers auch in
der Auflösung des Arbeitsverhältnisses, d.h. bei diesem Arbeitgeber nicht mehr arbeiten
zu müssen, liegt, würde sich der Streitwert dann nach diesem Interesse richten, welches
dann wiederum durch das **Vierteljahresentgelt** begrenzt wäre.

Fraglich ist noch, wie ein von **beiden Seiten gestellter Antrag** zu bewerten ist, da für   **42**
diesen Fall höchstrichterlich noch ungeklärt ist, ob dem Antrag einfach stattgegeben
werden kann[5] oder ob der jeweilige Antrag geprüft werden muss. Es kann jedenfalls
davon ausgegangen werden, dass beide Parteien die **Auflösung des Arbeitsverhältnisses** wünschen, so dass dies wohl **einheitlich zu bewerten ist**.

Wie bereits ausgeführt, war in der bisherigen Rechtsprechung[6] auch umstritten, ob der   **43**
Auflösungsantrag überhaupt eigens zu bewerten ist und wenn dies der Fall ist, in welcher
Höhe. Dabei wurden grundsätzlich zwischen **ein bis zwei Bruttomonatsgehälter** angenommen. Der Deutsche Anwaltverein schlägt dazu vor (ohne dies dogmatisch zu
begründen, so dass dies auch nicht nachvollziehbar ist) den Auflösungsantrag mit **einem
Streitwert in Höhe eines Bruttomonatsgehalts** anzusetzen, mit dem Verweis darauf,
dass dies auch für den Rechtsanwalt ein erhebliches Haftungsrisiko darstelle.[7] Es trifft
zu, dass neben der Tatsache, dass es sich um einen eigenständigen Streitgegenstand
handelt, auch für die antragstellende Partei sowie die Gegenpartei und deren Anwälte
ein erhebliches Haftungsrisiko gegeben ist, da ein Auflösungsantrag eine wesentliche
Entscheidung im Rechtsstreit darstellen und die eigene Partei erheblich belasten kann.

---

3 Eine ordentliche oder außerordentliche Kündigung (§ 13 Abs. 1, 1–3 KSchG), die Erhebung der Kündigungsschutzklage, die Stellung eines Auflösungsantrages, Bestehen des Arbeitsverhältnisses zum Zeitpunkt
   der Kündigung, die Sozialwidrigkeit der Kündigung und die Prognose, dass das Arbeitsverhältnis zukünftig
   nicht mehr funktioniert.
4 Es wird häufig angenommen, dass § 42 Abs. 2 GKG keine Anwendung auf den Auflösungsantrag finde,
   aber die Abfindung aus dem Auflösungsantrag von § 42 Abs. 2. HS 2 GKG erfasst werde: LAG Berlin,
   JurBüro 2000, 307. Dies ist aber tatsächlich ein **Widerspruch**. Erfasst § 42 Abs. 2 HS 1 GKG den Auflösungsantrag nicht, **gilt dies auch für die Abfindung!**
5 LAG Köln, NZA-RR 2002, 356.
6 Düwell/Lipke/Schäder, ArbGG, Anhang 2, S. 1284.
7 AE 2014, 203.

Auch deshalb ist, wenn man die Praxis und die Ausführung zu den Auflösungsanträgen zugrunde legt, der eigenständige Streitgegenstand auch separat zu bewerten. Auch wenn die Rechtsprechung bisher häufig nur ein Bruttomonatsgehalt angenommen hat,[8] ist gemäß § 3 HS 1 ZPO der Streitwert nach dem **Interesse der antragstellenden Partei (zumindest mit dem Vierteljahresentgelt, wenn das Interesse nicht niedriger ist)** wohl wesentlich höher zu bemessen.

III. Antrag bei außerordentlicher Kündigung gemäß § 13 Abs. 1 S. 3–5 KSchG

44 Dabei handelt es sich um einen Auflösungsantrag des **Arbeitnehmers** bei einer außerordentlichen Kündigung. Nur der Arbeitnehmer kann bei einer außerordentlichen Kündigung einen Auflösungsantrag mit Zahlung einer Abfindung stellen. Ein Auflösungsantrag des Arbeitgebers bei einer außerordentlichen Kündigung ist nicht möglich. Daher ist hier gemäß § 3 HS 1 ZPO auf das Interesse des Arbeitnehmers abzustellen. Wie unter b) bereits ausgeführt, besteht das **doppelte Interesse** des Arbeitnehmers bei einem Auflösungsantrag grundsätzlich darin, das Arbeitsverhältnis aufzulösen und nicht mehr bei dem Arbeitgeber arbeiten zu müssen, sowie in der Zahlung einer Abfindung. Dies ist gemäß § 3 HS 1 ZPO im Einzelfall zu bewerten. Selbst wenn die Regelung des § 42 Abs. 2 GKG anwendbar wäre[9] oder man sie (unzutreffend, vgl. dazu die Kommentierung zur Vorbemerkung Rdn 13 ff.) als Leitklausel ansieht, wäre der Streitwert mit dem **Vierteljahresentgelt** zu bemessen, außer das Interesse des Arbeitnehmers daran ist tatsächlich geringer zu bewerten. Allerdings ist, da dies nicht der Fall ist, auch sonst allein auf das **tatsächliche Interesse** abzustellen, welches natürlich sowohl **höher** als auch **niedriger** als das Vierteljahresentgelt sein kann. Im Übrigen wird auf die Ausführungen betreffend die ordentliche Kündigung unter den Rn 39 ff. verwiesen.

IV. Auflösungsantrag gemäß § 13 Abs. 2 KSchG

45 § 13 Abs. 2 KSchG behandelt den Fall, dass die Kündigung gegen die guten Sitten (§ 138 BGB) verstößt, so dass die Vorschriften der §§ 9 Abs. 1 S. 1 und Abs. 2 sowie §§ 10 – 12 KSchG entsprechende Anwendung finden, also das Arbeitsverhältnis gegen Zahlung einer Abfindung aufgelöst werden kann. Insoweit ist auf die obigen Ausführungen zum Auflösungsantrag bei einer ordentlichen Kündigung verwiesen (Rdn 38 ff.), da dieser Antrag sowohl von dem **Arbeitnehmer** als auch dem **Arbeitgeber** gestellt werden kann und das entsprechende Interesse der antragstellenden Partei entsprechend zu berücksichtigen ist, da auch dies einen **eigenen Streitgegenstand** darstellt.

---

8 LAG Berlin, AE 2000, 71, ArbG Kiel, NZA-RR 1999, 670, ArbG München, AE 2003, 43, ArbG Würzburg, NZA-RR 2001,107.

9 Der Wortlaut umfasst den Auflösungsantrag nicht.

V. Auflösungsantrag bei einem leitenden Angestellten (§ 14 Abs. 2 Satz 2 KSchG)

Bei einem leitenden Angestellten gemäß § 14 Abs. 2 S. 1 KSchG besteht die Besonder- **46** heit, dass der **Arbeitgeber** bei einer sozialwidrigen Kündigung die Auflösung des Arbeitsverhältnisses mit Zahlung einer Abfindung **ohne besondere Gründe** beantragen kann, sodass bei einem leitenden Angestellten nur die übrigen Voraussetzungen (insbesondere Sozialwidrigkeit der Kündigung) vorliegen müssen. Grundsätzlich ist trotzdem das Begehr bei der Stellung eines Auflösungsantrages durch den Arbeitgeber bei einem leitenden Angestellten keine wesentlich andere, als bei einem nicht leitenden Arbeitnehmer, da gemäß § 3 HS 1 ZPO auf das Interesse der jeweiligen antragstellenden Partei abzustellen ist. Insoweit kann daher ebenfalls auf die obigen Ausführungen unter b) verwiesen werden. Der Antrag des Arbeitgebers ist nach **seinem Interesse** gemäß § 3 HS 1 ZPO zu bemessen. Da keine besonderen Gründe für eine Auflösung vorliegen müssen, kann insoweit das Interesse an der Auflösung **niedriger** sein, als bei einem sonstigen Auflösungsantrag. Allerdings ist zu beachten, dass das Interesse bei der Auflösung des Arbeitsverhältnisses mit einem leitenden Angestellten aufgrund seiner Position auch entsprechend **höher** als bei einem sonstigen Auflösungsantrag sein kann.

B. Isolierter Streit über den Auflösungsantrag in der Rechtsmittelinstanz

Hierzu wird im Vorschlag ausgeführt, dass bei einem solchen isolierten Streit § 42 **47** Abs. 2 S. 1 GKG gelte und damit höchstens das Vierteljahresentgelt als Streitwert anzusetzen sei. Damit ist wohl der Fall gemeint, dass im Kündigungsschutzverfahren in erster Instanz ein Auflösungsantrag gestellt worden ist, der für den Rechtsmittelführer zu dessen Nachteil entschieden wurde. Hat der **Arbeitgeber** den Auflösungsantrag gestellt und wurde dieser **abgewiesen**, kann er in der Rechtsmittelinstanz alleine den Auflösungsantrag weiterverfolgen. Wird dem Antrag des **Arbeitgebers** auf Auflösung **stattgegeben** und ist der Arbeitnehmer der Auffassung, dass dies nicht zutreffend ist, kann er dies im Rahmen des Rechtsmittels isoliert angreifen. Gleiches gilt umgekehrt: Stellt der Arbeitnehmer einen Auflösungsantrag und wird diesem nicht stattgegeben, kann er dies im Rechtsmittelverfahren isoliert weiterverfolgen, umgekehrt der Arbeitgeber, wenn dem Antrag stattgegeben wird und er der Auffassung ist, dass dies nicht zutrifft. Wird also im Rechtmittelverfahren nur der Auflösungsantrag zur Überprüfung gestellt und der Kündigungsstreit selbst nicht weitergeführt, so ist nach dem Vorschlag von einem **eigenständigen Streitwert** auszugehen. Dieser sei dann grundsätzlich mit dem **Vierteljahresentgelt** zu bemessen, außer das Interesse sei tatsächlich niedriger zu bewerten (§ 42 Abs. 2 S. 1 GKG).

48 Die Tatsache, dass der Auflösungsantrag einen **eigenen Streitgegenstand darstellt und eigens zu bewerten** ist, ergibt sich gerade auch aus dieser isolierten Betrachtung in der Rechtsmittelinstanz. Bei isolierter Bewertung wird nach dem Vorschlag eine konkrete Bewertung des Streitwertes mit dem Vierteljahresentgelt vorgenommen. Dies bestätigt, dass ein Auflösungsanträgen grundsätzlich ein **eigener Streitwert** „besitzt", der dann auch mit einem Feststellungsantrag hinsichtlich einer Kündigung zusammenzurechnen ist (§ 5 ZPO).

49 Der Vorschlag zur Bewertung mit dem Vierteljahresentgelt gemäß § 42 Abs. 2 S. 1 GKG beinhaltet wieder die Problematik, dass dieser § 42 Abs. 2 S. 1 GKG auf den Auflösungsantrag für anwendbar hält (vgl. hierzu die Kommentierung unter Rdn 38 ff.) oder dass die Streitwertbegrenzungsklausel das Leitbild des Arbeitsrechtes sein soll, was beides nicht zutreffend ist (insoweit wird auf die Ausführung zur Vorbemerkung unter Rdn 13 ff. verwiesen.). Vielmehr ist der Streitwert gem. § 3 HS 1 ZPO nach dem tatsächlichen Interesse der antragstellenden Partei zu bewerten, also der rechtsmittelführenden Partei an der Abänderung des erstinstanzlichen Urteils. Dabei sind folgende Konstellationen denkbar:

– Dem Auflösungsantrag des Arbeitgebers wurde stattgegeben und das Arbeitsverhältnis gegen Zahlung einer Abfindung aufgelöst. Der Arbeitnehmer geht hiergegen in Berufung bzw. Revision und möchte nicht, dass das Arbeitsverhältnis aufgelöst wird. Der Streitwert bemisst damit nach seinem konkreten Interesse am Fortbestand des Arbeitsverhältnisses.

– Der Auflösungsantrag des Arbeitgebers wird in erster Instanz abgewiesen, dieser geht dagegen in Berufung bzw. Revision. Auch hier ist nicht die Abfindung, sondern das Interesse des Arbeitgebers an der **Beendigung des Arbeitsverhältnisses** konkret zu bewerten (§ 3 HS 1 ZPO).

– Dem Auflösungsantrag des Arbeitnehmers wurde stattgegeben und das Arbeitsverhältnis gegen Zahlung einer Abfindung aufgelöst. Der Arbeitgeber geht dagegen in Berufung bzw. Revision. Auch hier ist das Interesse des Arbeitgebers nun am **Fortbestand des Arbeitsverhältnisses** zu bewerten.

– Der Auflösungsantrag des Arbeitnehmers wurde abgewiesen und der Arbeitnehmer geht dagegen in Berufung bzw. Revision. Hier ist das doppelte Interesse an der Auflösung des Arbeitsverhältnisses einerseits und Zahlung einer Abfindung andererseits nach § 3 HS 1 ZPO zu bewerten.

C. Isolierter Streit über die Abfindungshöhe

50 Wird in der Rechtsmittelinstanz nur noch **über die Abfindungshöhe** eines Auflösungsantrages gestritten und nicht mehr um die Begründetheit desselben, wird grundsätzlich der **streitige Differenzbetrag** vorgeschlagen, jedoch in „Anlehnung" an § 42 Abs. 2

S. 1 GKG (also wohl als Leitbild) **höchstens das Vierteljahresentgelt** und damit der so bezifferte Streitwert (die geltend gemachte Differenz) entsprechend begrenzt.

Zugrunde liegt hier eine Konstellation, in der eine der Parteien einen Auflösungsantrag   **51** gestellt hat, dem stattgegeben wurde, und die rechtsmittelführende Partei beruft sich lediglich darauf, dass die **Abfindungshöhe nicht korrekt gemäß § 10 KSchG bemessen** ist. Die Bemessung steht dabei in den Grenzen/im Rahmen des § 10 KSchG im Ermessen des Gerichts. § 10 KSchG bietet hier einerseits Anhaltspunkte für die Berechnung, zieht aber gleichzeitig auch Obergrenzen für die maximale Höhe der Abfindungszahlungen ein. Die Abfindung bemisst sich grundsätzlich nach der Betriebszugehörigkeit und dem Bruttomonatsentgelt gemäß § 10 Abs. 3 KSchG. Ist die Abfindung ermessensfehlerhaft festgesetzt worden, kann die dadurch beschwerte Partei in der Rechtsmittelinstanz die Höhe der Abfindung angreifen. Hält der Arbeitgeber die Abfindung für zu hoch, kann er beantragen, dass eine **niedrigere Abfindung** ausgeurteilt wird, hält der Arbeitnehmer die Abfindung für zu niedrig, kann er beantragen, dass eine **höhere Abfindung** ausgeurteilt wird. Das Interesse der antragstellenden Partei ist dabei einfach zu ermitteln, nämlich – wie der Streitwertkatalog dies grundsätzlich vorsieht – nach dem **streitigen Differenzbetrag**.

Beispiel:
Hat der Arbeitnehmer in seinem Auflösungsantrag in erster Instanz die Auflösung des Arbeitsverhältnisses gegen Zahlung einer Abfindung in Höhe von 40.000,– EUR brutto beantragt und hat das Gericht nur einen Betrag in Höhe von 20.000,– EUR brutto ausgeurteilt, ist der Arbeitnehmer in Höhe von 20.000,– EUR beschwert und kann mit dem Antrag, dass ein Abfindungsbetrag in Höhe von 40.000,– EUR brutto ausgeurteilt wird, Rechtsmittel einlegen. Der Differenzwert in Höhe von 20.000,– EUR brutto ist dann der Streitwert. Dies entspricht zutreffend dem wirtschaftlichen Interesse gemäß § 3 HS 1 ZPO.

Der Streitwertkatalog schlägt hier dann jedoch eine Begrenzung des so ermittelten   **52** Streitwerts auf maximal das Vierjahresentgelt analog dem angeblichen arbeitsrechtlichen Leitbild des § 42 Abs. 2 S. 1 GKG vor. Wie bereits in der Vorbemerkung (Rdn 1 ff.) und unter Rdn 38 ff. ausgeführt, ist die **Streitwertbegrenzungsklausel** jedoch nur auf die **gesetzlich geregelten Fälle** anwendbar. Eine Regelung zum Auflösungsantrag und der daraus resultierenden Abfindung findet sich im § 42 Abs. 2 GKG gerade nicht. Da in diesem Fall sogar ein **konkreter Zahlungsbetrag** geltend gemacht wird (im Beispiel: 20.000,– EUR) kann nicht nachvollzogen werden, wie ein solches klares wirtschaftliches Interesse durch die Heranziehung eines „Leitbildes" begrenzt werden können soll. Dies **entspricht keinesfalls dem Ermessen** gemäß § 3 HS 1 ZPO. In diesem Fall darf seitens des Gerichts **tatsächlich nur die Differenz** aus dem ausgeurteilten und dem begehrten Abfindungsbetrag als Streitwert festgesetzt werden. Alles andere wäre contra legem. Klagt eine Partei vor dem Arbeitsgericht einen konkreten Betrag (z.B. Lohn oder Schadensersatz) ein, kann auch nicht auf das „Leitbild" des § 42 Abs. 2 S. 1 GKG verwiesen werden und der Streitwert z.b. bei einer Klage auf Zahlung von 100.000,– EUR durch das Vierteljahresentgelt „begrenzt" werden.

53 **Ergebnis**: Auch wenn ein Auflösungsantrag der Grund ist, wird in der Rechtmittelinstanz nur noch über die Höhe der Abfindung gestritten. Deshalb muss der **konkret bezifferte Differenzwert**, da diese eindeutig dem wirtschaftlichen Wert gem. § 3 HS 1 ZPO entspricht, dem Streitwert zugrunde gelegt werden.

D. Keine Streitwerterhöhung einer Abfindung gemäß §§ 9,10 KSchG im Vergleich

54 Wird in einem Beendigungsstreit[10] die Beendigung des Arbeitsverhältnisses gegen Zahlung einer Abfindung mit direkter oder entsprechender Anwendung der §§ 9,10 KSchG vereinbart, **erhöht dies den Streitwert nicht**. Die Vorschrift des § 42 Abs. 2 S. 1 HS 2 GKG ist anwendbar, da ein Streit über das Bestehen, das Nichtbestehen oder die Kündigung eines Arbeitsverhältnisses vorliegt, der Streitwert somit maximal das Vierteljahresentgelt beträgt und eine Abfindung nicht hinzuzurechnen ist. Diese Fälle beziehen sich auf einen Feststellungsantrag betreffend eine Kündigung oder auch der Streit über das Bestehen oder Nichtbestehen eines Arbeitsverhältnisses. Da die Abfindung selbst nicht streitgegenständlich ist und diese nur als sozialer Ausgleich für den Verlust des Arbeitsplatzes bezahlt wird, ist dies gemäß § 42 Abs. 2 S. 1 HS 2 GKG **nicht hinzuzurechnen**. Für den Streitwert sind die im Verfahren gestellten Anträge und damit das Interesse der Klagepartei gemäß § 3 HS 1 ZPO zu berücksichtigen. Ein im Vergleich vereinbarter Abfindungsbetrag, soweit er nicht aus einem konkreten Rechtsgrund (hierzu die folgenden Rdn 55) resultiert, ist zutreffend dem Streitwert **nicht hinzuzurechnen**.

E. Vereinbarungen über andere Abfindungen oder einen Nachteilsausgleich im Vergleich

55 Der Arbeitnehmer hat in seiner Bestandsschutzklage noch nicht die Zahlung einer Abfindung aus einem Sozialplan, aus einer tariflichen Regelung oder einem Nachteilsausgleich nach § 113 Abs. 1 BetrVG gerichtlich geltend gemacht hat (vgl. die Ausführungen zu Rdn 111 ff.), aber ein solcher Anspruch auf Abfindung ist **ungewiss** (vgl. dazu die Kommentierungen zu I. Nr. 22.1, Rdn 309 ff.). Dann einigen sich die Parteien auf die Zahlung einer solchen Abfindung aus dem **Sozialplan**, aus einem **Tarifvertrag** oder einem **Nachteilsausgleich** nach §§ 113 Abs. 1 BetrVG im Vergleich. Der Vergleich sieht im Regelfall dahingehend aus, dass das Arbeitsverhältnis zu einem bestimmten Zeitpunkt endet und der Arbeitgeber an den Arbeitnehmer eine Abfindung in einer

---

10 In Güteverhandlungen, Kammerverhandlungen oder schriftlichen Vergleichen gemäß § 278 Abs. 6 ZPO.

bestimmten Höhe aus einem konkreten Rechtsgrund (Sozialplan, aus einer tariflichen Regelung oder einen Nachteilsausgleich nach §§ 113 Abs. 1 BetrVG) bezahlt oder, dass ein solcher **behaupteter Anspruch gerade nicht besteht**. In einem solchen Fall schlägt der Streitwertkatalog vor, dass dies zu einer **Werterhöhung führen kann**.

Beruft sich der Arbeitnehmer in den Verhandlungen (ein Antrag ist insoweit noch nicht **56** gestellt) auf einen möglichen Anspruch aus einem Sozialplan, einem Tarifvertrag oder auf einem Nachteilsausgleich, ist dieser Anspruch, solange er nicht vom Arbeitgeber anerkannt und bezahlt wird, **ungewiss** (vgl. dazu die Kommentierung zu I. Nr. 22.1, Rdn 309 ff.). Einigen sich die Parteien hierzu im Rahmen eines Vergleiches, wird damit ein ungewisses Rechtsverhältnis geregelt. Der Streitwert ist daher der vom Kläger behauptete Abfindungsbetrag gemäß § 3 HS 1 ZPO.

Beispiel:
Macht der Kläger im Rahmen der Güteverhandlung eine Abfindung aus einem Sozial-plan in Höhe von 40.000,– EUR geltend, die von der Beklagten bestritten wird, ist der zusätzliche Streitwert mit 40.000,– EUR zu bemessen, auch wenn der Vergleich tatsäch-lich nur auf eine Zahlung einer Abfindung aus dem Sozialplan in Höhe von 20.000,– EUR lautet.

Wird eine solche Behauptung nicht aufgestellt, sondern ist ein solcher Anspruch nur **57** ungewiss und regeln die Parteien etwas zu diesem möglichen Anspruch, ist der Streitwert der mögliche Anspruch.

F. Streit über eine Abfindung aus dem Sozialplan, aus einem Tarifvertrag oder einem Nachteilsausgleich nach § 113 Abs. 1 BetrVG

Wie bereits zuvor unter Rdn 55 ausgeführt, ist bei einem Streit der Parteien über eine **58** Abfindung aus dem Sozialplan, aus einem Tarifvertrag oder über einen Nachteilsaus-gleich nach §§ 113 Abs. 1 BetrVG der zwischen den Parteien **streitige Betrag** zugrunde zu legen. Dabei ist grundsätzlich zu unterscheiden, ob der Anspruch an sich zwischen den Parteien streitig ist. In diesem Fall bildet der volle, vom Arbeitnehmer behauptete Betrag den Streitwert. Erkennt der Arbeitgeber hingegen grundsätzlich einen Anspruch aus dem geltend gemachten Rechtsgrund an, behauptet er jedoch, dass der Abfindungs-anspruch der Höhe nach geringer ist, ist Streitwert der **Differenzbetrag** aus dem vom Arbeitnehmer geltend gemachten und dem vom Arbeitgeber grundsätzlich anerkannten Betrag.

Beispiel:
Erhebt der Arbeitnehmer Anspruch auf eine Abfindung aus dem Sozialplan in Höhe von 40.000,– EUR und berechnet der Arbeitgeber aus dem Sozialplan nur eine Abfindung in Höhe von 20.000,– EUR brutto, so ist der Streitwert die Differenz in Höhe von 20.000,– EUR.

59   Möglich ist auch, dass der Arbeitnehmer den Anspruch bereits im Verfahren geltend gemacht hat. Im Regelfall wird der antragstellende Arbeitnehmer im Rahmen eines Bestandsschutzverfahrens einen **echten Hilfsantrag** (für den Fall des Unterliegens mit dem Feststellungsantrag) auf Zahlung eines entsprechenden Betrages stellen. In diesem Fall berechnet sich der Streitwert gemäß § 45 Abs. 1 S. 2 und 3 sowie Abs. 4 GKG (vgl. hierzu die Kommentierungen zu I. Nr. 18, Rdn 250). Der Streitwertkatalog verweist insoweit auf die Nr. 18 des Streitwertkataloges. Voraussetzung für die Berücksichtigung des Streitwertes aus einem Hilfsantrag ist, dass das Gericht über den Hilfsantrag entscheidet (das Gericht hält fest, dass das Arbeitsverhältnis durch eine Kündigung beendet worden ist, dem Arbeitnehmer aber der hilfsweise geltend gemachte Abfindungsanspruch aus einem Sozialplan in einer bestimmten Höhe zusteht oder nicht zusteht). In diesem Fall ist der volle vom Arbeitnehmer **geltend gemachte Abfindungsbetrag** als Streitwert zugrunde zu legen und mit den übrigen Streitwerten gemäß § 5 ZPO zusammenzurechnen. Entscheidet das Gericht **nicht** über den Hilfsantrag (z.B. da die Kündigung das Arbeitsverhältnis nicht beendet hat), ist die zunächst in den nicht mit einzurechnen. Gleiches gilt für den Vergleichsfall. Macht ein Arbeitnehmer die Unwirksamkeit der Kündigung geltend und hilfsweise für den Fall der Wirksamkeit der Kündigung die Zahlung einer Abfindung aus dem Sozialplan und einigen sich die Parteien im Rahmen eines Vergleiches auf die Beendigung des Arbeitsverhältnisses und Zahlung einer Abfindung aus dem Sozialplan oder auch Feststellung, dass ein solcher Anspruch nicht besteht, so ist auch für den Vergleich der Streitwert für die Feststellungsklage mit dem Streitwert der geltend gemachten Abfindung aus dem Sozialplan jeweils zu berechnen und nach § 5 ZPO zu addieren.[11] Dabei kommt es (wie bereits ausgeführt) nicht darauf an, ob der Antrag auf Zahlung der Abfindung bereits in der Klage gestellt worden ist oder nur im Rahmen der Verhandlungen eingeflossen ist und die Parteien darüber eine Einigung erzielt haben. Wurde der Antrag gestellt, gilt § 45 Abs. 4 GKG. Ist es nicht der Fall, so ist dieser Streitgegenstand als **Vergleichsmehrwert** festzusetzen. Der Gegenstand der **gerichtlichen und anwaltlichen Tätigkeit kann differieren**, insbesondere wenn der Rechtsanwalt einen Hilfsantrag stellt, über den das Gericht nicht entscheidet oder der nicht in den Vergleich einbezogen wird. Beantragt in diesem Fall der Rechtsanwalt eine **Gegenstandswertfestsetzung** nach § 33 Abs. 1 Satz 1 RVG ist in den Gegenstandswert auch einen **nicht entschiedener oder nicht verglichener Hilfsantrag in den Gegenstandswert mit einzurechnen!**

60   Möglich ist natürlich auch, dass der Arbeitnehmer die ausgesprochene Kündigung hinnimmt und nur den entsprechenden Betrag aus dem Sozialplan, dem Tarifvertrag oder den Nachteilsausgleich nach § 113 Abs. 1 BetrVG einklagt. Bei einem **Hauptantrag** ist der geltend **Betrag** des Hauptantrages der Streitwert.

---

11 LAG Hamburg, ArbRB 2010, 211; LAG München, ArbRB 2007, 44; LAG Berlin, NZA 1995, 1072.

Nr.	Gegenstand
2.	*Abmahnung*
2.1	Der Streit über eine Abmahnung wird – unabhängig von der Anzahl und der Art der darin enthaltenen Vorwürfe und unabhängig von dem Ziel der Klage (Entfernung, vollständige Entfernung, ersatzlose Entfernung, Zurücknahme/ Widerruf, Feststellung der Unwirksamkeit) – mit 1 Monatsvergütung bewertet.

A. Gegenstandes des Vorschlages

Der Vorschlag beinhaltet, dass der Streit über eine Abmahnung völlig unabhängig von 61 dem konkreten Inhalt und der konkreten Antragstellung mit einem Bruttomonatsgehalt (genannt eine Monatsvergütung) zu bewerten sei. Dazu wird ausgeführt,[1] dass ein Streit über die „Gefährdung" des Arbeitsverhältnisses durch eine Abmahnung oder mehrere Abmahnungen der Begrenzung des § 42 Abs. 2 S. 1 HS 1 GKG unterstellt wird und im Katalog ein Mindestwert von einem Monatsentgelt genannt wird. Daraus ergibt sich, dass der Vorschlag in Anlehnung an die behauptete Leitnorm gemäß § 42 Abs. 2 HS 1 GKG eine Orientierung an dem Vierteljahresentgelt vornimmt und dass es sich bei der Benennung von einer Monatsvergütung um einen **Mindestwert** handeln soll, also eine Abweichung nach oben möglich sei.

B. Grundsätzliche Bewertung eines Streites über eine Abmahnung

Bei der Regelung des § 42 Abs. 2 S. 1 HS 1 GKG handelt es sich nicht, wie angenom- 62 men, um eine Leitnorm, die für alle Gegenstandswerte im Arbeitsrecht heranzuziehen ist. Vielmehr handelt es sich dabei um eine **Streitwertbegrenzungsklausel**, die nur für die gesetzlich geregelten Fälle Anwendung findet. Vielmehr ist der Streitwert gemäß § 3 HS 1 ZPO nach dem Interesse der Klagepartei zu bewerten (vgl. hierzu die Kommentierung zur Vorbemerkung unter Rdn 13). Die Abmahnung ist in § 42 Abs. 2 S. 1 HS 1 GKG nicht geregelt. Deshalb ist der Streitwert einer Abmahnung nach dem Interesse

---

1 Ziemann, a.a.O., IV. 3.

der Klagepartei gemäß § 3 HS 1 ZPO, also **individuell** nach den konkreten Umständen, insbesondere den **Anzahl der Vorwürfen, der Art der Vorwürfe und der begehrten Klageanträgen** zu bewerten.

63   Dabei ist auch die Funktion der Abmahnung (**Rügefunktion** und **Warnfunktion**)[2] zu berücksichtigen. Zwar ist die Abmahnung eine **mögliche** Vorstufe zu einer verhaltensbedingten Kündigung. Zweck der Abmahnung ist jedoch, den Arbeitnehmer auf ein bisheriges vertragswidriges Verhalten hinzuweisen und ihn zukünftig zu **vertragsgemäßen Verhalten** anzuhalten. Bei der Bewertung des Interesses der Klagepartei ist allerdings das Ziel des Klägers bei der Entfernung einer Abmahnung aus der Personalakte zu berücksichtigen. Dieses Ziel kann darin bestehen, dass bei **späteren Bewertungen** (z.B. Zeugnis) der behauptete Pflichtverstoß nicht zugrunde gelegt werden kann sowie eine **mögliche verhaltensbedingte Kündigung** zu verhindern (Gefährdung des Arbeitsverhältnisses).

64   Dies zugrunde gelegt kann zwar durchaus ein **Orientierungswert** (wie vorgeschlagen: ein Bruttomonatsgehalt; aber auch denkbar: zwei Bruttomonatsgehälter wegen dieser Ziele!) bei einer Abmahnung angenommen werden. Es muss jedoch eine Bewertung **im Einzelfall** erfolgen. Dies entspricht im Übrigen auch der bisherigen Rechtsprechung des Bundesarbeitsgerichtes.[3] Demnach ist der Wert der Abmahnung nicht regelmäßig mit einem Bruttomonatsgehalt anzusetzen, sondern der Streitwert ist nach dem konkreten **wirtschaftlichen Interesse der Klagepartei an dem Klageziel** zu bewerten. Da sich das wirtschaftliche Interesse auch anhand des Verdienstes bewerten lässt, ist grundsätzlich die Orientierung am Bruttomonatsgehalt des Arbeitnehmers zutreffend. Die bisherige Rechtsprechung hat im Regelfall auch als Streitwert ein Bruttomonatsgehalt angenommen.[4]

65   Im **Ergebnis** ist insoweit festzuhalten, dass es durchaus vertretbar erscheint einen „Orientierungswert" von einen (oder auch zwei) Bruttomonatsgehälter als Streitwert anzunehmen, allerdings in jedem Fall eine Bewertung anhand des Einzelfalles (begehrtes Interesse und Klageantrag) erfolgen muss. Dabei sieht der Vorschlag das Bruttomonatsgehalt als **Mindestwert** an, so dass demnach nur eine **Abweichung nach oben** möglich ist. Allerdings muss anhand des konkreten Klageziels auch eine **Abweichung nach unten** möglich sein (z.B. Abmahnung wegen eines verspäteten Arbeitsbeginnes von nur 5 Minuten beinhaltet sicherlich ein geringeres Interesse an der Entfernung einer solchen Abmahnung aus der Personalakte).

---

2 BAG, NZA 2009, 842.
3 BAG, NZA 2007, 829; DB 1998, 2228.
4 Statt vieler: LAG Baden-Württemberg, AE 2011, 91, das eine zutreffende Bewertung nach dem wirtschaftlichen Interesse der Klagepartei vornimmt, dabei eine Orientierung am Bruttomonatsgehalt annimmt, **ohne jedoch eine starre Bindung** anzunehmen.

C. Bewertung einer Abmahnung im Einzelfall

Bei der Bewertung des Streitwertes eines Streites über eine Abmahnung sind im Wesent- **66**
lichen folgende Umstände im Einzelfall bei der Bewertung zu berücksichtigen:
- die vom Kläger gestellten Klageanträge,
- die Art der in der Abmahnung enthaltenen Vorwürfe sowie
- die Anzahl der in der Abmahnung enthaltenen Vorwürfe.

Zu diesen Punkten führt der Streitwertkatalog aber gerade aus, dass diese **keinerlei** **67**
Rolle spielen sollen, obwohl der Streitwert nach § 3 HS 1 ZPO nach dem Interesse der
Klagepartei bemessen werden muss und daher vom Klageantrag auszugehen ist, sowie
von der Art der erhobenen Vorwürfe und einer möglichen Gefährdung des Arbeitsverhältnisses als auch Bewertung des Arbeitnehmers, sowie der Anzahl der erhobenen
Vorwürfe in einer Abmahnung (in einer Abmahnung kann auch nicht nur ein Vorwurf
sondern eine Vielzahl von Vorwürfen enthalten sein).

I. Vom Kläger gestellte Klageanträge

Gemäß § 3 HS 1 ZPO sind die **Klageanträge entscheidend.**[5] Deshalb spielt es sehr **68**
wohl eine Rolle, welche Klageanträge der Kläger stellt. Im Regelfall wird der Kläger
die Entfernung einer Abmahnung aus der Personalakte begehren. Ob vom Wortlaut her
nur die „Entfernung", die „vollständige Entfernung" oder die „ersatzlose Entfernung"
gefordert wird, spielt dabei keine Rolle, da es bei allen Anträgen darum geht, die
Abmahnung aus der Personalakte **insgesamt** zu entfernen.

Allerdings kann neben der Entfernung der Abmahnung aus der Personalakte auch ein **69**
Widerruf von falschen Behauptungen, die sich in der Abmahnung befinden, oder
auch die Feststellung, dass kein Anspruch auf **Schadensersatz** besteht begehrt werden.
Dies sind **andere Klageziele** als die Entfernung der Abmahnung aus der Personalakte.
Das Interesse des Klägers bei der Entfernung der Abmahnung aus der Personalakte
besteht darin den arbeitsrechtlichen Vertragsverstoß nicht in einer Personalakte doku-
mentiert zu haben, was sowohl bei der Bewertung bei einem Zeugnis als auch im
Kündigungsfall eine Rolle spielen kann. Bei der begehrten Feststellung, dass kein
Anspruch auf **Schadensersatz** besteht, ist es offensichtlich, dass dies einen anderen
Streitgegenstand darstellt (mit einem eigenen Rechtsverfolgungsinteresse) und daher
einen eigenen Streitwert besitzt, der gemäß § 5 ZPO zum Streitwert des Antrages zur
Entfernung der Abmahnung aus der Personalakte hinzuzurechnen ist. Nichts anderes
gilt für den **Antrag auf Widerruf einer Behauptung.**[6] Auch der Widerruf einer in
einer Abmahnung enthaltenen Behauptung ist ein **anderer Streitgegenstand**, da der

---

5 Zöller/Herget, ZPO, § 3 Rn 2.
6 So bereits: ArbG Düsseldorf, AE 2000, 212; AnwBl. 1998, 111.

Arbeitgeber bei einer Verurteilung nicht nur die Abmahnung aus der Personalakte entfernen muss, sondern auch seine falsch aufgestellte Behauptung widerrufen muss. Dies kann auch einen zukünftigen Anspruch auf Unterlassung einer solchen Behauptung oder auch der Vorbereitung von Schadensersatzansprüchen dienen.

70 Insgesamt ist daher auf die konkret gestellten Antrag abzustellen und jeder einzelne gestellte Antrag mit eigenem Streitgegenstand **einzeln zu bewerten** und die einzelnen Streitwerte **zusammenzurechnen**.

II. Art der erhobenen Vorwürfe

71 Die in einer Abmahnung enthaltenen Vorwürfe können **höchst unterschiedlicher Art und Qualität** sein. Je nach dem Vorwurf und der Qualität des behaupteten Arbeitsvertragsverstoßes kann sich dies **unerheblich oder sehr erheblich** auf eine Bewertung in einem Zeugnis auswirken sowie die Gefährdung des Arbeitsverhältnisses in unterschiedlicher Qualität eintreten (bei kleinen Verstößen müssen diese, abhängig von der Dauer des Arbeitsverhältnisses, sicherlich mehrfach abgemahnt werden, wobei bei einem erheblicher Verstoß bereits eine Abmahnung als Vorstufe für eine Kündigung ausreichen kann). Deshalb ist bei der Bewertung des Streitwertes die Art des erhobenen Vorwurfes zu berücksichtigen.

Beispiele:
Der Vorwurf, dass der Arbeitnehmer seine Arbeit 5 Minuten zu spät begonnen hat, ist als äußerst geringfügig einzustufen. Ein Vorwurf mit einer Arbeitsvertragsverletzung, bei der ein Schaden beim Arbeitgeber in Höhe von 100.000,– EUR entstanden ist, ist sicherlich ein wesentlich schwerwiegender Vorwurf. Die beiden Fälle sind daher auch beim Streitwert unterschiedlich zu bewerten ist. In beiden Fällen wird man keinesfalls pauschal ein Bruttomonatsgehalt der richtige Streitwert sein. Im ersten Fall ist ein eher geringerer Betrag, also ein geringerer Teil des Bruttomonatsgehaltes, während beim zweiten Fall ein deutlich über einem Bruttomonatsgehalt liegender Streitwert zutreffend sein wird.

72 Insgesamt kann daher bei einer „durchschnittlichen" Abmahnung durchaus ein (oder zwei) Bruttomonatsgehalt als Streitwert angenommen werden. Als durchschnittliche Abmahnung könnte beispielsweise gesehen werden, dass der Arbeitnehmer eine konkrete Weisung nicht befolgt hat (wobei es auf die konkrete Weisung und die Folgen der Nichtbefolgung ankommt). Das Gericht muss bei seiner Festsetzung des Streitwertes den konkreten Vorwurf berücksichtigen und einen Streitwert entweder **nach oben oder nach unten** bemessen, wobei dieser auch **nicht durch das Vierteljahresentgelt** begrenzt ist.

III. Anzahl der erhobenen Vorwürfe

Bei der Bewertung des Streitwertes für einen Entfernungsantrag ist nicht nur auf die **73** Art des erhobenen Vorwürfe, sondern auch auf die **Anzahl der erhobenen Vorwürfe** abzustellen. Der Arbeitgeber kann in einer Abmahnung **nur einen** Vorwurf erheben, er kann in einer Abmahnung oder auch eine **Vielzahl von Vorwürfen** erheben. Auch wenn es für den Arbeitgeber ratsam ist, grundsätzlich nur einen Tatbestand in einer Abmahnung abzumahnen (da ansonsten die gesamte Abmahnung bei Unwirksamkeit eines Abmahnungsgrundes unwirksam sein kann) werden in der Praxis in Abmahnungen auch mehrere Tatbestände abgemahnt. Da nach der Rechtsprechung des Bundesarbeits-gerichtes die Abmahnung auch dann aus der Personalakte zu entfernen ist, wenn nur **ein erhobener Vorwurf nicht zutreffend** ist,[7] muss wird der Kläger, wenn er die Entfernung der Abmahnung aus der Personalakte begehrt, regelmäßig zu sämtlichen Vorwürfen ausführen und sich damit auseinandersetzen. Letztlich kommt es auch auf den konkreten Sachvortrag des Klägers dazu an, nämlich ob der Arbeitnehmer beispiels-weise bei zehn erhobenen Vorwürfen nur drei bestreitet oder ob er alle zehn bestreitet. Daher kommt es nicht nur auf die Anzahl der erhobenen Vorwürfe an, sondern auch auf die **Anzahl der vom Kläger bestrittenen** oder von ihm als **unwirksam bewerteten** Vorwürfe. Das **Interesse der Klagepartei** ist bei Verteilung von mehreren Vorwürfen in mehrere Abmahnung und mehreren Vorwürfen in einer Abmahnung **identisch.** Deshalb kommt es nicht, wie vorgeschlagen, allein auf die Anzahl der Abmahnungen an.

Insgesamt ist daher bei mehreren Vorwürfen in einer Abmahnung beim Streitwert **74** **jeder Vorwurf**, gegen den der Kläger aufbegehrt, einzeln zu bewerten und sodann zusammenzurechnen. Erst dann errechnet sich der gesamte Streitwert der Klage auf Entfernung der Abmahnung aus der Personalakte. In Regelfällen kann pro erhobenen Vorwurf je ein (bis zwei) Bruttomonatsgehalt als Streitwert angenommen werden.

---

7 BAG, NZA 1991, 768.

Nr.	Gegenstand
2.2	Mehrere in einem Verfahren angegriffene Abmahnungen werden mit maximal dem Vierteljahresentgelt bewertet.

A.   Angriff mehrerer Abmahnungen in verschiedenen Verfahren

75   Der Vorschlag bezieht sich auf den Angriff von mehreren Abmahnungen in einem Verfahren und gilt nicht für mehrere Klagen gegen verschiedene Abmahnungen. Unabhängig von der Anzahl der Abmahnungen soll der Streitwert dann maximal das Vierteljahresentgelt betragen. In der Kommentierung[1] wird darauf verwiesen, dass sich dies aus der als Begrenzung des § 42 Abs. 2 Satz 1 HS 1 GKG ergäbe und der Streitwertkatalog ausdrücklich keinerlei Aussage bei Entfernungsstreitigkeiten in getrennten Rechtsstreiten beinhaltet.

B.   Mehrere Abmahnungen in einem Verfahren

76   Der Streitwertkatalog sagt an dieser Stelle nichts dazu, wie eine einzelne Abmahnung zu bewerten ist. Gemäß Nr. 2.1 wäre wohl **jede Abmahnung** mit einem Streitwert von **einem Bruttomonatsgehalt** zu bewerten und bei mehreren zusammen in einem Verfahren verfolgten Abmahnungen mit maximal dem Vierteljahresentgelt. Werden daher **mehr als drei Abmahnungen** in einem Verfahren angegriffen, würde dies dazu führen, dass für die weiteren Abmahnungen **kein eigener Streitwert** zugrunde zu legen wäre. Dies ist nicht gesetzeskonform. § 42 Abs. 2 Satz 1 HS 1 GKG ist **keine Leitnorm** und beinhaltet keinerlei Regelung zum Streitwert für eine Abmahnung und kann daher bei der Bewertung des Streitwertes bei mehreren Abmahnungen in einem Verfahren nicht zugrunde gelegt werden. Vielmehr richtet der Streitwert nach § 3 HS 1 ZPO, also nach dem **Interesse der Klagepartei an den einzelnen Klageanträgen**.[2]

77   Es ist daher zunächst (nach dem Vorschlag unter I. Nr. 2.1 Rdn 61 ff.) jede Abmahnung einzeln zu bewerten, wenn auch im **Durchschnittsfall** ein (bis zwei) Bruttomonatsgehalt für eine Abmahnung angesetzt werden kann. Dies ist abhängig (wie unter I. Nr. 2.1 ausgeführt, Rdn 61 ff.) von den gestellten Anträgen, der Art des erhobenen Vorwurfs

---

1 Ziemann, a.a.O., IV. 2.
2 Ebenso zu den gestellten Anträgen: BAG, ArbRB 2011, 144.

sowie die Anzahl der erhobenen Vorwürfe in einer Abmahnung. Sodann sind die einzelnen Streitwerte jeder einzelnen Abmahnung **zusammenzurechnen** und **nach oben nicht begrenzt**. Die Argumentation, dass das Arbeitsverhältnis nur einmal gefährdet werden kann, verkennt, dass **jede einzelne Abmahnung** das Arbeitsverhältnis gefährden kann und die Abmahnung auch die spätere **Bewertung** des Arbeitnehmers im Zeugnis betreffen kann. Der Arbeitgeber kann in einem Zeugnisberichtigungsstreit ausführen, dass er mehrfach berechtigte Abmahnungen ausgesprochen hat und auch darauf seine Bewertung stützen. Auch bei der Bewertung kann jede einzelne Abmahnung eine Rolle spielen. Jede einzelne Abmahnung gefährdet das Arbeitsverhältnis unterschiedlich. Da die Rechtsprechung darauf abstellt, dass im Wiederholungsfalle eine **einschlägige** Abmahnung Voraussetzung für eine verhaltensbedingte Kündigung ist,[3] beinhaltet **jede einzelne Abmahnung** einen eigenen Gefährdungstatbestand und verändert, selbst bei einschlägigen Abmahnungen, das jeweilige Gefährdungspotenzial. Deshalb ist jeder Vorwurf einzeln zu bewerten und die Streitwerte dann nach § 5 ZPO aufzuaddieren. § 42 Abs. 2 S. 1 HS 1 GKG findet keine Anwendung, sondern es ist der volle Wert des Interesse der Klagepartei gemäß § 3 ZPO zugrunde zu legen, sodass **jede einzelne Abmahnung isoliert** zu bewerten ist und diese insgesamt **zusammenzurechnen** sind.[4]

C. Angriff mehrerer Abmahnungen in verschiedenen Verfahren

Ein Vorschlag zu diesem Fall existiert nicht. Es ist in jedem Verfahren **eine eigene** **Bewertung der Streitwerte** gemäß den gestellten Anträgen der Klagepartei vorzunehmen, da diese den Streitgegenstand begrenzen. Für eine Verringerung des Streitwertes aufgrund einer höheren Anzahl von Abmahnungen in verschiedenen Verfahren existiert keinerlei gesetzliche Grundlage.[5] Im Ergebnis ist daher in jedem einzelnen Verfahren nach den dort gestellten Anträgen, der Art des erhobenen Vorwurfes und die Anzahl der erhobenen Vorwürfe der Streitwert festzusetzen. Dies erfolgt gemäß den unter der Nr. 2.1 und Nr. 2.2 aufgeführten Kommentierungen. Die Tatsache, dass es mehrere oder eine Vielzahl von Verfahren gibt, ändert an der einzelnen Festsetzung des Streitwertes in einem konkreten Verfahren nichts.

78

---

3 Beispielsweise: BAG, NZA 2008, 589.
4 Ebenso: LAG Baden-Württemberg, 5 Ta 99/13, juris.
5 BAG, ArbRB 2011, 144; LAG Baden-Württemberg, NZA-RR 2013, 550.

Nr.	Gegenstand
3.	*Abrechnung*
	Reine Abrechnung nach § 108 GewO, ggf. auch kumulativ mit einer Vergütungsklage:
	5 % der Vergütung für den geltend gemachten Abrechnungszeitraum.

79   Der Vorschlag enthält für die Geltendmachung einer „reinen" Abrechnung nach § 108 GewO, auch wenn dies kumulativ mit einer Zahlungsklage verfolgt wird, als Streitwert 5 % der Vergütung für den geltend gemachten Abrechnungszeitraum.

80   § 108 GewO beinhaltet die Verpflichtung des Arbeitgebers, dem Arbeitnehmer bei Zahlung des Arbeitsgeltes eine Abrechnung in Textform zu erstellen, die mindestens Angaben über den Abrechnungszeitraum und die Zusammensetzung des Arbeitsentgeltes enthalten muss, insbesondere auch Angaben über die Art und Höhe von Zuschlägen, von Zulagen, von sonstigen Vergütungen sowie Art und Höhe der Abzüge als auch Abschlagszahlungen und Vorschüsse. Der Arbeitnehmer hat Anspruch auf Erteilung einer solchen Abrechnung, wenn diese sich gegenüber der letzten ordnungsgemäßen Abrechnung geändert haben (§ 108 Abs. 2 GewO).

81   Der Vorschlag ist wohl dahingehend zu verstehen, dass bei einem Antrag auf Erteilung einer Abrechnung für einen bestimmten Monat, auch wenn der Arbeitnehmer mit einem weiteren Antrag die Zahlung der konkreten Monatsvergütung begehrt (z.B. die Zahlung des Monatsentgeltes in Höhe von 5.000,– EUR brutto), in jedem Fall 5 % der Vergütung für den geltend gemachten Zeitraum (im genannten Beispiel von einem Bruttomonatsgehalt in Höhe von 5.000,– EUR beträgt der Streitwert danach für die Abrechnung 250,00 EUR) als Streitwert anzusetzen wäre. Wird daher der Betrag eingeklagt und eine Abrechnung geltend gemacht, ist der Streitwert gemäß § 5 ZPO zusammenzurechnen (im Beispiel wäre der Streitwert dann insgesamt 5.250,00 EUR).

82   Auch hier ist, wie in der Vorbemerkung bereits ausführlich dargelegt (vgl. die Ausführungen unter Rdn 13 ff.), der Streitwert nach dem **Interesse der Klagepartei** anzunehmen. Dabei erscheint es zutreffend, dass bei der Bewertung des Streitwertes eine **Orientierung an dem entsprechenden Bruttomonatsgehalt** erfolgt, da sich das Interesse der Klagepartei eine Abrechnung zu erhalten, im Regelfall dahingehend orientieren wird, dass entweder der bereits ausbezahlte Betrag überprüft wird, oder der Arbeitnehmer dies zur Vollständigkeit seiner Unterlagen oder als Basis für die noch zu erfolgende Zahlung benötigt. Daher ist es sicherlich zutreffend, nicht einen völlig pauschalen Betrag (wie teilweise von der Rechtsprechung angenommen wird) sondern einen Prozentsatz von dem jeweiligen Gehalt anzunehmen. Allerdings erscheint der pauschale Satz von 5 % nicht zutreffend und als sehr niedrig angesetzt. Es kann zwar ein **grund-**

sätzlicher **Prozentsatz** für den **durchschnittlichen** Fall festgesetzt werden, wobei eher **10 %** als angemessen erscheint,[1] da die Abrechnung durchaus zu Nachzahlungen von Lohn oder unrichtigen Abzügen (z.b. Sozialversicherungsabgaben oder auch behauptete Vorschüsse) führen und sich damit wirtschaftlich als wesentlich werthaltiger herausstellen kann. Deshalb wäre der grundsätzliche Prozentsatz wohl etwas höher anzusetzen, wenn man § 3 HS 1 ZPO Rechnung trägt.

Darüber hinaus muss auch eine entsprechende **Abweichung** anhand des konkreten   **83** Interesses der Klagepartei an der Abrechnung angenommen werden, wenn ein solches vorgetragen wird.

Beispiel:
Benötigt der Arbeitnehmer für die Beantragung eines Kredites eine aktuelle Abrechnung des Arbeitgebers, um dies seinem Kreditinstitut vorzulegen und um damit einen Kredit zu erhalten ist das Interesse an der Abrechnung wesentlich höher als ein Prozentsatz von 5 % oder 10 %, sondern eher mit einen (geringen) Prozentsatz hinsichtlich des begehrten Kredites gegeben. Insoweit muss ein Vortrag der Klagepartei dazu erfolgen.

Insgesamt ist festzustellen, dass die **Orientierung an einem Prozentsatz grundsätzlich**   **84** **zutreffend** ist, dieser **mindestens bei 10 %** liegen müsste und auch eine Abweichung **nach oben** bis hin zu einem ganz konkreten Interesse, das sich nicht am Bruttomonatsgehalt orientiert, erfolgen kann.

Verfolgt der Arbeitnehmer die Abrechnung neben der Zahlungsklage für den gleichen   **85** Monat, ist es zutreffend, dass nach § 5 ZPO diese beiden Streitwerte, wie vorgeschlagen, **zusammenzurechnen** sind.

---

1 So auch der Vorschlag unter I Nr. 7 für sonstige Arbeitspapiere (Rdn 124 ff.).

Nr.	Gegenstand
4.	***Änderungskündigung – bei Annahme unter Vorbehalt – und sonstiger Streit über den Inhalt des Arbeitsverhältnisses:***
4.1	Monatsvergütung bis zu einem Vierteljahresentgelt je nach dem Grad der Vertragsänderung.

A. Gegenstand des Vorschlages 86
B. Änderungskündigung bei Annahme unter Vorbehalt 87

C. Sonstiger Streit über den Inhalt des Arbeitsverhältnisses 95

A. Gegenstand des Vorschlages

86 Der Streitwertkatalog schlägt bei einer Änderungskündigung, wenn diese unter Vorbehalt angenommen wird (§ 2 KSchG) oder einem sonstigen Streit über den Inhalt des Arbeitsverhältnisses einen Streitwert von einer Bruttomonatsvergütung bis hin zu dem Vierteljahresentgelt vor, wobei es der Bewertung auf den „Grad" der Vertragsänderung ankommen soll. In der Kommentierung hierzu[1] wird dazu ausgeführt, dass es sich bei den Regelungen zu Nr. 4 um einen Unterfall (und „Minus") des Bestandsschutzes handelt und deshalb, wie bei der Abmahnung (Nr. 2) von einem Bruttomonatsgehalt als Mindestwert auszugehen sei und das Vierteljahresentgelt die Höchstgrenze darstelle. Ausgenommen davon sind Änderungskündigungen mit Vergütungsänderungen oder sonstigen messbaren wirtschaftlichen Nachteilen, für die die Nr. 4.2 einen Vorschlag enthält.

B. Änderungskündigung bei Annahme unter Vorbehalt

87 Spricht der Arbeitgeber eine Änderungskündigung gemäß § 2 S. 1 KSchG aus, kündigt er das bestehende Arbeitsverhältnis und bietet dem Arbeitnehmer die Fortsetzung des Arbeitsverhältnisses zu geänderten Arbeitsbedingungen an. Der Arbeitnehmer kann dieses Angebot unter dem Vorbehalt annehmen, dass die Änderung der Arbeitsbedingungen sozial nicht gerechtfertigt sei (§ 2 S. 1 HS 2 KSchG). Nur für diesen Fall enthält der Vorschlag die Bewertung des Streitwertes zwischen einem Bruttomonatsgehalt und dem Vierteljahresentgelt. Lehnt der Arbeitnehmer das Änderungsangebot ab, wandelt sich die Änderungskündigung in eine Beendigungskündigung, so dass für diesen Streitwert der Vorschlag zur Kündigung heranzuziehen ist (Nr. 20 des Streitwertkataloges). Akzeptiert der Arbeitnehmer die Änderungen, existiert insoweit kein Streit. Erhebt der Arbeitnehmer jedoch eine Änderungsschutzklage mit dem Begehr, dass festgestellt wird,

---

1 Ziemann, a.a.O., IV. 5.

dass die **Änderungen des Arbeitsverhältnisses sozial nicht gerechtfertigt** sind, soll der Streitwert zwischen einem Bruttomonatsgehalt und einem Vierteljahresentgelt liegen, wobei (wohl nach § 3 HS 1 ZPO) auf den Grad der Vertragsänderung abzustellen sei.

Dabei regelt der Vorschlag unter Nr. 4.1 nur die Änderungen des Arbeitsverhältnisses, **88** bei denen es sich nicht um Vergütungsänderung oder einem sonstigen messbaren wirtschaftlichen Nachteil handelt. Diese Abgrenzung ist zwar hinsichtlich einer Vergütungsänderung eindeutig, hinsichtlich der **sonstigen messbaren wirtschaftlichen Nachteile aber völlig unklar**, da auch Gegenstände, die nicht unmittelbar den finanziellen Aspekt des Arbeitsverhältnisses betreffen, durchaus einen messbaren wirtschaftlichen Nachteil oder Vorteil haben können. Die Abgrenzung zwischen den Nrn. 4.1 und 4.2 dürfte im konkreten Fall daher sehr schwierig sein. Bei Zugrundelegung dieser Vorschläge ergibt sich insoweit grundsätzlich kein Unterschied, da **für beide** mindestens eine Bruttomonatsvergütung und höchstens das Vierteljahresentgelt als Streitwert vorschlagen wird. Bei Nr. 4.2 ist jedoch zunächst auf die dreifache Jahresdifferenz abzustellen. Im Ergebnis wird jedoch die exakt gleiche Bewertung wie bei Nr. 4.1 vorgenommen.

Hintergrund dieser Abgrenzung ist wohl die Tatsache, dass es eine gesetzliche Regelung **89** bei einer Vergütungsänderung gibt, nämlich § 42 Abs. 1 S. 1 GKG, der auf den **dreifachen Jahresbetrag der wiederkehrenden Leistungen** bei Ansprüchen von Arbeitnehmern auf wiederkehrende Leistungen abstellt. Es ist daher zutreffend, dass zwischen den wiederkehrenden Leistungen gemäß § 42 Abs. 1 Satz 1 GKG (für die auf die dreifache Jahresdifferenz abzustellen ist) und den sonstigen Änderungen des Arbeitsverhältnisses zu unterscheiden ist (für die eine Festsetzung gemäß § 3 HS 1 ZPO zu erfolgen hat). Die Unterscheidung im Streitwertkatalog zwischen einer „Vergütungsänderung oder sonstigen messbaren wirtschaftlichen Nachteilen" ist daher bereits nicht gesetzeskonform, sondern es muss eigentlich unterschieden werden, zwischen den **wiederkehrenden Leistungen** gemäß § 42 Abs. 1 S. HS 1 GKG und den sonstigen Vertragsänderungen, die unter Nr. 4.1 fallen würden. Bei diesen ist der Streitwert gemäß § 3 HS 1 ZPO, also nach dem Interesse der Klagepartei, zu bemessen.

Bei der Bewertung des Interesses der Klagepartei an der Rechtsunwirksamkeit der **90** Vertragsänderung kann eine Orientierung an der Vertragsvergütung durchaus im Sinne des § 3 HS 1 ZPO sein, da es häufig um das wirtschaftliche Interesse an einer Vertragsänderung geht. Allerdings kommt es letztlich auf die **konkrete Vertragsänderung** an.

Beispiel:
Wird nur die Position des Arbeitnehmers geändert, ohne die finanziellen Rahmenbedingungen im Rahmen der Änderungskündigung zu ändern (z.B. wegen Wegfall einer bisherigen Position und Angebot einer neuen Position unter gleichen wirtschaftlichen Bedingungen) ist das Interesse des Klägers an der Rechtsunwirksamkeit der Änderung **nicht am Gehalt**, sondern am ideellen Interesse (auch an einer zukünftigen Bewerbung aus der neuen Position heraus) **festzumachen**.

91   Grundsätzlich ist daher diese Orientierung zutreffend, jedoch hat sich eine Bewertung des Streitwertes der Änderungsschutzklage an dem **konkreten Interesse** des Klägers zu orientieren.

92   Selbst wenn sich das Interesse an der Feststellung der Rechtsunwirksamkeit der Änderungskündigung als wirtschaftliches Interesse anhand des Gehaltes orientieren lässt, erscheint die Festlegung der Bandbreite von einer Bruttomonatsvergütung bis zum Vierteljahresentgelt nicht gesetzeskonform. § 42 Abs. 2 S. 1 HS 1 GKG ist gerade **keine Leitnorm** und kann daher bei einer Änderungskündigung **keine Anwendung** finden. § 42 Abs. 2 S. 1 HS 1 GKG nimmt eine Streitwertbegrenzung nur für die Streitigkeiten über das Bestehen, das Nichtbestehen oder die Kündigung eines Arbeitsverhältnisses vor. Eine Änderungskündigung gemäß § 2 KSchG beinhaltet zwar eine Kündigung und ein neues Angebot. Nimmt der Arbeitnehmer jedoch die Änderungskündigung unter dem Vorbehalt der Sozialwidrigkeit an, wandelt sich die Änderungskündigung nicht in eine Beendigungskündigung, so dass Streitgegenstand der Änderungsschutzklage nicht die Beendigung des Arbeitsverhältnisses ist, sondern nur die **Änderung der Arbeitsbedingungen**. Diese unzutreffende Bewertung des Vorschlages wird durch die Kommentierung zum Vorschlag bestätigt, in der ausgeführt wird, dass es sich nur um einen Unterfall bzw. „Minus" des Bestandsschutzes handeln soll.[2] Tatsächlich ist dabei das Arbeitsverhältnis des **Arbeitnehmers nicht in Gefahr**, da er nur überprüfen lässt, ob die Änderung der Arbeitsbedingungen sozial gerechtfertigt ist. Im Rahmen dieser Prüfung wird zwar die Rechtmäßigkeit der ausgesprochenen Kündigung überprüft, dennoch handelt es sich dabei nicht um einen Fall des § 42 Abs. 2 S. 1 HS 1 GKG. Es gibt daher **keine Höchstgrenze** für den Streitwert eines solchen Rechtsstreits.

93   Auch der Ansatz des Mindeststreitwertes von einer Bruttomonatsvergütung entspricht nicht dem Gesetz, da durchaus auch Änderungen möglich sind, die ein **wesentlich geringeres Interesse** an der Sozialwidrigkeit einer solchen Änderung beinhalten (beispielsweise für eine geringfügige Änderung des Arbeitsortes von nur 5 km). Vielmehr ist jeweils auf das konkrete Interesse der Klagepartei gemäß § 3 HS 1 ZPO abzustellen. Der Vorschlag berücksichtigt § 3 ZPO, allerdings in Form eines unzutreffenden Vorschlags eines Mindest- und Höchstwertes. Beides existiert im Gesetz nicht.

94   **Insgesamt** ist festzustellen, dass die Vorschläge weder hinsichtlich des Mindest- noch des Höchstwert anwendbar sind. Der häufig vorliegende Fall der Änderungskündigung mit Änderung der Position – und damit meist einhergehend mit einer Änderung der Vergütung – lässt sich häufig im Sinne von Nr. 4.2 und danach zutreffend gemäß § 42 Abs. 1 S. 1 GKG lösen. Alle anderen Änderungskündigungen, die **keine Änderung der Vergütung** beinhalten, sind völlig **individuell nach dem konkreten Klageziel** zu bewerten. Dabei kann zwar zutreffend, wie der Vorschlag der Streitwertkommission

---

2 Ziemann, a.a.O., IV. 5.

ausführt, eine **Orientierung** an den Monatsvergütungen erfolgen, jedoch ohne Mindest-
und Höchstgrenze.

C. Sonstiger Streit über den Inhalt des Arbeitsverhältnisses

Auch bei einem „sonstigen Streit über den Inhalt des Arbeitsverhältnisses" soll der   95
Streitwert zwischen einer Bruttomonatsvergütung und dem Vierteljahresentgelt, je nach
dem Grad der Vertragsänderung, betragen.

Hierzu stellt sich zunächst die Frage, was der Vorschlag mit einem „sonstigen Streit   96
über den Inhalt des Arbeitsverhältnisses" überhaupt meint. Ausgeschlossen ist dabei
sicherlich die vorher ausgeführte Änderungskündigung, die unter dem Vorbehalt der
Sozialwidrigkeit angenommen wird. Gemeint sein kann, dass die Parteien über die
Auslegung einer Arbeitsvertragsklausel streiten, ob eine bestimmte **Regelung noch
Bestand hat** oder **ob eine Regelung (wirksam) einbezogen** worden ist (z.b. Streit
über die Anwendbarkeit des Inhaltes einer Betriebsvereinbarung). Unabhängig davon,
welcher sonstige Streit über den Inhalt des Arbeitsverhältnisses gegeben ist, greift die
Regelung des § 42 Abs. 2 S. 1 HS 1 GKG nicht ein, da offensichtlich weder über das
Bestehen, das Nichtbestehen oder die Kündigung des Arbeitsverhältnisses, sondern nur
über **einzelne Arbeitsvertragsbedingungen** gestritten wird. Daher ist der Ansatz eines
Mindest- und Höchststreitwertes hier ebenfalls **unzutreffend** (vgl. die Kommentierung
zur Vorbemerkung unterRdn 14 ff.). Allein deshalb ist auch ein sonstiger Streit über
den Inhalt des Arbeitsverhältnisses **gemäß § 3 HS 1 ZPO** nach dem Interesse der
Klagepartei zu bewerten, es kommt also auf das **konkrete Interesse der Klagepartei
an der begehrten Feststellung oder das Geltendmachung eines Rechtes** aus dem
Arbeitsvertrag an.

Soweit es sich um einen Streit über die Änderung der Vergütung aus dem Arbeitsverhält-   97
nis handelt, wäre an sich die Nr. 4.2 hier einschlägig. Dabei ist für den Feststellungsantrag der Streitwert nach § 3 HS 1 ZPO zu bemessen.

Beispiele:
– Beschäftigung zu einer **bestimmten Arbeitszeit** oder an einem **bestimmten Arbeitsort:** Hier kann auf I. Nr. 24 und die dortige Kommentierung verwiesen werden
  (Rdn 349 ff.). Allerdings ist immer das besondere Interesse an der bestimmten Arbeitszeit oder den bestimmten Arbeitsort bei der Bemessung des Streitwertes zu
  berücksichtigen.
– Beschäftigung mit bestimmten **Aufgaben:** Hier kann ebenfalls auf I. Nr. 24 und die
  dortige Kommentierung verwiesen werden. Allerdings ist hier immer das besondere
  Interesse an der bestimmten Aufgabe bei der Bemessung des Streitwertes zu berücksichtigen.
– **sonstige Änderungen**: Die Bestimmung des Streitwerts ist in diesen Fällen keiner
  pauschalen Regelung zugänglich. Es muss vielmehr jede konkrete Änderung gemäß
  § 3 HS 1 ZPO anhand des Interesse der Klagepartei gewertet werden.

Nr.	Gegenstand
4.2	Bei Änderungskündigungen mit Vergütungsänderung oder sonstigen messbaren wirtschaftlichen Nachteilen: 3-fache Jahresdifferenz, mindestens 1 Monatsvergütung, höchstens die Vergütung für ein Vierteljahr.

A. Gegenstand des Vorschlages

98 Der Vorschlag unter Nr. 4.2 behandelt Änderungskündigungen, die eine **Vergütungsänderung oder einen sonstigen messbaren wirtschaftlichen Nachteil** (für den Arbeitnehmer) haben. Für diese Fälle wird vorgeschlagen, den Streitwert mit der dreifachen Jahresdifferenz dieser wirtschaftlichen Änderung bzw. Nachteile anzusetzen, jedoch mindestens mit einer Bruttomonatsvergütung und höchstens mit dem Vierteljahresentgelt (hier bezeichnet als „Vergütung für ein Vierteljahr"). Bei dem Vorschlag der Nr. 4.1 ist gemäß § 3 HS 1 ZPO hingegen anhand des Grades der Vertragsänderung eine Bewertung vorzunehmen, jedoch mit der gleichen Mindest- und Höchstvergütung. Es hat daher eine Abgrenzung zwischen den Vorschlägen der Nrn. 4.1 und 4.2 zu erfolgen.

B. Änderungskündigung mit Vergütungsänderung

99 Bei der Bewertung kommt es wie immer auf die **konkret gestellten Anträge** an. Wird hinsichtlich der Vergütungsänderung neben dem Feststellungsantrag, dass die Vertragsänderung sozialwidrig ist, auch ein Zahlungsantrag gestellt. Wird der Zahlungsantrag (auch) für die Zukunft gestellt, handelt es sich um eine wiederkehrende Leistung. Der Streitwert für diesen ist gemäß § 42 Abs. 1 S. 1 GKG nach dem dreifachen Jahresbetrag der wiederkehrenden Leistungen zu bewerten, wenn nicht der Gesamtbetrag der geforderten Leistung geringer ist. Gemeint ist bei dem Vorschlag in Nr. 4.2 jedoch nur der **Feststellungsantrag**, der die Feststellung begehrt, dass die Änderung sozialwidrig ist. Der Feststellungsantrag ist dann nicht nach § 42 Abs. 1 S. 1 GKG zu bewerten. Vielmehr ist der Feststellungsantrag gemäß § 3 ZPO, also nach dem Interesse der Klagepartei zu bewerten. Zwar schlägt der Streitwertkatalog unter Nr. 4.2 eine Orientierung an § 42 Abs. 1 S. 1 GKG mit der Bewertung nach der dreifachen Jahresdifferenz vor, geht dann aber (insoweit inkonsequent) von einem Mindeststreitwert in Höhe von einer Bruttomonatsvergütung und von einem Höchststreitwert von einem Vierteljahresentgelt aus. Diese Begrenzungen sind mangels Anwendbarkeit von § 42 Abs. 1 S. 1 und § 42 Abs. 2 S. 1 HS 1 GKG jedoch nicht zutreffend.

Richtig erscheint, die **Vergütung**, wenn sich diese im Zuge der Änderungskündigung   **100** ändern soll, auch als Orientierungshilfe zur Bemessung des richtigen Streitwerts heranzuziehen. Daraus kann sich jedoch weder ein Mindeststreitwert von einer Bruttomonatsvergütung noch ein Höchststreitwert von einem Vierteljahresentgelt ableiten. Vielmehr muss auch hier die Bewertung nach dem Einzelfall gemäß § 3 HS 1 ZPO, also nach dem konkreten Interesse der Klagepartei vorgenommen werden. Die Regelung des § 42 Abs. 2 S. 1 GKG ist aber gerade nicht anwendbar, so dass die Höchstgrenze in jedem Fall unzutreffend ist. Eine Orientierung könnte daher an § 42 Abs. 1 S. 1 GKG mit der dreifachen Jahresdifferenz erfolgen, da dies eher dem **wirtschaftlichen Interesse der Klagepartei** entspricht. Dabei ist jedoch zu beachten, dass auch dies eine **Streitwertbegrenzungsklausel**[1] auf die dreifache Jahresdifferenz ist. Bei einer Vergütungsänderung ist aber das wirtschaftliche Interesse an der Beibehaltung der bisherigen Vergütung (soweit diese Feststellung mit der Klage begehrt wird) maßgebend. Dieses Interesse ist nur dann begrenzt, wenn eine Befristung (z.B. die Befristung bis zum Rentenbezugsalter) besteht. Ist das Arbeitsverhältnis unbefristet, ist der Streitwert auch insoweit an sich nicht begrenzt.

Des Weiteren ist hierbei zu beachten, dass sich bei einer Änderungskündigung oft nicht   **101** nur die Vergütung ändert, sondern gleichzeitig die entsprechende Position abgeändert wird. Der Regelfall der Änderungskündigung mit Vergütungsänderung ist die betriebsbedingte Kündigung der bisherigen Position und Angebot einer vakanten Position, die häufig mit einer anderen Vergütung, meist einer geringeren, versehen ist. Dabei wird mit der Änderungskündigung (soweit sie vom Arbeitnehmer unter Vorbehalt angenommen wird) nicht nur die Vergütung, sondern auch die konkrete Position und damit das soziale Ansehen und möglicherweise auch die entsprechende Vorgesetztenfunktion begehrt. Neben der Vergütungsänderung sind daher grundsätzlich nach § 3 ZPO auch die **sonstigen Änderungen**, die damit einhergehen, zu bewerten. Werden also neben der Vergütung auch andere Gegenstände des Arbeitsvertrages geändert, insbesondere die Position des Arbeitnehmers, ist dies zu berücksichtigen. Jede Änderung ist daher einzeln zu bewerten und dann gemäß § 5 ZPO zusammenzurechnen.

C. Änderungskündigung mit sonstigen messbaren wirtschaftlichen Nachteilen

Wird nicht (nur) die Vergütung geändert, sondern auch andere Vertragsbedingungen,   **102** die mit wirtschaftlichen Nachteilen messbar sind, wird nach dem Streitwertkatalog die dreifache Jahresdifferenz bei einem Mindestwert von einem Bruttomonatsgehalt und einem Höchstwert von einer Vierteljahresvergütung vorgeschlagen.

---

1 Wie auch § 42 Abs. 2 S. 1 HS 1 GKG (vgl. dazu die Kommentierung zu Vorbemerkung unter Rdn 13 ff.). Eine Streitwertbegrenzungsklausel ist jedoch nur für auf die explizit **geregelten Fällen anwendbar**.

103   Auch insoweit ist weder § 42 Abs. 1 GKG noch § 42 Abs. 2 S. 1 HS 1 GKG anwendbar, so dass die Anwendung dieser beiden Werte (insbesondere noch kumuliert) unzutreffend ist. Gibt es bei der Änderungskündigung einen **messbaren** wirtschaftlichen Nachteil, ist dieser gemäß § 3 HS 1 ZPO, also **nach dem konkreten Nachteil** für den Arbeitnehmer, zu bemessen. Ist dieser wirtschaftliche Nachteil **wiederkehrend**, kann eine Orientierung an § 42 Abs. 1 GKG erfolgen, wobei die **Begrenzung** auf die dreifache Jahresdifferenz nicht dem Gesetz entspricht, also der Streitwert an sich unbegrenzt ist (außer das Arbeitsverhältnis endet aufgrund einer wirksamen Befristung, z.b. mit gesetzlichem Rentenalter oder sonstige wirksamen Befristungen). Auch hier ist gemäß § 3 HS 1 ZPO der **konkrete wirtschaftliche Nachteil** dem Streitwert zugrunde zu legen, ohne eine Begrenzung auf das Vierteljahresentgelt oder die dreifache Jahresdifferenz. Soweit eine Orientierung an diesen Vorschriften erfolgt, ist allerdings § 42 Abs. 1 GKG hinsichtlich des Feststellungsantrages „näher" als § 42 Abs. 1 GKG, da es nicht um die Beendigung oder Kündigung des Arbeitsverhältnisses, sondern um wiederkehrende Leistungen geht!

104   Werden weitere Anträgen neben dem Feststellungsantrag gestellt, also insbesondere Zahlungsanträge, sind diese weiteren Anträge mit ihrem jeweiligen Wert anzusetzen (bei wiederkehrenden Leistungen z.b. nach § 42 Abs. 1 GKG) und gemäß § 5 ZPO zum Streitwert des Feststellungsantrags **hinzuzurechnen**.

105   **Insgesamt ist festzustellen**, dass die Vorschläge nicht dem Gesetz entsprechen. Es kann kein Mindest- oder Höchstwert angenommen werden, da es um die **dauerhafte** Änderung des Arbeitsverhältnisses geht. Vielmehr ergibt sich der Streitwert aus dem **konkreten wirtschaftlichen Nachteil**.

Nr.	Gegenstand
5.	*Altersteilzeitbegehren*
	Bewertung entsprechend I. Nr. 4.

106   „Altersteilzeitbegehren" ist wohl ein Antrag auf Verurteilung zur Zustimmung Hinsichtlich der Bewertung eines Altersteilzeitbegehrens wird auf den Vorschlag zu I. Nr. 4. verwiesen. Unter zum Altersteilzeitvertrag (entweder im Blockmodell oder Teilzeitmodell) zu verstehen. Im Endeffekt klagt der Arbeitnehmer also auf Zustimmung des Arbeitgebers zur Änderung des Arbeitsverhältnisses für einen bestimmten Zeitraum.

107   Der Verweis auf I. Nr. 4 beinhaltet den Vorschlag eines Streitwertes von einem Bruttomonatsgehalt bis maximal zum Vierteljahresentgelt. Dabei ist allerdings unklar, ob auf Nr. 4.1 oder Nr. 4.2 oder beide verwiesen wird. Mit dem Altersteilzeitbegehren wird eine Teilzeittätigkeit unter Abänderung der entsprechenden Vergütung (je nach Rechtsgrundlage des Altersteilzeitbegehrens) angestrebt. Im Regelfall wäre daher wohl eher

Nr. 4.2 einschlägig, so dass die **dreifache Jahresdifferenz** und **mindestens eine Brutto-monatsvergütung** und **höchstens das Vierteljahresentgelt** zugrunde zu legen wäre. Klar ist dies jedoch nach dem Vorschlag des Streitwertkataloges nicht.

Auch die Kommentierung[1] von *Ziemann* kann man hierzu schlichtweg nichts entneh-   **108** men. Es wird lediglich ausgeführt, dass es sich um einen Mindestwert und einen Höchstwert handeln soll. Dies kann wohl nur als Verweis auf Nr. 4.2 verstanden werden. Insoweit kann auf die Kommentierung zu Nr. 4.2 verwiesen werden (Rdn 98 ff.). Dort wurde festgestellt, dass weder § 42 Abs. 1 S. 1 GKG noch § 42 Abs. 2 S. 1 HS 1 GKG einschlägig ist. Eine Orientierung an § 42 Abs. 1 S. 1 GKG mit der dreifachen Jahresdifferenz wäre jedenfalls **sachnäher** als die Begrenzung analog § 42 Abs. 2 S. 1 HS 1 GKG auf ein Vierteljahresentgelt. Hierbei ist aber, da das Altersteilzeitbegehren zeitlich begrenzt ist und damit das Arbeitsverhältnis am Ende der Altersteilzeit endet, der **konkrete Zeitraum** Grundlage der Bewertung. Danach kann wegen der begehrten Änderung der Vergütung die konkrete Vergütungsdifferenz für diesen Zeitraum zugrunde gelegt werden.

Da das Altersteilzeitbegehren neben der Arbeitszeit und der Vergütung (entweder im   **109** Blockmodell mit Zusammenballung und für einen Zeitraum vollständige Weiterarbeit und dann vollständige Freistellung oder im Teilzeitmodell mit einer Verringerung für den gesamten Restzeitraum der Arbeitszeit und der Vergütung), keine weiteren Änderungen umfasst (insbesondere keine Veränderung der Tätigkeit an sich), ist allein auf diese Interessen abzustellen. Ziel eines solchen Antrages eines Arbeitnehmers ist es, insgesamt **weniger zu arbeiten.** Insoweit erscheint es daher zutreffend und angemessen für den gesamten begehrten Zeitraum die Vergütungsdifferenz zugrunde zu legen, da dies wohl dem Interesse der Klagepartei an der verringerten Arbeitszeit entspricht. Die Klagepartei will das Arbeitsverhältnis letztlich beenden **und** in der Zwischenzeit weniger arbeiten und dadurch auch geringere Vergütung erhalten. Dabei sind Aufstockungen der Vergütung (z.B. durch die Regelungen in einem anwendbaren Tarifvertrag) zu berücksichtigen. Der Streitwert ist daher die Vergütungsdifferenz zwischen dem bisherigen Gehalt und dem zukünftigen Gehalt (Inklusive Aufstockungen) im für den gesamten Zeitraum. Auch im Blockmodell erhält der Arbeitnehmer die verringerte Vergütung für den gesamten Zeitraum, ebenso wie im Teilzeitmodell bei dem die Arbeitszeit bis zur Beendigung verringert wird. Im Blockmodell teilt sich dies nur in die Arbeitsphase und die Freistellungsphase auf.

Beispiele:
Begehrt der Arbeitnehmer eine Altersteilzeit von zwei Jahren, ist der Streitwert die zweijährige Vergütungsdifferenz. Begehrt er diese für den Zeitraum von vier Jahren, ist der Streitwert die vierjährige Vergütungsdifferenz.

---

1 Ziemann, a.a.O., IV. 5.

110   Im **Ergebnis** ist es daher zutreffend für den **gesamten Zeitraum der begehrten Altersteilzeit** die Differenz des bisherigen Entgeltes zu dem zukünftigen Entgeltes zugrunde zu legen.

Nr.	Gegenstand
6.	*Annahmeverzug*
	Wird in einer Bestandsstreitigkeit im Wege der Klagehäufung fällige Annahmeverzugsvergütung geltend gemacht, bei der die Vergütung vom streitigen Fortbestand des Arbeitsverhältnisses abhängt, so besteht nach dem Beendigungszeitpunkt eine wirtschaftliche Identität zwischen Bestandsstreit und Annahmeverzug. Nach § 45 Abs. 1 S. 3 GKG findet keine Wertaddition statt. Der höhere Wert ist maßgeblich.

A. Gegenstand des Vorschlages

111   In Nr. 6 wird vorgeschlagen, dass, wenn im Zuge einer Bestandsstreitigkeit im Wege der **Klagehäufung** zusätzlich fällige Annahmeverzugslohnvergütung geltend gemacht wird, bei der die Vergütung vom streitigen Fortbestand des Arbeitsverhältnisses abhängt, für den Zeitpunkt nach der streitigen Beendigung eine wirtschaftliche Identität zwischen der Bestandsstreitigkeit und der Geltendmachung des Annahmeverzugslohnes vorliege. Deshalb wird mit Hinweis auf § 45 Abs. 1 S. 3 GKG vorgeschlagen, den höheren Streitwert (zwischen Feststellungsantrag und Annahmeverzugslohnansprüchen) als Streitwert anzunehmen. Die Kommentierung von *Ziemann*[1] verweist darauf, dass für die ersten drei Monate nach der Beendigung eine Wertaddition der beiden Anträge ausgeschlossen ist, der Katalog aber auf eine rechtsstreitübergreifende Bewertung (also Geltendmachung von Bestandsschutzanträgen und Annahmeverzugslohnanträgen in getrennten Verfahren) verzichtet.

---

1 Ziemann, a.a.O., IV. 6.

B. „Wirtschaftliche Identität" zwischen Feststellungsantrag und Zahlungsanträgen

Der Vorschlag geht davon aus, dass zwischen dem Feststellungsantrag (z.B. **112** Antrag auf Feststellung, dass das Arbeitsverhältnis durch eine Kündigung nicht beendet worden ist) und der Geltendmachung von Annahmeverzugslöhnen (§§ 293 ff. BGB) im Rahmen der **unbedingten objektiven Klagehäufung**, eine **wirtschaftliche Identität** besteht und deshalb gemäß § 45 Abs. 1 S. 3 GKG der **höhere Anspruch** bei der Bewertung des Streitwertes maßgebend ist.

Es bestehen jedoch unterschiedliche **Streitgegenstände**. Ein Streitgegenstand setzt sich **113** aus dem **Antrag** und dem **Lebenssachverhalt** zusammen. Bei dem Feststellungsantrag wie dem Zahlungsantrag handelt es sich um bereits **zwei völlig unterschiedliche Anträge**. Auch ist der **Lebenssachverhalt** nicht derselbe, denn im Rahmen des Feststellungsantrages werden nur die Unwirksamkeits- oder Beendigungsgründe der Kündigung geprüft. Bei der Geltendmachung von Ansprüchen auf Annahmeverzugslohn ist zwar **eine Voraussetzung**, dass das Arbeitsverhältnis über den vom Arbeitgeber begehrten Beendigungszeitpunkt hinaus fortbesteht, darüber hinaus müssen aber auch die **Leistungsfähigkeit** und **Leistungsbereitschaft des Arbeitnehmers** gegeben sein, damit der Arbeitnehmer Ansprüche aus Annahmeverzugslohn realisieren kann.[2] Ebenso können andere Leistungen, insbesondere die Zahlung von Arbeitslosengeld durch die Bundesagentur für Arbeit in Abzug zu bringen sein, was im Antrag entsprechend aufzunehmen ist (z.B. Zahlung von 5.000,– EUR brutto abzüglich Arbeitslosengeld in Höhe von 2.000,– EUR netto). Wird der Antrag auf Zahlung von Annahmeverzugslohn **nicht als Hilfsantrag** gestellt, ist § 45 Abs. 1 S. 3 GKG nicht einschlägig und der Streitwert ergibt sich in Höhe des gesamten Zahlungsantrags.

Wird der Antrag auf Zahlung von Annahmeverzugslohn als **Hilfsantrag** gestellt (vgl. **114** dazu die Kommentierung zu I. Nr. 18, Rdn 250 ff.), stellt die Rechtsprechung nicht auf den Streitgegenstand, sondern darauf ab, ob das Gericht **beiden Anträgen stattgeben** kann.[3] Beim Hilfsantrag wird dieser aber gerade in Abhängigkeit vom Hauptantrag gestellt, so dass beim Hilfsantrag immer ein Abhängigkeitsverhältnis besteht. Voraussetzung für einen Anspruch auf Annahmeverzugslohn ist das Bestehen eines Arbeitsverhältnisses. Der Feststellungsantrag und damit das Bestehen des Arbeitsverhältnisses **bezwecken jedoch wesentlich mehr** als nur die Verpflichtung zur Zahlung von Lohn. Diese ist zwar die Hauptleistungspflicht, es gibt jedoch eine Vielzahl von weiteren Pflichten, die ebenfalls sehr relevant werden können (z.B. der Beschäftigungsanspruch oder der Anspruch auf Erteilung eines Zeugnisses). Darüber hinaus hat der Anspruch

---

2 BAG, NZA 2005, 462.
3 BGH, NJW-RR 2005, 974 (allerdings zur Klage und Widerklage!).

auf Annahmeverzugslohn weitere Voraussetzungen als nur den Bestand des Arbeitsverhältnisses. Deshalb liegt auch tatsächlich **keine wirtschaftliche Identität** vor.[4]

115 Insgesamt ist daher festzustellen, dass die Regelung des § 45 Abs. 1 S. 3 GKG überhaupt nur für den Hilfsantrag einschlägig ist. Wird der Annahmeverzugsantrag unbedingt gestellt, müssen eine **eigenständige Bewertung der jeweiligen Klageanträge** und dann eine **Zusammenrechnung** der Anträge erfolgen.

C. Vorschlag der Streitwertwertkommission

116 Folgende Voraussetzungen müssen gegeben sein, damit der Vorschlag der Streitwertwertkommission überhaupt einschlägig ist:
- Es muss ein **Bestandsschutzantrag** (oder mehrere Bestandschutzanträge, also Feststellungsanträge zur Feststellung des Bestehens des Arbeitsverhältnisses, insbesondere auf Unwirksamkeit der Kündigung oder Befristung) gestellt sein.
- Im Rahmen der **objektiven Klagehäufung** müssen **Annahmeverzugslohnansprüche** geltend gemacht werden.
- Zum Zeitpunkt der Entscheidung, also der **letzten mündlichen Verhandlung,** müssen diese geltend gemachten Annahmeverzugslohnansprüche **fällig** sein.
- Die Annahmeverzugslohnansprüche müssen vom **streitigen Fortbestand** des Arbeitsverhältnisses **abhängen.**
- Die Annahmeverzugslohnansprüche betreffen den Zeitpunkt nach der **behaupteten Beendigung** des Arbeitsverhältnisses.

117 Nur wenn diese Voraussetzungen kumulativ vorliegen, wäre der Vorschlag überhaupt anwendbar. Liegt nur eine der Voraussetzungen nicht vor, so greift bereits der Anwendungsbereich Vorschlages nicht (vgl. hierzu unter der Rdn 119 ff.). Soweit die Regelung eingreift, wird vorgeschlagen, dass der höhere von beiden Werten gemäß § 45 Abs. 1 S. 3 GKG den Streitwert bildet. Es ist daher zunächst der **jeweilige Streitwert**, also des Feststellungsantrages sowie der geltend gemachten Annahmeverzugslohnansprüchen zu bewerten. Diese beiden Streitwerte sind sodann miteinander zu vergleichen und der höhere soll der zutreffende Streitwert sein:

Beispiel:
Der Streitwert für den Feststellungsantrag beträgt, da das Monatsentgelt durchschnittlich 10.000,– EUR brutto beträgt, gemäß § 42 Abs. 2 S. 1 HS 1 GKG 30.000,– EUR. Der Arbeitnehmer macht für 5 Monate Annahmeverzugslohnansprüche von jeweils 10.000,– EUR brutto, abzüglich von monatlich 2.500,– EUR netto Arbeitslosengeld für die Zeit nach der streitigen Beendigung geltend. Der Streitwert hinsichtlich der Annahmeverzugslohnansprüche beträgt daher 5 x 10.000,– EUR, abzüglich 5 x 2.500,– EUR, mithin 37.500,– EUR. Da der Streitwert für den Feststellungsantrag nur 30.000,– EUR beträgt, wäre der höhere Betrag, also 37.500,– EUR, der Streitwert.

---

4 Ebenso: Hessisches LAG, ArbRB 2014, 236.

Der Vorschlag sagt nichts dazu aus, wie es zu bewerten ist, wenn Gegenstand des **118** Verfahrens **mehrere Beendigungstatbestände** und die Geltendmachung von Annahmeverzugslohnansprüchen ist. Daraus könnte abgeleitet werden, dass der Vorschlag diesen Fall nicht umfasst. Selbst den Vorschlag entsprechend angewandt, wäre fraglich, ob dies **jeweils für die einzelne Beendigung** (also vom Beginn des Annahmeverzuges bis zur nächsten Beendigung) separat zu berechnen ist oder zunächst erst alle Streitwerte hinsichtlich der Kündigungen und sodann hinsichtlich aller Annahmeverzugslohnansprüche zu bewerten wären und dann erst der Vergleich stattfinden soll. Die behauptete „wirtschaftliche Identität" kann sich jedoch wohl nur auf den **einzelnen Beendigungstatbestand** beziehen, so dass ein Einzelvergleich wohl zwischen der streitigen Beendigung und „deren" Annahmeverzugslohnansprüchen bis zu dem nächsten behaupteten Beendigungszeitpunkt. Diesen Vorschlag unterstellt, würde sich insoweit daher folgendes ergeben:

Beispiel:
Die erste Kündigung wird zum 30.04. ausgesprochen, die zweite hilfsweise Kündigung zum 30.09. des selben Jahres. Die Verhandlung findet Anfang November statt, so dass der Kläger auch die Annahmeverzugslohnansprüche für den Zeitraum Mai bis Oktober des Jahres mit der Klage geltend macht. Beträgt das Bruttomonatsgehalt 10.000,– EUR, so ist der Streitwert für die erste Kündigung 30.000,– EUR, sowie für die zweite Kündigung ebenfalls 30.000,– EUR. Hinsichtlich der ersten Kündigung bis zum Ablauf der zweiten Kündigung sind fünf Monate gegeben, so dass sich dafür ein Streitwert von 50.000,– EUR errechnen würde (wenn kein Arbeitslosengeld in Bezug kommt). Hinsichtlich der zweiten Kündigung wird nur ein Annahmeverzugslohn für Oktober geltend gemacht, mithin in Höhe von 10.000,– EUR. Vergleicht man den Streitwert der ersten Kündigung von 30.000,– EUR mit dem Annahmeverzugslohn von 50.000,– EUR ergibt sich davon der Höhere in Höhe von 50.000,– EUR. Für die zweite Kündigung beträgt der Streitwert ebenfalls 30.000,– EUR, der Annahmeverzugslohn nur 10.000,– EUR so dass 30.000,– EUR zugrunde zu legen wären. Zusammenzurechnen wären daher 50.000,– EUR und 30.000,– EUR, mithin ein gesamter Streitwert von 80.000,– EUR.

D. Nicht von dem Vorschlag der Streitwertkommission erfasste Geltendmachung von Annahmeverzugslohnansprüchen

Unter Rdn. 116 ff. wurden die Voraussetzungen nach dem Vorschlag dargestellt. Folgende Fälle führen daher selbst nach dem Vorschlag nicht zu einer „wirtschaftlichen Identität", sondern sind eigenständig zu bewerten und mit dem Streitwert des Feststellungsantrages zu addieren: **119**
– Gegenstand des Verfahrens ist **keine Bestandstreitigkeit**: Ist beispielsweise die Bestandstreitigkeit schon rechtskräftig abgeschlossen und macht der Arbeitnehmer in einem weiteren Verfahren nur Annahmeverzugslohn geltend, ist der Streitwert die Summe der geltend gemachten Löhne gemäß der erfolgten Bezifferung. Auch wenn

der Arbeitnehmer die Bestandsstreitigkeit und die Annahmeverzugslöhne in **getrennten Verfahren** geltend macht, ist die Bestandsstreitigkeit gemäß § 42 Abs. 2 S. 1 HS 1 GKG zu bewerten und der Streitwert im Verfahren hinsichtlich der Annahmeverzugslöhne ist der geltend gemachten Zahlungsantrag.

- Die Zahlungsanträge hinsichtlich des Annahmeverzugslohnes werden zum Feststellungsantrag im Rahmen einer Eventualklagehäufung (§ 260 ZPO), also mit **Haupt- und Hilfsantrag** geltend gemacht. Der Vorschlag ist dann nicht einschlägig.[5]
- Annahmeverzugslohnansprüche sind **noch nicht fällig**: Da sich der Vorschlag nur auf fällige Annahmeverzugslohnansprüche bezieht, ist dies bei einem Antrag, der noch **nicht fällige** Ansprüche betrifft, nicht anzuwenden. In manchen Verfahren werden Anträge auf zukünftige Zahlung (gemäß §§ 258, 259 ZPO) gestellt und damit auch für den Zeitpunkt nach den mündlichen Verhandlung. Diese zukünftigen noch nicht fälligen Ansprüche werden keinesfalls von dem Vorschlag erfasst. Eine Bewertung hat hier gemäß § 42 Abs. 1 S. 1 GKG zu erfolgen, nämlich nach dem **dreifachen Jahresbetrag der wiederkehrenden Leistungen**, sofern nicht der Gesamtbetrag der geforderten **Leistung geringer** ist.
- Abhängigkeit **allein vom streitigen Fortbestand des Arbeitsverhältnisses**: Werden Annahmeverzugslohnansprüche für den Zeitpunkt nach dem begehrten Ende des Arbeitsverhältnisses geltend gemacht, hängt der jeweilige Zahlungsanspruch in jedem Fall **auch** von der Wirksamkeit der Kündigung, also dem Bestand des Arbeitsverhältnisses ab, da dies Grundvoraussetzung ist. Der Vorschlag kann aber dahingehend verstanden werden, dass dies nur dann Anwendung findet, wenn dies **allein** davon abhängt. In der Kommentierung[6] wird ausgeführt, dass Annahmeverzugslohnansprüche „**häufig allein**" vom streitigen Fortbestand des Arbeitsverhältnisses abhängen. Ist dies nicht der Fall und wendet der Arbeitgeber beispielsweise ein, dass der Arbeitnehmer nicht **leistungsfähig** gewesen sei (z.B. da der Arbeitnehmer arbeitsunfähig erkrankt war) oder nicht leistungswillig gewesen sei, so hängen die Annahmeverzugslohnansprüche **nicht mehr allein von dem Fortbestand** des Arbeitsverhältnisses ab. Da sowohl die Regelung ausdrücklich ausführt, dass dies vom streitigen Fortbestand des Arbeitsverhältnisses abhängt und in der Kommentierung darauf verwiesen wird, kann davon ausgegangen werden, dass der Vorschlag nur die Fälle meint, in denen die Annahmeverzugslohnansprüche alleine von der Frage der streitigen Beendigung abhängen. In diesem Fall ist ebenfalls keine Vergleichsberechnung mit dem höheren Wert vorzunehmen, sondern eine **getrennte Bewertung** und dann eine **Addition**.

---

5 Ziemann, a.a.O., IV, 6.
6 Ziemann a.a.O., IV. 6.

– Annahmeverzugslohnansprüche für den Zeitpunkt **nach der begehrten Beendigung**: Bei Lohnansprüchen, die zeitlich vor dem begehrten Beendigungszeitpunkt liegen, handelt es sich nicht um Annahmeverzugslohnansprüche (§§ 615, 293 ff. BGB), sondern um Lohnansprüche gemäß § 611 BGB, wenn der Arbeitnehmer noch arbeitet. Wird die Arbeitsleistung des Arbeitnehmers seitens des Arbeitgebers **abgelehnt** (z.b. durch eine sehr häufig vorliegende unwirksame Freistellung) hat der Arbeitnehmer auch Ansprüche auf Annahmeverzugslohn gemäß §§ 615, 293 ff. BGB. Diese Annahmeverzugslohnansprüche stehen dem Arbeitnehmer **unabhängig von der streitigen Beendigung** zu. Deshalb sind diese auch nicht von dem streitigen Fortbestand des Arbeitsverhältnisses abhängig. Insoweit erfolgen in jedem Fall eine **eigenständige Bewertung** der **Zahlungsanträge** und eine **Zusammenrechnung** mit dem Feststellungsantrag.

E. Zutreffende Bewertung der Anträge zur Geltendmachung von Annahmeverzugslohnansprüchen

Dabei können Annahmeverzugslohnansprüche unbedingt im Rahmen einer objektiven Klagehäufung (vgl. hierzu die Kommentierungen oben unter den Rdn 111 ff.) oder, hilfsweise für den Fall des Obsiegens, mit dem Feststellungsantrag geltend gemacht werden.   **120**

I. Unbedingte Geltendmachung

Bei der unbedingten objektiven Klagehäufung ist § 45 Abs. 1 S. 3 GKG und damit auch der Vorschlag tatsächlich überhaupt nicht anwendbar. Zutreffend ist daher der Zahlungsantrag mit dem konkret bezifferten Wert zugrunde zu legen. Wird nur das Bruttogehalt geltend gemacht, ist der eingeklagte Bruttolohn der Streitwert. Wird ein Bruttolohn abzüglich eines bezahlten Arbeitslosengeldes oder sonstiger Leistungen (z.B. auch Krankengeld) netto in Abzug gebracht, errechnet sich der Betrag des **Bruttolohnes abzüglich der Nettoleistung**. Der sich daraus ergebende Wert ist der Streitwert hinsichtlich des Annahmeverzugslohnes. Diese Löhne sind zusammenzurechnen und zu einem Feststellungsantrag hinzuzuaddieren (§§ 5 ZPO, 22 Abs. 1 RVG, 39 Abs. 1 GKG). Dies entspricht im Übrigen auch der absolut herrschenden Auffassung in der Rechtsprechung.[7]   **121**

---

[7] Beispielsweise LAG München, ArbRB 2013, 116; auch nach Erlass des Streitwertkataloges: LAG Köln, 6 Ta 311/14, juris.

II. Hilfsantrag

122 Bei hilfsweise geltend gemachten Annahmeverzugslohnansprüchen ergibt sich die Berechnung des Streitwertes aus § 45 Abs. 1 S. 3 i.V.m. S. 2 GKG. Wir verweisen auch auf unsere Ausführungen unter Nr. 18. Über den hilfsweise geltend gemachte Anspruch (z.B. „für den Fall des Obliegens mit dem Feststellungsantrag werden wir folgende weitere Anträge stellen…") erfolgt dann eine eigenständige Bewertung und Zusammenrechnung, wenn eine Entscheidung über ihn ergeht oder im Falle eines Vergleiches dieser Anspruch mit erledigt wird (§ 45 Abs. 4 GKG). Entscheidet das Gericht und lehnt es den Feststellungsantrag ab, ergeht keine Entscheidung über den Annahmeverzugslohnanspruch, so sind diese beim **Streitwert** nicht zu berücksichtigen. Entscheidet das Gericht, dass der Feststellungsantrag begründet ist und entscheidet es dann auch über die Annahmeverzugslohnansprüche, sind diese mit dem geltend gemachten Wert anzusetzen. Bei einem **Vergleich** wird sowohl bei einer Einigung über die Rechtswirksamkeit bzw. Rechtsunwirksamkeit der Kündigung eine Einigung hergestellt und auch, unabhängig von der konkreten Regelung, eine Einigung über die Annahmeverzugslohnansprüche, so dass auch wenn eine Beendigung zwischen den Parteien vereinbart wird, die Annahmeverzugslohnansprüche mit dem geltend gemachten Wert zu berechnen sind und zu dem Streitwert hinsichtlich des Bestandsschutzantrages hinzuzurechnen sind. Der Gegenstand der **gerichtlichen und anwaltlichen Tätigkeit kann differieren**, insbesondere wenn der Rechtsanwalt einen Hilfsantrag stellt, über den das Gericht nicht entscheidet oder der nicht in den Vergleich einbezogen wird. Beantragt in diesem Fall der Rechtsanwalt eine **Gegenstandswertfestsetzung** nach § 33 Abs. 1 S. 1 RVG ist in den Gegenstandswert auch einen **nicht entschiedener oder nicht verglichener Hilfsantrag in den Gegenstandswert mit einzurechnen!**

123 Im Ergebnis ist daher bei einer **unbedingten** Klagehäufung die geltend gemachten Zahlungsansprüche zu berechnen und den Bestandsschutzantrag hinzuzurechnen, bei hilfsweise geltend gemachten Zahlungsansprüchen, aufgrund des Annahmeverzugslohnes kommt darauf an, ob das Gericht darüber entscheidet. Dann werden diese Anträge eigenständig bewertet und addiert. Bei einem Vergleich wird **in jedem Fall** der gesamte Wert der Zahlungsansprüche dem Feststellungsantrag hinzugerechnet, da darüber ein Vergleich erfolgt. Beantragte der Rechtsanwalt die selbstständige Festsetzung des Gegenstandswertes ist der Gegenstandswert des Annahmeverzugslohnantrages, auch wenn über diesen nicht entschieden wird oder dieser mit verglichen wird, der vollständig geltend gemachten Zahlungsanträge und zu einem gegenstandswert des Feststellungsantrages hinzuaddieren.

Nr.	Gegenstand
7.	*Arbeitspapiere*
7.1	Handelt es sich hierbei nur um reine Bescheinigungen z.b. hinsichtlich sozialversicherungsrechtlicher Vorgänge, Urlaub oder Lohnsteuer: pro Arbeitspapier 10 % einer Monatsvergütung.

A. Gegenstand des Vorschlages

Hier schlägt der Katalog vor, bei „reinen" Bescheinigungen (also sozialversicherungs- **124** rechtliche Vorgänge, Urlaub oder Lohnsteuer), pro Arbeitspapier 10 % einer Bruttomonatsvergütung zu nehmen. In der Kommentierung[1] wird ausgeführt, dass ein Prozentwert der Vergütung zugrunde gelegt wird, damit das individuelle Interesse der Klagepartei (wohl nach **§ 3 ZPO!**) berücksichtigt wird.

B. Geregelte Bescheinigungen

Der Vorschlag stellt auf den Begriff der „reinen Bescheinigung" ab, ohne klarzustellen, **125** was damit gemeint sein soll. Gemeint ist wohl, dass der Arbeitnehmer auf die Erteilung einer bestimmten Bescheinigung klagt. Dazu werden verschiedene Beispiele genannt, also sozialversicherungsrechtliche Vorgänge (z.B. die Erteilung des Sozialversicherungsnachweises) sowie Urlaub (gemeint ist wohl die Urlaubsbescheinigung), als auch die Lohnsteuer (dies wird vor allem wohl die elektronische Lohnsteuerbescheinigung für das gesamte Kalenderjahr betreffen). Da dies unter dem Oberbegriff „Arbeitspapiere" steht und dies nur als Beispiele genannt sind, sollen damit wohl **alle „Arbeitspapieren"** gemeint sein, mit Ausnahme des Zeugnisses (vgl. hierzu den Vorschlag unter I. Nr. 25; Rdn 372 ff.).

Die bisherige Rechtsprechung und die gängigen Anträge dazu betreffen die elektronische **126** Lohnsteuerbescheinigung, den Sozialversicherungsnachweis, die Arbeitsbescheinigung der Bundesagentur für Arbeit (§ 312 SGB Abs. 3) sowie mögliche Verdienstbescheinigungen, als auch Lohnabrechnungen. Hinsichtlich der Lohnabrechnung schlägt der Streitwertkatalog allerdings in Nr. 3 für die Gehaltsabrechnung gemäß § 108 GewO im **Widerspruch** zur Nr. 7 nur **5 % der Vergütung** des Abrechnungszeitraumes zugrunde und nicht wie bei den **sonstigen Arbeitspapieren 10 %**. Dies ist innerhalb des Kataloges

[1] Ziemann a.a.O., IV. 7.

ein gewisser Widerspruch, da die Begründung, dass die Papiere entsprechende Klagen vorbereiten oder Ansprüche belegen können, sowohl für die hier genannten Arbeitspapiere, als auch hinsichtlich der Lohnbescheinigung gelten. Warum eine Lohnbescheinigung pauschal nur mit 5 % und sonstige Arbeitspapiere pauschal mit 10 % bewertet werden sollen, ist nicht nachvollziehbar. Der Katalog nimmt jedoch in I. Nr. 3 die Arbeitspapiere ausdrücklich aus, so dass dies wohl ausschließlich für die unter Nr. 7 behandelten sonstigen Arbeitspapiere gelten kann.

127 Insgesamt sind daher wohl **sämtliche Bescheinigungen im Arbeitsverhältnis** mit Ausnahme der monatlichen Entgeltabrechnung und des Zeugnisses (I. Nr. 25) gemeint. Hinsichtlich des **Nachweises nach dem Nachweisgesetz** gilt nach dem Vorschlag in I. Nr. 7.2 eine inhaltsgleiche Bewertung, nämlich pauschal mit 10 % der Monatsvergütung.

C. Vorgeschlagener Streitwert

128 Es wird ein pauschaler Streitwert von 10 % einer Monatsvergütung vorgeschlagen, unabhängig von der Art der Bescheinigung. Auch wenn das Interesse an einer pauschalen und generellen Regelung groß ist und die Unterschiede sehr groß sind, ist eine pauschale und generelle Bewertung nicht möglich. Zutreffend ist, dass die bisherige Rechtsprechung noch pauschalere und nur bestimmte Fixwerte angenommen hat. Die **Orientierung an der Bruttomonatsvergütung** ist daher näher am Interesse der Klagepartei. Allerdings kommt es auf die konkrete Bescheinigung an. Deshalb ist bei den in der Praxis wesentlichen Bescheinigungen folgendes zu berücksichtigen:

– **Elektronische Lohnsteuerbescheinigung:** Diese benötigt der Arbeitnehmer zur Vorlage bei seinem Finanzamt, um bei einer Steuererklärung oder dem Lohnsteuerjahresausgleich den verdienten Lohn und die Abzüge zu belegen. Warum sich dies an der Monatsvergütung orientieren soll, ist nicht nachvollziehbar. Da es um eine Jahresbescheinigung geht, müsste vielmehr eine Orientierung an dem gesamten Jahreswert (bei Beendigung während des Jahres nur das vom Arbeitgeber bezogenen Bruttoentgelt) zugrunde gelegt werden. Deshalb könnte beispielsweise **5 % bei dem Arbeitgeber im Jahr bezogenen Bruttovergütung** ein angemessener Streitwert sein.

– **Sozialversicherungsnachweis:** Damit erhält der Arbeitnehmer einen Beleg für die sozialversicherungsrechtliche An- bzw. Abmeldung und die abgeführten Beiträge. Hier kann der Zeitraum sehr unterschiedlich sein, so dass die pauschale Orientierung am Bruttomonatsgehalt ebenfalls im Einzelfall wohl kaum zutreffend sein wird. In den meisten Fällen handelt es sich dabei um Jahresbescheinigungen. In diesen Fällen könnte eine Orientierung an von dem Arbeitgeber abgeführten Beiträgen und ein entsprechender Prozentsatz daraus (z.B. ebenfalls 5 %) angesetzt werden. Bezieht sich der Zeitraum des Sozialversicherungsnachweises auf einen **kürzeren Zeitpunkt** ist ein Prozentsatz (z.b. ebenfalls 5 %) aus dem in diesem Zeitpunkt abgeführten Beiträgen zutreffend.

– **Arbeitsbescheinigung der Bundesagentur für Arbeit (§ 312 Abs. 3 SGB III):** Diese Arbeitsbescheinigung benötigt der Arbeitnehmer, um Arbeitslosengeld zu beziehen. Die Bundesagentur für Arbeit gewährt im Regelfall ohne die Vorlage dieser Bescheinigung **keine Leistungen** auf Arbeitslosengeld. Auch die Frage der Sperrzeit wird anhand dieser Bescheinigung überprüft. Da es grundsätzlich um den Bezug von Arbeitslosengeld geht, könnte die Orientierung an der Höhe des Arbeitslosengeldes, bei Sperrzeitproblematiken an den 12-wöchigen-Bezug hinsichtlich einer Sperrzeit und bei dem generellen Bezug an dem konkreten Leistungszeitraum (z.b. zwei Jahre) erfolgen und daran ein Prozentsatz als Streitwert angenommen werden. Bei der Sperrzeit kann im Regelfall **der 12-wöchige-Bezug von Arbeitslosengeld** zugrunde gelegt werden, da dies das Interesse der Klagepartei ist. Da aber nur um eine Bescheinigung dafür geht und nicht um den Anspruch auf Arbeitslosengeld selbst, sollte ein Abschlag (z.b. 50 %, wie bei anderen Bescheinigungen auch) erfolgen. Demnach kann als Streitwert **50 % des 12-wöchigen-Bezuges des Arbeitslosengeldes** angenommen werden.

Urlaubsbescheinigung: Eine Urlaubsbescheinigung benötigt ein Arbeitnehmer, wenn **129** er während des Jahres das Arbeitsverhältnis wechselt. Diese soll den bereits vom bisherigen Arbeitgeber gewährten bzw. abgegoltenen Urlaub bescheinigen, so dass der neue Arbeitgeber weiß, wie viel Resturlaubsanspruch noch von ihm zu gewähren ist. Letztlich kommt es hier auf den konkreten Fall an, so dass der Streitwert **die Anzahl der noch möglich offenen und vom neuen Arbeitgeber noch zu gewährenden Urlaubstage** sein sollte. Eine Orientierung am Monatsgehalt ist nicht nachvollziehbar.

Nr.	Gegenstand
7.2	Nachweis nach dem Nachweisgesetz: 10 % einer Monatsvergütung.

Hier schlägt der Katalog vor, bei einer Klage hinsichtlich des Nachweises nach dem **130** Nachweisgesetz ebenfalls (wie in Nr. 7.1) 10 % einer Bruttomonatsvergütung als Streitwert anzunehmen.

Nach dem Nachweisgesetz ist der Arbeitgeber verpflichtet, innerhalb eines Monats nach **131** dem Beginn des Arbeitsverhältnisses die wesentlichen Vertragsgrundlagen schriftlich festzuhalten. Da dieser Nachweis für das gesamte Arbeitsverhältnis von **wesentlicher Bedeutung** für den Arbeitnehmer ist, kann weder der Ansatz am Bruttomonatsgehalt, noch der pauschale Prozentsatz von 10 % nachvollzogen werden.

132   Gemäß § 3 HS 1 ZPO muss das Interesse der Klagepartei dem Streitwert zugrunde gelegt werden. Dabei ist grundsätzlich auf den **Zweck** einer solchen Klage auf Erteilung eines Nachweises abzustellen, also wofür der Arbeitnehmer dies benötigt.

133   Erfolgen dazu keinerlei Ausführungen oder gibt es keinen besonderen Grund für den Arbeitnehmer dies geltend machen, sondern fordert er „nur" die gesetzliche Erfüllung der Nachweispflicht ein, kann eine pauschale Bewertung vorgenommen werden. Bei einer solchen pauschalen Bewertung kommt es darauf an, ob es sich dabei um ein befristetes oder unbefristetes Arbeitsverhältnis handelt. Handelt es sich um ein befristetes Arbeitsverhältnis kommt es auf die Befristungsdauer an, handelt es sich um ein unbefristetes Arbeitsverhältnis ist eine wesentlich größere Bedeutung für den Kläger anzunehmen. Bei einem unbefristeten Arbeitsverhältnis und einer pauschalen Bewertung kann **mangels anderweitigen Ansatzpunkten auch ein Bruttomonatsgehalt** angenommen werden.[1] Trägt der Arbeitnehmer ein konkretes Interesse hinsichtlich eines Nachweises nach dem Nachweisgesetz vor (z.B. zur Geltendmachung von konkreten Lohnansprüchen), ist dies bei der Bewertung zugrunde zu legen (also der Lohn) und ein entsprechender prozentualer Abschlag (z.B. 80 %) vorzunehmen. Insgesamt muss daher gemäß § 3 HS 1 ZPO eine **einzelfallbezogene Bewertung** vorgenommen werden. Bei einer pauschalen Bewertung sollte an sich, wenn es sich nicht um ein kurzes befristetes Arbeitsverhältnis handelt, mindestens **ein Bruttomonatsgehalt** als Streitwert angenommen werden.

Nr.	Gegenstand
8.	*Arbeitszeitveränderung*
	Bewertung entsprechend I. Nr. 4

134   Hier wird zur „Arbeitszeitveränderung" vorschlagen, dass der Streitwert entsprechend I. Nr. 4 (also der Änderungskündigung oder sonstigen Streit über den Inhalt des Arbeitsverhältnisses) bemessen wird.

135   Zunächst einmal ist unklar, was mit „Arbeitszeitveränderung" gemeint ist. Unter „Arbeitszeitveränderung" können sowohl Änderungskündigungen mit Änderungen der Arbeitszeit (die ohnehin von I. Nr. 4 erfasst werden) als auch **Ansprüche auf Verringerung der Arbeitszeit** (nach § 8 TzBfG) oder auf **Elternteilzeit** (§ 15 Abs. 4, Abs. 5, Abs. 6, Abs. 7 BEEG) verstanden werden. Lehnt der Arbeitgeber einen solchen Anspruch des Arbeitnehmers ab, kann der Arbeitnehmer diesen klageweise geltend machen und auf **Zustimmung zur Verringerung der Arbeitszeit** klagen. Ein solcher Anspruch

---

1 So beispielsweise auch das ArbG Düsseldorf, Urteil v. 16.12.1998 – 3 Ca 7703/98, n.v.

kann auch im Rahmen einer einstweiligen Verfügung verfolgt werden (vgl. hierzu I. Nr. 16 des Streitwertkataloges).

Da bei einer **Verringerung der Arbeitszeit auch das Gehalt** entsprechend anzupassen **136** ist, ist hinsichtlich der Veränderung der Arbeitszeit wohl der Verweis auf die I. Nr. 4.1 gemeint, hinsichtlich des Gehaltes aber wohl jedoch eher auf die I. Nr. 4.2. Beide Vorschläge stellen zwar auf einen **Mindestwert** von einer Bruttomonatsvergütung und dem **Höchstwert** des Vierteljahresentgeltes ab. Der Unterschied besteht aber darin, dass I. Nr. 4.1 nach dem **Grad der Vertragsänderung** den Streitwert bemisst und I. Nr. 4.2 grundsätzlich nach der **dreifachen Jahresdifferenz**, also orientiert an der Gehaltsdifferenz. Da mit der Verringerung oder der Verlängerung der Arbeitszeit auch die entsprechende Anpassung des Gehaltes einhergeht, ist daher wohl eher nach der I. Nr. 4.2 auf die dreifache Jahresdifferenz mindestens mit einer Bruttomonatsvergütung und höchstens mit einem Vierteljahresentgelt nach dem Vorschlag abzustellen.

Allerdings entspricht dies nicht dem gesetzlichen Streitwert gemäß § 3 HS 1 ZPO, da **137** insoweit allein auf das Interesse der Klagepartei abzustellen ist. Weder der Mindestwert noch der Höchstwert ergeben sich aus dem Gesetz. § 42 Abs. 2 S. 1 HS 1 GKG ist nicht einschlägig (vgl. hierzu die Kommentierung zu I. Nr. 4.1, Rdn 86 ff.). Deshalb ist bei einer solchen Bewertung grundsätzlich das **konkrete Interesse der Klagepartei an einer Verringerung oder Verlängerung der Arbeitszeit** zu bewerten.

Bei dem Anspruch nach dem TzBfG ist dies zunächst eine **dauerhafte Verringerung** **138** der Arbeitszeit. Insoweit kann der Arbeitnehmer auch erst gemäß § 8 Abs. 6 TzBfG frühestens nach 2 Jahren eine nochmalige **Verringerung** nach dem TzBfG geltend machen. Auch ist gemäß § 9 TzBfG möglich, dass der Arbeitnehmer einen Anspruch auf Verlängerung der Arbeitszeit, wenn er zuvor einen Wunsch auf Verlängerung der Arbeitszeit angezeigt hat, geltend macht, so dass auch eine **Verlängerung** der Arbeitszeit möglich ist. Macht der Arbeitnehmer eine Verringerung der Arbeitszeit geltend, ist es möglich, dass **Hintergrund einer solchen Verringerung** eine (gesundheitliche oder sonstige) Einschränkung besteht, das Arbeitsverhältnis nur mit geringerer Stundenzahl fortzusetzen zu können, so dass für den Arbeitnehmer mit dem Antrag das Arbeitsverhältnis auf dem Spiel steht. Dann ist grundsätzlich das Interesse der Klagepartei an dem **Fortbestand** des Arbeitsverhältnisses als Streitwert zugrunde zu legen.

Macht ein Arbeitnehmer im Rahmen der **Elternteilzeit** einen entsprechenden Anspruch **139** geltend, ist dieser Anspruch nur auf den **Zeitraum der Elternzeit befristet** und daher der Streitwert für den konkreten Zeitraum zu bewerten (maximal drei Jahre).

Dabei ist beim Elternteilzeitantrag auf das **Gehalt für den geltend gemachten Zeit-** **140** **raum** (also dem Zeitraum der geltend gemachten Elternteilzeit) abzustellen. Bei der unbefristeten Änderung (nach dem TzBfG) ist auf die begehrte Änderung, nämlich die **Gehaltsdifferenz,** abzustellen, wobei an sich keine zeitliche Begrenzung besteht. Sollte man eine Begrenzung annehmen, wäre nach § 42 Abs. 1 GKG (obwohl auch diese Regelung nicht einschlägig ist, da der Arbeitnehmer keine Vergütungsansprüche geltend macht) der Streitwert die **dreifache Jahresentgeltdifferenz**. Besteht das Interesse an dem **Fortbestand des Arbeitsverhältnisses** ist insoweit bei dem Interesse nicht auf die Entgeltdifferenz, sondern auf die die **zukünftige Vergütung** abzustellen. Der Vorschlag von mindestens einer Bruttomonatsvergütung bis zum Vierteljahresentgelt entsprechen nicht der Regelung des § 3 HS 1 ZPO.

Nr.	Gegenstand
9.	*Auflösungsantrag nach dem KSchG*
	Dazu wird auf I. Nr. 1 verwiesen.

141   Dazu wird auf den Vorschlag zu I. Nr. 1 verwiesen. Wir verweisen insoweit auf unsere ausführlichen Kommentierungen zu I. Nr. 1 (Rdn 31 ff.).

Nr.	Gegenstand
10.	*Auskunft/Rechnungslegung/Stufenklage*
	(für leistungsabhängige Vergütung z.B. Provision oder Bonus):

A. Auskunft/Rechnungslegung/Stufenklage

142   In der Überschrift werden die Auskunft, die Rechnungslegung und die Stufenklage genannt. Die konkreten Vorschläge beziehen sich jedoch in Nr. 10.1 nur auf die dort genannte **isolierte** Auskunftsklage, in Nr. 10.2 auf die **isolierte** eidesstattliche Versicherung und in Nr. 10.3 auf den **Zahlungsantrag**. Da sowohl in den Nrn. 10.1, 10.2, und 10.3 an sich die isolierte Geltendmachung ausgeführt ist, könnte der Vorschlag dahingehend verstanden werden, dass nur die **jeweils isolierte Geltendmachung** davon erfasst sein soll. Ausweislich der Überschrift, insbesondere hinsichtlich der **Stufenklage** (die Rechnungslegung taucht später allerdings nicht mehr auf, so dass dazu tatsächlich kein Vorschlag vorhanden ist) ist der Vorschlag unter Nr. 10 wohl dahingehend zu verstehen, dass er in den drei genannten Punkten einerseits die jeweilige isolierte Bewertung des Antrages meint (also auch wenn diese Ansprüche isoliert geltend gemacht werden). Andererseits wird in Nr. 10.3 auf § 44 GKG verwiesen. Dieser regelt, wenn diese Ansprüche zusammen in einer Stufenklage geltend gemacht, nur der **höchste Anspruch** dem Streitwert zugrunde zu legen ist. Aufgrund der Überschriften und der einzelnen Regelungen enthält der Vorschlag daher **sowohl Vorschläge für die isolierte Geltendmachung** von Auskunftsansprüchen, einer eidesstattlichen Versicherung oder der Zahlung und schlägt in Nr. 10.3 den Streitwert bei der gemeinsamen Geltendmachung im Rahmen einer **Stufenklage** vor.

B. Leistungsabhängige Vergütung

Unter einer **leistungsabhängigen Vergütung** ist grundsätzlich **jegliche** leistungsabhängige Vergütung gemeint, da die Provision und der Bonus nur als Beispiele genannt sind. Leistungsabhängige Vergütungen werden häufig mit **Zielvereinbarungen** oder **Zielvorgaben des Arbeitgebers** geregelt. Diese können jedoch auch als „**Sondervergütungen**" oder anders bezeichnet werden, soweit die Vergütung (auch) von der **konkreten Leistung des Arbeitnehmers abhängt.** Häufig sind dies auch Mischformen, bei denen es nicht ausschließlich auf die Leistung des Arbeitnehmers ankommt, sondern daneben noch auf ein Ergebnis des Arbeitgebers (beispielsweise bei einer bestimmten Bewertung nach dem Umsatz oder dem Gewinn des Arbeitgebers). Möglicherweise könnte auch für die nicht geregelte ausschließliche Beteiligung am Unternehmensgewinn-/Umsatz o.ä. einschlägig sein. Der Vorschlag stellt an dieser Stelle aber ausschließlich auf **leistungsabhängige** Vergütungen ab, so dass nichtleistungsabhängigen Vergütungen davon nicht erfasst werden. Nur wenn irgendein **Zusammenhang mit der Leistung des Arbeitnehmers** besteht, ist dieser Vorschlag einschlägig. **143**

Nr.	Gegenstand
10.1	**Auskunft (isoliert):** von 10 % bis 50 % der zu erwartenden Vergütung, je nach Bedeutung der Auskunft für die klagende Partei im Hinblick auf die Durchsetzung des Zahlungsanspruchs.

A. Vorgeschlagener Streitwert

Der Streitwertkatalog schlägt hier vor, bei einer Auskunftsklage (isoliert oder bewertet im Rahmen einer Stufenklage) als Streitwert 10 % bis 50 % zu erwartenden Vergütung anzunehmen, abhängig von der Bedeutung der Auskunft des Klägers im Hinblick auf die Durchsetzung eines möglichen Zahlungsanspruches. Grundsätzlich trifft es zu, dass sich der Streitwert der begehrten Auskunft gemäß § 3 HS 1 ZPO nach dem **Interesse** **144** der **Klagepartei an der Auskunft** richtet und dabei die Bedeutung der Auskunft für die Durchsetzung eines möglichen Zahlungsanspruches entscheidend ist. Ausgangspunkt ist daher der Zahlungsanspruch des Klägers. Ist dieser der Höhe nach grundsätzlich festgelegt (wie häufig bei Zielvereinbarungen, Zielvorgaben, Bonus oder Sondervereinbarungen, bei denen häufig ein **Maximalbetrag** geregelt ist, allerdings wird zum Teil auch bei Übererfüllung ein über 100-prozentiger Betrag ausgezahlt), ist zunächst von diesem **vollen Betrag** auszugehen. Handelt es sich um keine nach oben festgelegte und begrenzte Zahlung (wie beispielsweise bei Provisionen) oder hängt der Umfang der Zahlung von der konkreten Erfüllung oder dem Abschluss von Geschäften ab, kann nicht vom Maximalanspruch ausgegangen werden. Hat es in diesen Fällen in den Vorjahren Ansprüche gegeben, können die **Werte der Vorjahre im Durchschnitt** angenommen werden. Besteht das Arbeitsverhältnis schon länger, kann beispielsweise auch auf den **Durchschnitt der letzten drei Jahre** vor dem geltend gemachten Zeitpunkt abgestellt werden.

145 Zunächst ist daher von dem **vollen Wert** auszugehen und dann zu prüfen, welches konkrete Interesse die Klagepartei an der Auskunft hat. Steht und fällt der Anspruch vollständig mit der Auskunft, kann also der Kläger ohne die Auskunft keinen Zahlungsanspruch realisieren und mit der Auskunft möglicherweise den vollen Zahlungsanspruch, kann der Auskunftsanspruch auch **100 %** oder einen sehr hohen Prozentsatz des Anspruches betragen. Dabei hat auch die bisherige Rechtsprechung das Interesse der Klagepartei an der Auskunft zur Durchsetzung des Anspruches zugrunde gelegt.[1] Da dies gemäß § 48 GKG in Verbindung mit § 3 HS 1 ZPO nach dem Interesse der Klagepartei zu bewerten ist, kann weder eine **pauschale Untergrenze von 10 %** noch eine **pauschale Obergrenze von 50 %** angenommen werden, sondern es muss grundsätzlich das konkrete Interesse an der Auskunft betrachtet werden.

146 Der Vorschlag enthält dennoch, ausgehend von dem vollen Wert eine pauschale Bewertung zwischen 10 % und 50 %. Hängt danach der Zahlungsanspruch vollständig von der Auskunft ab, wäre danach der Streitwert nur 50 % der Vergütung, obwohl das tatsächliche Interesse bei 100 % liegt.

B. Eigener Vorschlag

147 Wie bereits ausgeführt, hängt die Bewertung des Streitwertes des Auskunftsanspruches von der Abhängigkeit des Hauptanspruches vom Auskunftsanspruch ab. Je größer die Abhängigkeit ist, desto höher wird der Prozentsatz sein. Bei **durchschnittlichen** Auskunftsansprüchen, also wenn der Anspruch **nicht alleine** von der erklärten Auskunft abhängt, sondern möglicherweise auch ein Teil ohne diese geltend gemacht werden

---

1 BAG, NZA 1994, 1054.

kann, kann von einem **durchschnittlichen Wert in Höhe von 50 %** der gesamten Vergütung (wie oben ausgeführt, bei unklaren Werten die Durchschnittswert der Vorjahre oder wenn dies nicht vorliegt, ein Pauschalwert) zugrunde gelegt werden. Davon ist im Einzelfall nach unten, auch auf einen **geringeren Prozentsatz als 10 %** und nach oben auf **maximal 100 %** (bei vollständiger Abhängigkeit) anzupassen.

Nr.	Gegenstand
10.2	**Eidesstattliche Versicherung (isoliert):** 10 % der Vergütung.

Hier wird bei einem Antrag auf eidesstattliche Versicherung (isoliert oder im Rahmen einer Stufenklage, vgl. dazu die Kommentierungen zu I. Nr. 10 (Rdn 142 ff.) pauschal 10 % der Vergütung vorgeschlagen. Hat der Arbeitgeber die Auskunft bereits erteilt und fordert der Arbeitnehmer wegen besonderer Umstände die eidesstattliche Versicherung dieser erteilten Auskunft und/oder der vorgelegten Abrechnungsunterlagen, wird völlig pauschal 10 % der Vergütung vorgeschlagen. Mit der „Vergütung" ist wohl der **begehrte Zahlungsanspruch** hinsichtlich der leistungsabhängigen Vergütung (also Provision, Bonus, Sonderleistung, Zielvereinbarung, Zielvorgaben oder Ähnliches, vgl. dazu die Kommentierung zu I. Nr. 10, Rdn 142 ff.) gemeint. Grundsätzlich ist beim Streitwert von dieser Vergütung (wenn der Maximalbetrag festgelegt ist) und bei nicht festgelegten / nicht begrenzten Leistungen von den Vorjahren auszugehen und dann das Interesse an der eidesstattlichen Versicherung zu bemessen. **148**

Der **völlig pauschale** Vorschlag von 10 % für die eidesstattliche Versicherung entspricht nicht der Bestimmung des § 3 HS 1 ZPO, da dieser auf das Interesse des Klägers abstellt, das er an der eidesstattlichen Versicherung hat. Dabei werden von der Rechtsprechung teilweise auch **50 % des Auskunftsanspruches** angenommen.[1] Der Ausgangspunkt, den Streitwert der eidesstattlichen Versicherung an der Vergütung zu orientieren ist sicherlich zutreffend. Es muss also zunächst von 100 % der Vergütung ausgegangen werden. Davon ergibt sich ein verringertes Interesses (mithin ein Prozentsatz) hinsichtlich der eidesstattlichen Versicherung. Zutreffend wird daher bei der eidesstattlichen Versicherung ein Prozentsatz der Vergütung angenommen. Kann das konkrete Interesse nicht festgestellt werden, ist von einem (durchschnittlichen) Orientierungswert von 50 % der (möglichen) Vergütung auszugehen. **149**

Beispiel:
Zwischen den Parteien wurde eine Zielvereinbarung abgeschlossen, bei der sich für den Arbeitnehmer bei Erreichung von 100 % der Ziele, eine Jahresleistung von 20.000,– EUR ergibt. Nach der Auskunft und Rechnungslegung durch den Arbeitgeber ergibt sich ein Anspruch des Arbeitnehmers auf 15.000,– EUR. Da der Arbeitnehmer

---

1 LG Köln, Rechtspfleger 1977, 116.

nach erteilter Auskunft vorträgt, dass bestimmte Auskünfte nicht richtig seien und dies mit entsprechenden Belegen versieht, macht er klageweise isoliert einen Anspruch auf eidesstattliche Versicherung der erteilten Auskünfte geltend. Weitere konkrete Anhaltspunkte für das Interesse an der eidesstattlichen Versicherung trägt er nicht vor. Hier kann das isolierte Interesse an der eidesstattlichen Versicherung mit 50 % der noch möglichen Vergütung von 5.000,– EUR bewertet werden, also mit einem Streitwert von 2.500,– EUR. Nach dem Vorschlag würde sich in diesem Fall jedoch nur ein Streitwert von 500,– EUR berechnen (10 % der noch möglichen Vergütung).

Nr.	Gegenstand
10.3	**Zahlung:** Nennbetrag (ggf. nach der geäußerten Erwartung der klagenden Partei, unter Berücksichtigung von § 44 GKG).

A.   Gegenstand des Vorschlages

150   In Nr. 10.3 führt der Vorschlag aus, dass der Streitwert des Zahlungsantrages der **Betrag** ist und gegebenenfalls bei einer entsprechenden Äußerung der Erwartung der klagenden Partei der **erwartete Betrag**. Bei einer Stufenklage ist § 44 GKG (der höchste Streitwert ist maßgebend) zu berücksichtigen.

B.   Bewertung des Zahlungsantrages

151   Beziffert der Kläger mit seiner Klage den Zahlungsantrag ist offensichtlich der geltend gemachte Zahlungsantrag der Streitwert. Da sich der Vorschlag auf eine **Stufenklage** bezieht und der Kläger bei Erhebung einer Stufenklage zunächst die Auskunft **zur Bezifferung des Zahlungsantrages** ist benötigt, wird er seine Anträge so stellen, dass der Beklagte zur Zahlung **der sich aus der Auskunft ergebenden Vergütung** verpflichtet ist. Er wird daher häufig zunächst **keinen konkreten Betrag** benennen.

152   Möglich ist aber, dass der Kläger einen **Mindestwert** angibt oder einen **erwarteten Wert**, was dann der Streitwert ist (wir verweisen insoweit auf die Ausführungen unter Rdn 154). Ist dies nicht der Fall, so ist beim Streitwert grundsätzlich von dem **vollen Wert der Vergütung** auszugehen. Bei einer nach oben begrenzten Vergütung ist die **maximale Vergütung** anzunehmen, ist dies nicht nach oben begrenzt (z.B. Provision), kann der Wert der letzten Jahre (soweit vorhanden der letzten drei Jahre) angenommen werden (vgl. die Kommentierung zu I. Nr. 10, Rdn 142 ff.).

Beziffert der Kläger im Rahmen der Stufenklage **nach Erteilung der Auskunft** den **153** Zahlungsantrag, ist der Streitwert der bezifferte Betrag. War der vorher ausgeführte Mindestwert oder erwartete Wert oder (wenn ein solcher nicht angegeben worden ist) die maximale Vergütung oder der Durchschnitt letzten Jahre **höher**, ist bis zu dem Zeitpunkt der Bezifferung der **höhere Wert** der Streitwert und ab der Bezifferung der **bezifferte Wert**. Ist der **bezifferte Wert höher** ist ab der Bezifferung der Streitwert der **höhere bezifferte Wert**.

C. Erwartung der klagenden Partei für die Bewertung des Streitwertes

Hier wird vorgeschlagen, dass bei einer geäußerten Erwartung der klagenden Partei **154** diese bei der Bewertung des Streitwertes zu berücksichtigen ist. Gemeint ist damit, dass der Kläger **keinen bezifferten Betrag** geltend macht, sondern die Zahlung zwar fordert, ohne diese jedoch konkret zu beziffern (z.B. „die sich aus der Auskunft ergebende Zahlung"). Gibt die Klagepartei dabei einen **Mindestbetrag** oder eine **konkrete Erwartung** an, ist der Streitwert dieser Mindestbetrag oder die konkrete Erwartung der Klagepartei. In diesem Fall ist auch **nicht auf den Maximalbetrag oder dem Durchschnitt der letzten Jahre** abzustellen, sondern auf die konkrete Erwartung der Klagepartei.

Beziffert der Kläger im Rahmen der Stufenklage **nach Erteilung der Auskunft** den **155** Zahlungsantrag, ist der Streitwert der bezifferte Betrag. War der vorher ausgeführte Mindestwert oder erwartete Wert oder (wenn ein solcher nicht angegeben worden ist) die maximale Vergütung oder der Durchschnitt letzten Jahre **höher**, ist bis zu dem Zeitpunkt der Bezifferung der **höhere Wert** der Streitwert und ab der Bezifferung der **bezifferte Wert**. Ist der **bezifferte Wert höher** ist ab der Bezifferung der Streitwert der **höhere bezifferte Wert**.

D. Bewertung des Streitwertes bei der Stufenklage

Wie bereits ausgeführt, wird im Rahmen der Stufenklage häufig zunächst die Auskunft, **156** dann die Rechnungslegung, dann die eidesstattliche Versicherung, sowie die darauf fußende Zahlung mit der letzten Stufe geltend gemacht. Die Streitwerte der einzelnen Stufen ergeben sich aus den Kommentierungen zu den Nummern 10, 10.1, 10.2 und 10.3.

Bei der Stufenklage ergibt sich aus § 44 GKG, dass bei der Geltendmachung mehrerer **157** Ansprüche (Auskunft, Rechnungslegung, eidesstattliche Versicherung und Zahlung) für den Streitwert insgesamt nur der **höchste Anspruch** maßgebend ist. Dieser ist im Regelfall der Zahlungsanspruch, so dass für die Stufenklage insgesamt als Streitwert der **Streitwert des Zahlungsanspruches** zugrunde gelegt werden kann. Dabei ist das Gericht bei seiner Festsetzung grundsätzlich auf die **Angaben des Klägers** angewiesen. Dabei ist zu zunächst berücksichtigen, wovon der Kläger zum **Zeitpunkt der Klageerhebung** ausgeht. Ändert sich dies später, kann sich dies auch dann auf den Streitwert auswirken (vergleiche dazu oben die Kommentierung unter der Rdn 150 ff.).

158   Erhebt der Kläger **neben der Stufenklage** bereits eine **Teilzahlungsklage** und begehrt er im Rahmen der Stufenklage eine Auskunft, Rechnungslegung, eidesstattliche Versicherung und den sich daraus ergebenden weiteren Teilzahlungsanspruch, ist der Streitwert der Stufenklage der Teilanspruch gemäß § 44 GKG mit dem höchsten Wert (also dem Teilzahlungsanspruch) sowie der zusätzliche bereits eingeklagte Teilzahlungsanspruch. Die beiden Streitwerte sind zu addieren (§ 5 ZPO). Der gesamte Streitwert errechnet sich daher aus dem **geltend gemachten Zahlungsbetrag** sowie dem sich aus der Stufenklage ergebenden Höchstbetrag (wohl der weiter begehrte oder anzunehmende Teilzahlungsbetrag).

Nr.	Gegenstand
11.	*Befristung, sonstige Beendigungstatbestände*
	Für den Streit über die Wirksamkeit einer Befristungsabrede, einer auflösenden Bedingung, einer Anfechtung des Arbeitsvertrags, einer Eigenkündigung und eines Auflösungs- oder Aufhebungsvertrags gelten die Bewertungsgrundsätze der I. Nr. 19 und 20 sowie der Nr. 17.

A. Gegenstand des Vorschlages

159   In Nr. 11 wird vorgeschlagen, dass bei einem Streit über eine Befristungsabrede (Entfristungsklage), einer auflösenden Bedingung, einer Anfechtung des Arbeitsvertrages, einer Eigenkündigung (wohl des Arbeitnehmers) oder über einen Auflösungs- bzw. Aufhebungsvertrag die Vorschläge der I. Nrn. 19 und 20 sowie der I. Nr. 17 Anwendung finden sollen. *Ziemann* vertritt in seiner Kommentierung die Ansicht, dass damit sämtliche Beendigungstatbestände der Begrenzung des § 42 Abs. 2 S. 1 HS 1 GKG unterliegen.[1]

---

1 Ziemann, a.a.O., IV. 9.

Der Vorschlag betrifft neben der Befristung (wie sich auch aus der Überschrift „sonstige   **160**
Beendigungstatbestände" ergibt) eine Vielzahl von möglichen Beendigungstatbeständen
des Arbeitsverhältnisses (mit Ausnahme der Kündigung, dazu die Vorschläge unter
I. Nr. 19 und 20). Der Vorschlag soll aufgrund der einzelnen Aufzählung für folgende
Rechtsstreitigkeiten gelten:

– **Wirksamkeit einer Befristungsabrede (Entfristungsklage):** Hier macht der Arbeitnehmer mit seiner Klage geltend, dass eine zwischen den Parteien vereinbarte
  sachgrundlose Befristung oder **Befristung mit Sachgrund** (§ 620 Abs. 3 BGB
  i.V.m. § 14 TzBfG i.V.m. § 3 Abs. 1 TzBfG) nicht wirksam ist und daher das Arbeitsverhältnis unbefristet fortbesteht.

– **Auflösende Bedingung:** Hier beruft sich der Arbeitgeber darauf, dass zwischen den
  Parteien eine auflösende Bedingung des Arbeitsvertrages vereinbart worden ist (§ 21
  TzBfG). Bei einem auflösend bedingten Arbeitsvertrag ist die Beendigung des Arbeitsverhältnisses von einem **ungewissen Ereignis** abhängig, dessen Eintritt nicht
  Voraussetzung des Vertrages ist. § 21 TzBfG stellt ein Arbeitsverhältnis mit auflösen-
  der Bedingung einem befristeten Arbeitsverhältnis mit Sachgrund gleich (Sach-
  gründe gemäß § 14 Abs. 1 TzBfG). Darunter fällt auch die zwischen den Arbeitsver-
  tragsparteien während des Laufes eines Kündigungsrechtsstreites vereinbarte **Pro-
  zessbeschäftigung**, nach der der Arbeitnehmer bis zur rechtskräftigen Abweisung
  der Kündigungsschutzklage beim Arbeitgeber weiterbeschäftigt wird. Mit dem Eintritt einer wirksam vereinbarten auflösenden Bedingung endet grundsätzlich das
  Arbeitsverhältnis (§ 158 Abs. 2 BGB). Die Parteien streiten über die Wirksamkeit
  einer solchen auflösenden Bedingung.

– **Anfechtung des Arbeitsvertrages:** Darunter fallen sämtliche Anfechtungsmöglich-
  keiten des Arbeitsvertrages, also eine Anfechtung wegen Irrtums (§ 119 BGB) sowie
  wegen Täuschung oder Drohung (§ 123 BGB). Ficht einer der Parteien den Arbeitsvertrag an, kann die andere Partei die Feststellung der Unwirksamkeit der Anfechtung und den Fortbestand des Arbeitsverhältnisses geltend machen.

– **Eigenkündigung:** Mit dem Begriff der „Eigenkündigung" ist die **Kündigung des
  Arbeitnehmers** gemeint, also dass der Arbeitnehmer selbst das Arbeitsverhältnis
  kündigt. Diese Fälle waren in der Praxis vor der Einführung des § 623 BGB sehr
  häufig, da der Arbeitgeber häufig eine mündliche Kündigung behauptet hat. Da nach
  § 623 BGB nun eine schriftliche Kündigung vorliegen muss, sind solche Streitigkeiten eher selten. Dabei behauptet der Arbeitgeber, dass eine **wirksame Kündigung
  des Arbeitnehmers** vorliegt und der Arbeitnehmer bestreitet dies (z.B. da er die
  Kündigung nicht selbst oder nicht im Original unterschrieben habe oder die Kündigung aus anderen Gründen nicht wirksam sei). Der **Arbeitnehmer** kann die Feststellung begehren, dass das Arbeitsverhältnis nicht aufgrund der (behaupteten) Kündigung das Arbeitsverhältnis geendet hat. Auch der **Arbeitgeber** kann die Feststellung

begehren, dass das zwischen den Parteien bestehende Arbeitsverhältnis aufgrund der Kündigung des Arbeitnehmers geendet hat.

– **Auflösungs- oder Aufhebungsvertrag:** Mit den Begriffen „Auflösungsvertrag" und „Aufhebungsvertrag" sind **einvernehmliche Beendigungen des Arbeitsverhältnisses** gemeint. Beide Begriffe meinen eine rechtsgeschäftliche Beendigung des Arbeitsverhältnisses gemäß § 311 Abs. 1 BGB, bei der die Parteien mit einem Vertrag die Beendigung des Arbeitsverhältnisses vereinbaren. § 623 BGB führt ausdrücklich nur den Begriff des Auflösungsvertrages an. In der arbeitsrechtlichen Praxis wird dabei eher der Begriff des Aufhebungsvertrages verwandt. Bei einer einvernehmlichen Beendigung mit einem Vertrag ist daher ein Auflösungs- bzw. Aufhebungsvertrag gegeben. Inhaltlich unterscheiden sich diese Begrifflichkeiten wohl nicht. Ein **Abwicklungsvertrag** dagegen ist dann gegeben, wenn dem Vertrag bereits eine **Kündigung vorausgegangen** ist und die Parteien die **Abwicklung des Arbeitsverhältnisses** regeln. Der Abwicklungsvertrag selbst beendet das Arbeitsverhältnis nicht, sondern die vorausgegangene Kündigung. Die Kündigung soll bei Abschluss eines Abwicklungsvertrages gerichtlich nicht angegriffen werden. Erhebt der Arbeitnehmer dennoch eine Kündigungsschutzklage, wird dies **nicht** vom Vorschlag erfasst. Der Abwicklungsvertrag ist in der Aufzählung in I. Nr. 11 **nicht enthalten** und stellt selbst **keinen Beendigungstatbestand** dar. Für die Kündigungsschutzklage sind daher die Vorschläge zu den I. Nrn. 17, 19 und 20 direkt anzuwenden.

B.   Folgen der Verweise auf die I. Nrn. 17, 19 und 20

161   Grundsätzlich ist bei der Frage, ob ein Arbeitsverhältnis wirksam beendet worden ist nach § 42 Abs. 2 S. 1 HS 1 GKG das Vierteljahresentgelt der (gesetzlich begrenzte) Streitwert, wobei es auf die **konkrete Stellung der Anträge** und den **begehrten Fortbestand des Arbeitsverhältnisses** ankommt. Daher wird zutreffend auf I. Nr. 19 (ein Beendigungstatbestand), I. Nr. 20 (mehrere Beendigungstatbestände) sowie I. Nr. 17 (Feststellungsantrag) verwiesen. Insoweit wird auch auf die Kommentierungen zu I. Nrn. 19 (Rdn 264 ff.), 20 (Rdn 272 ff.) und 17 (Rdn 239 ff.) verwiesen. Im Einzelnen ergibt sich im Wesentlichen aus den Verweisen folgendes:

– **Nr. 19 (Ein streitiger Beendigungstatbestand):** Liegt nur ein streitiger Beendigungstatbestand vor (eine der unter I. Nr. 11 genannten Möglichkeiten), ist grundsätzlich das **Vierteljahresentgelt** der Streitwert. Ein geringerer Streitwert ergibt sich nach I. Nr. 19 nur dann, wenn der **Fortbestand des Arbeitsverhältnisses von weniger als drei Monaten** mit dem Klageantrag begehrt wird.

Beispiel:
Erhebt der Arbeitnehmer eine Klage mit der Feststellung, dass eine Befristungsabrede unwirksam ist und das Arbeitsverhältnis fortbesteht, hat er aber selbst eine Kündigung zu einem späteren Zeitpunkt ausgesprochen und liegt zwischen dem Befristungsende und der Kündigungsfrist der eigenen Kündigung nur ein Monat, ist der Streitwert nicht das Vierteljahresentgelt, sondern ein Bruttomonatsgehalt. Hinsichtlich der Details zu dem Vorschlag verweisen wir auf die Kommentierungen zu I. Nr. 19 (Rdn 264 ff.).

– **Nr. 20 (Mehrere Beendigungstatbestände):** Sind mehrere Beendigungstatbestände streitig (z.b. mehrere Befristungsabreden oder auch mehrere unterschiedliche Beendigungstatbestände: Anfechtung des Arbeitsvertrages, Eigenkündigung oder Befristungsabrede) ist grundsätzlich der Streitwert für jeden **einzelnen Beendigungstatbestand das Vierteljahresentgelt.** Liegen zwischen zwei verschiedenen Beendigungstatbeständen weniger als drei Monate, ist nach dem Vorschlag die so genannten **Differenztheorie** anwendbar, also für den späteren Beendigungstatbestand der Streitwert nur das Entgelt für den dazwischen liegende Zeitraum (z.B. nur zwei Monate). Hinsichtlich der Details und der Kritik an dem Vorschlag wird auf die Kommentierungen zu I. Nr. 20 verwiesen (Rdn 272 ff.).

– **Nr. 17:** Danach ist ein Feststellungsantrag, mit dem festgestellt werden soll, dass das Arbeitsverhältnis durch einen Beendigungstatbestand (Befristungsabrede, auflösende Bedingung, Anfechtung des Arbeitsvertrages, Eigenkündigung des Arbeitnehmers, Auflösungs- oder Aufhebungsvertrag) nicht endet, grundsätzlich das Vierteljahresentgelt (wie auch im Vorschlag in I. Nr. 19 enthalten) der Streitwert. Ein darüber hinaus gestellt allgemeiner Feststellungsantrag, also der Antrag, dass das Arbeitsverhältnis auch nicht durch andere Beendigungstatbestände endet, unterliegt nach dem Vorschlag in I. Nr. 17.2 keiner eigenen Bewertung, so dass es insgesamt nach diesem Vorschlag bei dem **Vierteljahresentgelt** als Streitwert verbleibt, wenn nicht das Interesse an dem Fortbestand geringer ist (z.B. begehrter Fortbestand nur für einen Monat).

Hinsichtlich der Details und der Kritik an dem Vorschlag wird auf die Kommentierung zu I. Nr. 17 verwiesen (Rdn 239 ff.).

Nr.	Gegenstand
12.	*Beschäftigungsanspruch*
	1 Monatsvergütung.

A. Gegenstand des Vorschlages

162 In Nr. 12 wird als Streitwert eines Beschäftigungsanspruches ein Bruttomonatsgehalt vorgeschlagen. In I. Nr. 24 wird für den Weiterbeschäftigungsantrag – inklusive Anspruch nach § 102 Abs. 5 BetrVG – ebenfalls eine Bruttomonatsvergütung als Streitwert vorgeschlagen. Die Kommentierung von *Ziemann*[1] verweist darauf, dass ein **unbedingt geltend gemachter Beschäftigungsanspruch** mit einem Monatsentgelt „in Ansatz gebracht wird" und mit dem Vorschlag **kein Hilfsantrag** gemeint sei.

163 Der Beschäftigungsanspruch wird nach der Rechtsprechung[2] unmittelbar aus Art. 1, 2 GG abgeleitet und beinhaltet den Anspruch des Arbeitnehmers in einem bestehenden Arbeitsverhältnis tatsächlich beschäftigt zu werden. Der Beschäftigungsanspruch betrifft dabei die **Beschäftigung während eines bestehenden Arbeitsverhältnisses**, während der allgemeine Weiterbeschäftigungsanspruch für den Zeitraum nach der streitigen Beendigung (z.B. Kündigung, Befristung) und der Beendigung des Rechtsstreites gegeben sein kann und der betriebsverfassungsrechtliche Weiterbeschäftigungsanspruch gemäß § 102 Abs. 5 BetrVG nach dem Widerspruch des Betriebsrates bis zur Beendigung des Rechtsstreites. Da die Nr. 24 Streitwerte zu diesen beiden anderen Ansprüchen vorschlägt, ist hier **ausschließlich der Beschäftigungsanspruch im bestehenden Arbeitsverhältnis** gemeint. Inhaltlich machen die Vorschläge der Nummern 12 und 24 ohnehin keine Unterscheidung, da er für den Beschäftigungsanspruch, als auch für die Weiterbeschäftigungsansprüche jeweils der Streitwert mit einem vorgeschlagen wird. Gemeint ist hier aber alleine der Beschäftigungsanspruch während des Bestehens eines Arbeitsverhältnisses.

164 Der **Vorschlag selbst** unterscheidet nicht, wie der Antrag gestellt worden ist, also ob er als unbedingter Antrag oder als unechter Hilfsantrag (für den Fall des Obsiegens mit einem Feststellungsantrag) gestellt worden ist. Nach der Kommentierung von *Ziemann*[3] soll sich diese Bewertung aber nur auf den **unbedingten geltend gemachten Beschäfti-**

---

1 Ziemann, a.a.O., IV, 10.
2 BAG, BAGE 2, 221.
3 Ziemann, a.a.O., IV, 9 f.

gungsanspruch beziehen und nicht auf einen Hilfsantrag. Dies ergibt sich jedoch aus I. Nr. 12 selbst nicht! Nach dem Vorschlag in I. Nr. 12 ist ausweislich des **Wortlautes** der vorgeschlagene Streitwert **auch bei einem hilfsweise geltend gemachten Anspruch** anzunehmen. Wird der Antrag als einziger Klageantrag gestellt oder im Rahmen einer objektiven Klagehäufung als **unbedingter Antrag** gestellt, muss das Gericht über diesen Antrag entscheiden, so dass in jedem Fall ein **eigener Streitwert** für diesen Antrag anzunehmen ist.

Wird der Beschäftigungsanspruch vom Arbeitnehmer für den Zeitraum bis zur streitigen **165** Beendigung geltend gemacht (z.b. weil der Arbeitgeber den Arbeitnehmer unwirksam bis zur Beendigung des Arbeitsverhältnisses freigestellt hat), ist der Beschäftigungsantrag **nicht von dem streitigen Fortbestand des Arbeitsverhältnisses** abhängig. Dies gilt auch wenn ein Rechtsstreit hinsichtlich des Beschäftigungsantrages geführt wird, ohne dass zwischen den Parteien ein Beendigungstatbestand streitig ist, also der Arbeitnehmer einfach nicht mehr beschäftigt wird. Ist zwischen den Parteien ein Beendigungstatbestand streitig und macht der Arbeitnehmer **für den Zeitraum nach dem streitigen Beendigungstatbestand** den Beschäftigungsantrag geltend, kann er diesen Antrag unbedingt stellen oder diesen Antrag als Hilfsantrag, für den Fall des Obsiegens mit dem Feststellungsantrag, stellen. Wird dieser unbedingt gestellt, ist dieser in den Streitwert einzurechnen. Wird er als Hilfsantrag gestellt ist der Vorschlag nach dem Wortlaut ebenfalls anwendbar.

Wäre tatsächlich bei Hilfsantrag für den Fall des Obsiegens (mit dem Feststellungsan- **166** trag) der Vorschlag der Nr. 12 nicht anwendbar, ist für auf die Nr. 18 zu verweisen. Daraus ergibt sich im Wesentlichen was folgt: Wird dieser Antrag hilfsweise gestellt, ist streitig, ob die Regelung des § 45 Abs. 1 S. 2 GKG gilt (vgl. hierzu die Kommentierung zu I. Nr. 18, Rdn 250 ff.), nach der ein hilfsweise geltend gemachter Anspruch nur dann mit dem Hauptanspruch zusammengerechnet wird, wenn eine Entscheidung über ihn ergeht. Gemäß § 45 Abs. 4 GKG gilt diese Regelung auch bei einer Erledigung des Rechtsstreites durch einen Vergleich. Wird der Beschäftigungsantrag hilfsweise gestellt, erfolgt danach keine Addition des Streitwertes hinsichtlich des Hauptantrages und des Hilfsantrages, sondern es ist der höhere Wert zugrunde zu legen. Im Regelfall wird der Hauptantrag (Feststellungsantrag, dass das Arbeitsverhältnis besteht) wohl höher zu bewerten sein, so dass es dann im Regelfall auf den Streitwert des Hauptantrages ankommt. Entscheidet das Gericht über den Hilfsantrag (gibt es also dem Hauptantrag statt) und beurteilt, ob der geltend gemachte Beschäftigungsanspruch besteht, ist der Streitwert von Hauptantrag und Hilfsantrag **zusammenzurechnen.** Bei einem Vergleich gilt dies gemäß § 45 Abs. 4 GKG ebenso. Einigen sich die Parteien auf das Bestehen des Arbeitsverhältnisses und die Verpflichtung den Arbeitnehmer weiter zu beschäftigen, ist eine Entscheidung im Sinne des § 45 Abs. 4 GKG gegeben. Dies gilt jedoch auch für den Fall, dass die Parteien eine **Beendigung des Arbeitsverhältnisses** und keine weitere

Beschäftigung des Arbeitnehmers vereinbaren, da mit einem solchen Vergleich nicht nur über den Hauptantrag, sondern auch über den Hilfsantrag eine Regelung erfolgt. Dabei ist auch zu beachten, dass der gestellte Beschäftigungsantrag im Bestandsverfahren häufig ein großes Druckmittel und eine Motivation für den Arbeitgeber ist, einen Vergleich, beispielsweise mit Zahlung einer Abfindung, abzuschließen. Um die tatsächliche Beschäftigung des Arbeitnehmers **zu vermeiden**, kann der Arbeitgeber bereit sein, auch eine deutlich höhere Abfindung zu bezahlen. Deshalb ist bei einem Vergleich mit der Beendigung des Arbeitsverhältnisses und Ablehnung einer weiteren Beschäftigung gemäß § 45 Abs. 4 i.V.m. Abs. 1 S. 2 GKG auch der Streitwert von Haupt- und Hilfsantrag zu **addieren**. Der Gegenstand der **gerichtlichen und anwaltlichen Tätigkeit kann differieren**, insbesondere wenn der Rechtsanwalt einen Hilfsantrag stellt, über den das Gericht nicht entscheidet oder der nicht in den Vergleich einbezogen wird. Beantragt in diesem Fall der Rechtsanwalt eine **Gegenstandswertfestsetzung** nach § 33 Abs. 1 S. 1 RVG ist auch ein **nicht entschiedener oder nicht verglichener Hilfsantrag in den Gegenstandswert mit einzurechnen** (vgl. hierzu die Kommentierung zu I. Nr. 18, Rdn 250 ff.)!

B. Bewertung des vorgeschlagenen Streitwertes/Eigener Vorschlag

167 Als Vorschlag wird hier eine Monatsvergütung, also ein **Bruttomonatsgehalt** unterbreitet. *Ziemann* begründet dies in seiner Kommentierung[4] damit, dass es sich dabei um „fortbestandsabhängige Ansprüche" handeln soll. Der Beschäftigungsantrag bezieht sich jedoch auf den Zeitraum eines bestehenden **Arbeitsverhältnisses** (vgl. die Kommentierung oben unter Rdn 162 ff.). Wird die Beschäftigungsanspruch für den Zeitraum eines **unstreitig bestehenden Arbeitsverhältnisses** geltend gemacht ist dieser Anspruch tatsächlich nicht von einem streitigen Fortbestand des Arbeitsverhältnisses abhängig. Dabei ist es ist es möglich, dass der Arbeitgeber rechtswidrig freigestellt hat (z.B. ab Ausspruch einer Kündigung bis zum Ablauf der Kündigungsfrist) und der Arbeitnehmer nicht mehr beschäftigt wird und der Arbeitnehmer seinen Beschäftigungsanspruch durchsetzen möchte. In diesen Fällen besteht das Arbeitsverhältnis für diesen Zeitraum unstreitig, so dass nicht einmal eine „fortbestandsabhängige" Konstellation gegeben ist. Dennoch soll pauschal nur ein Bruttomonatsgehalt als Streitwert angesetzt werden. Selbst wenn der Beschäftigungsanspruch von einer Streitigkeit über das Bestehen des Arbeitsverhältnisses abhängig sein soll, kommt es hinsichtlich der grundsätzlichen Bewertung zunächst auf die Frage an, ob der Antrag unbedingt oder **hilfsweise** gestellt worden ist (vgl. die Kommentierung oben unter Rdn 162 ff.).

---

4 Ziemann a.a.O., IV.10.

Der Streitwert richtet sich gemäß § 3 HS 1 ZPO in allen Fällen nach dem Interesse der **168**
Klagepartei an dem Beschäftigungsanspruch. Der Vorschlag schlägt nur völlig pauschal
ein Bruttomonatsgehalt als Streitwert vor. Grundsätzlich ist die Beschäftigung in einem
bestehenden Arbeitsverhältnis von **essentieller Natur**, neben der **Gehaltszahlung** auch
im Hinblick auf den **Verbleib des Arbeitsplatz**, Weiterentwicklung der **Kenntnisse
und Fähigkeiten**, den weiteren **Kontakt zu den Kollegen und Mitarbeitern** und der
praktischen Herauslösung aus dem Arbeitsverhältnis durch die fehlende Beschäftigung.
Daher kann keine völlig pauschale Bewertung vorgenommen werden. Werden seitens
des Arbeitnehmers jedoch **keine besonderen Umstände** vorgetragen und / oder **liegen
solche nicht vor**, sondern macht er schlichtweg seinen Beschäftigungsanspruch geltend,
kann grundsätzlich durchaus eine pauschale Orientierung erfolgen. Die bisherige Rechtsprechung zum Weiterbeschäftigungsanspruch sieht hierzu sehr unterschiedliche Bewertungen vor (von einem Drittel eines Bruttomonatsgehaltes bis hin zum Vierteljahresentgelt[5]). Dabei ist wohl davon auszugehen, dass die bisher herrschende Auffassung von
einem Bruttomonatsgehalt ausgegangen ist, jedoch auch eine Vielzahl von Urteilen **zwei
Bruttomonatsgehälter** als angemessen betrachten.[6] Da der Beschäftigungsanspruch für
den Arbeitnehmer grundsätzlich sehr essentiell ist, sollte daher die pauschale Bewertung
des Beschäftigungsanspruches höher als das vorgeschlagene eine Bruttomonatsgehalt,
also eher **zwei oder drei Bruttomonatsgehälter**, mit der Abweichung **nach oben oder
unten** im Einzelfall als angemessen betrachtet werden.

Im Ergebnis ist festzustellen, dass es auf den **Einzelfall** und die konkreten Umstände **169**
ankommt, als Regelfall jedoch **zwei bis drei Bruttomonatsgehälter** als Streitwert
angenommen werden sollten.

Nr.	Gegenstand
13.	*Betriebsübergang*
	Bestandsschutzklage gegen Veräußerer und Feststellungs- bzw. Bestands- schutzklage gegen Erwerber: allein Bewertung der Beendigungstatbestände nach I. Nrn. 11, 19 und 20, keine Erhöhung nur wegen subjektiver Klagehäu- fung (also z.B. bei Klage gegen eine Kündigung des Veräußerers und Fest- stellungsklage gegen Erwerber im selben Verfahren: Vergütung für ein Vier- teljahr).
	Bestandsschutzklage gegen Veräußerer und Beschäftigungsklage / Weiterbe- schäftigungsklage gegen Erwerber: Bewertung nach I. Nrn. 11, 12, 19 und 20, keine Erhöhung allein wegen subjektiver Klagehäufung (also z.B. bei

---

5 Düwell/Lipke/Schäder, ArbGG, Anhang 2, S. 1308–1310.
6 Beispielsweise: BAG, NZA 1996, 1175.

Nr.	Gegenstand
	Klage gegen eine Kündigung des Veräußerers und Beschäftigungsklage gegen Erwerber im selben Verfahren): 4 Monatsvergütungen.
	Alleiniger Streit in Rechtsmittelinstanz über Bestand Arbeitsverhältnis mit Betriebserwerber: Vergütung für ein Vierteljahr.

A. Gegenstand des Vorschlages

170 Der Vorschlag enthält unter der Überschrift „Betriebsübergang" den Vorschlag, dass **allein wegen der subjektiven Klagehäufung** keine „Erhöhung" des Streitwertes erfolgt, sondern nur die gestellten Anträge zusammengerechnet werden. Für den Fall, dass in der Rechtsmittelinstanz über den Bestand des Arbeitsverhältnisses nur mit dem Betriebserwerber gestritten wird, wird als Streitwert das Vierteljahresentgelt vorgeschlagen. In der Kommentierung[1] wird darauf verwiesen, dass der Vorschlag nicht mehr darauf abstelle, ob der Betriebsübergang streitig oder nicht streitig sei und § 42 Abs. 2 S. 1 HS 1 GKG konsequent zur Anwendung gebracht werden, da es um ein und dasselbe Arbeitsverhältnis gehe.

B. Von dem Vorschlag erfasste Fälle

I. Fall 1: Bestandsschutzklage gegen Veräußerer und Feststellungs- bzw. Bestandsschutzklage gegen Erwerber

171 Nr. 13 Fall 1 beinhaltet grundsätzlich zwei Varianten wie folgt:
– Variante 1: Der Veräußerer behauptet eine Beendigung des Arbeitsverhältnisses und der Kläger erhebt eine Bestandsschutzklage gegen den Veräußerer. Da der Kläger

1 Ziemann, a.a.O., IV. 11.

von einem Betriebsübergang ausgeht, beantragt er auch die Feststellung, dass das Arbeitsverhältnis mit dem Erwerber unverändert fortbesteht.

– Variante 2: Der Veräußerer behauptet eine Beendigung des Arbeitsverhältnisses und der Kläger erhebt eine Bestandsschutzklage gegen den Veräußerer. Da der Kläger von einem Betriebsübergang ausgeht und der Erwerber eine weitere Beendigung des Arbeitsverhältnisses behauptet, erhebt der Kläger eine weitere Bestandsschutzklage gegen den Erwerber.

Bei beiden Varianten ist nach dem Vorschlag unklar, ob zwischen den beteiligten Parteien der Betriebsübergang gemäß § 613a BGB **streitig oder unstreitig** ist. Aus der Ausführung, dass es „keine Erhöhung **nur** wegen subjektiven Klagehäufung" gibt, ist jedoch wohl zutreffend abzuleiten, dass bei einer nur subjektiven Klagehäufung sich der Streitwert nur aus der Bestandsschutzklage berechnet. **172**

Hat ein Betriebsübergang stattgefunden und wird eine Klage gegen die Kündigung des Veräußerers und eine Feststellungsklage gegen den Erwerber im selben Verfahren erhoben (Variante 1), findet demnach keine Streitwerterhöhung statt, da in diesem Fall der **Betriebsübergang zwischen den Parteien nicht streitig** ist, sondern dies nur im Rahmen der Anträge durch die subjektive Klagehäufung und die entsprechenden Feststellungsanträge vom Kläger beantragt werden muss. **173**

Die Variante 2 betrifft auch Fälle, dass der Betriebsübergang zwischen den Parteien nicht streitig ist („nur" subjektive Klagehäufung), der Veräußerer eine Kündigung ausgesprochen hat, gegen die der Kläger klagt und eine Feststellungsklage gegenüber dem Erwerber zusätzlich erhebt oder der Erwerber eine weitere Kündigung ausgesprochen hat und der Kläger eine weitere Feststellungsklage gegen den Erwerber erhebt. Insoweit wird als Vorschlag auf I. Nrn. 11, 19 und 20 verwiesen (zu diesen Bewertungen wird verwiesen auf die Ausführungen Rdn 179 ff.). **174**

Da der Fall 1 (und damit für beide Varianten) darauf abstellt, dass **nur eine subjektive Klagehäufung** erfolgt ist und **deshalb** keine Erhöhung des Streitwertes vorgeschlagen wird, ist (entgegen der Ansicht von *Ziemann*[2]), der Vorschlag nur dann anzuwenden, wenn der **Betriebsübergang nicht streitig** ist. **175**

II. Fall 2: Bestandsschutzklage gegen Veräußerer und Beschäftigungsklage / Weiterbeschäftigungsklage gegen Erwerber

Dieser Fall beinhaltet eine Bestandsschutzklage gegen den Veräußerer und eine Beschäftigungsklage oder Weiterbeschäftigungsklage gegen den Erwerber. Hier ist also im Streit, ob das Arbeitsverhältnis mit dem Erwerber beendet ist (Kündigung, Befristung, eine auflösende Bedingung, eine Anfechtung des Arbeitsvertrages, eine Kündigung des **176**

2 Ziemann, a.a.O., IV. 13.

Arbeitnehmers oder einen Aufhebung-/Auflösungsvertrag), was der Kläger mit einer Bestandsschutzklage gegen den Veräußerer angreift. Gleichzeitig klagt er **Beschäftigung** beim Erwerber (Beschäftigungsanspruch) oder **Weiterbeschäftigung** bei dem Erwerber (Allgemeiner Weiterbeschäftigungsanspruch oder Weiterbeschäftigungsanspruch gemäß § 102 Abs. 5 BetrVG). Auch hier ist nicht explizit klargestellt, ob der Vorschlag auch bei einem Streit über den Betriebsübergang gelten soll oder nur wenn dieser zwischen den Parteien unstreitig ist. Da auch hier ausgeführt wird, dass eine Erhöhung „**allein wegen subjektiver Klagehäufung**" nicht erfolgen soll und als Beispiel auch genannt wird, dass eine Feststellungsklage gegen die Kündigung des Veräußerers und eine Beschäftigungsklage gegen den Erwerber im selben Verfahren geführt wird, ist dabei zwischen den Parteien der **Betriebsübergang unstreitig**.[3] Aufgrund des Betriebsüberganges wird die Feststellungsklage gegen den Veräußerer und die Beschäftigungs- bzw. Weiterbeschäftigungsklage gegen den Erwerber erhoben. Für einen Fall des Streites, ob **überhaupt ein Betriebsübergang im Sinne des § 613a BGB** vorliegt, beinhaltet dieser nichts. Nur für den Fall des unstreitigen Betriebsübergangs wird die Bewertung des Beendigungstatbestandes mit dem Vierteljahresentgelt und den Beschäftigungs- bzw. Weiterbeschäftigungsantrag mit einer Bruttomonatsvergütung, insgesamt **vier Bruttomonatsvergütungen** vorgeschlagen, allerdings auch unter Verweis auf I. Nrn. 11, 12, 19 und 20 (siehe hierzu unten die Ausführungen unter Rdn 179 ff.).

III. Alleiniger Streit in der Rechtsmittelinstanz über den Bestand des Arbeitsverhältnisses mit dem Erwerber

177 Dieser Vorschlag bezieht sich auf einen Streit in der Rechtsmittelinstanz (**Berufung** oder **Revision**). Wird dabei nur noch über den Bestand des Arbeitsverhältnisses mit dem Erwerber gestritten, ist der Vorschlag anwendbar. Demnach ist dieser Vorschlag bereits dann **nicht anwendbar**, wenn ein solcher Rechtsstreit **in der ersten Instanz vor dem Arbeitsgericht** geführt wird. Es ist möglich, dass der Rechtsstreit (wie in Nr. 13 Fall 1 Variante 1), mit einer Bestandsschutzklage gegen den Veräußerer und einer Feststellungsklage gegen den Erwerber oder auch einer Beschäftigungsklage oder Weiterbeschäftigungsklage gegen den Erwerber (wie im Fall 2), beginnt und letztlich nur noch ein Streit darüber verbleibt, ob das Arbeitsverhältnis mit dem Erwerber fortbesteht (da sich die Parteien beispielsweise hinsichtlich der Kündigung auf den Fortbestand des Arbeitsverhältnisses verglichen haben, oder die Klage hinsichtlich der Kündigung des Veräußerer anerkannt wurde). Auch kann es sein, dass die Parteien nur über den Bestand des Arbeitsverhältnisses mit dem Erwerber, also **allein über den Betriebsübergang**, streiten.

---

3 Entgegen der anderweitigen Kommentierung in Ziemann, a.a.O., IV. 13.

Nach dem Wortlaut ist der Vorschlag auch dann nicht einschlägig, wenn neben diesem **178** Streit **noch ein weiterer Streit in der Rechtsmittelinstanz** anhängig ist. Gemeint ist damit wohl, dass **kein Streit mehr über die Beendigung des Arbeitsverhältnisses mit dem Veräußerer** besteht. Macht beispielsweise der Arbeitnehmer neben dem Streit über den Bestand des Arbeitsverhältnisses mit dem Betriebserwerber noch die Erteilung eines Zwischenzeugnisses geltend, wird wohl dieser Vorschlag auch einschlägig sein. Die Ausführung „alleiniger Streit" bezieht sich nur noch ein Streit über den Bestand des Arbeitsverhältnisses mit dem Betriebserwerber, also ob das **Arbeitsverhältnis auf den Betriebserwerber übergegangen ist (§ 613a BGB)** vorliegt. Dazu wird als Streitwert die Vierteljahresvergütung vorgeschlagen.

C. Vorgeschlagene Streitwerte

I. Bestandsschutzklage gegen Veräußerer und Feststellungs- oder Bestandsschutzklage gegen Erwerber

Hierzu wird auf I. Nrn. 11, 19 und 20 verwiesen. In I. Nr. 11 wird wiederum ebenfalls **179** auf I. Nrn. 19 und 20 sowie zusätzlich auf I. Nr. 17 verwiesen. Insoweit wird auf die Kommentierungen zu I. Nrn. 11 (Rdn 159 ff.), 17 (Rdn 19 ff.), 19 (Rdn 264 ff.) und 20 (Rdn 272 ff.) verwiesen.

Zusammenfassend ist hierzu festzustellen, dass nach diesen Vorschlägen bei einer Be- **180** standsschutzklage gegen den Veräußerer (also eine Kündigung, eine Befristung, eine auflösende Bedingung, eine Anfechtung des Arbeitsvertrages, eine Kündigung des Arbeitnehmers oder ein Aufhebungs- oder Auflösungsvertrag) der Streitwert grundsätzlich das **Vierteljahresentgelt** ist, wenn nicht der **Fortbestand** des Arbeitsverhältnisses **von unter drei Monaten** begehrt wird. Dann ist ein entsprechender geringerer Wert, also für die Länge des begehrten Fortbestandes des Arbeitsverhältnisses zugrunde zu legen (bei noch zwei Monaten beträgt der Streitwert zwei Bruttomonatsgehälter). Bei **mehreren Beendigungstatbeständen** kommt es darauf an, ob diese unterschiedliche Beendigungszeitpunkte beinhalten. Nach dem Vorschlag ist der Streitwert nach der **Differenztheorie** zu ermitteln, wobei das Entgelt der zeitlichen Differenz zwischen dem ersten und dem zweiten Beendigungstatbestand als Streitwert zugrunde gelegt.

Im Ergebnis wird daher im Regelfall nach diesem Vorschlag das Vierteljahresentgelt **181** anzunehmen sein, wenn nicht ein kürzerer Fortbestand des Arbeitsverhältnisses begehrt wird und bei mehreren Kündigungen jeweils nach der Differenztheorie, also im Regelfall für jede Kündigung das Vierteljahresentgelt, wenn der Zeitraum zwischen den Beendigungstatbeständen nicht kürzer als drei Monate ist.

Als **Beispiel** wird ausgeführt, dass eine Klage gegen eine Kündigung des Veräußerers **182** und eine Feststellungsklage gegen den Erwerber im **selben Verfahren** geführt wird.

Nur bei einer Stellung von Anträgen im selben Verfahren stellt sich die Frage, wie dies einzeln zu bewerten ist. Würde der Arbeitnehmer dies getrennt in verschiedenen Verfahren geltend machen, muss in **jedes Verfahren** eine **eigenständige Bewertung** erfolgen.

183 Ist neben der Beendigung auch der Betriebsübergang streitig, enthält die Regelung dazu **keinen Vorschlag**.

II. Bestandsschutzklage gegen Veräußerer und Beschäftigungsklage bzw. Weiterbeschäftigungsklage gegen Erwerber

184 Auch hier wird auf I. Nrn. 11, 19 und 20 und damit auch auf I. Nr. 17, sowie zusätzlich hinsichtlich des Beschäftigungsantrages auf I. Nr. 12, jedoch nicht explizit auf I. Nr. 24 verwiesen. Insoweit wird auch auf die dortigen Kommentierungen verwiesen (Rdn 162 ff. bzw. Rdn 349 ff.). Da neben der Beschäftigungsklage auch die Weiterbeschäftigungsklage ausgeführt ist, ist auch I. Nr. 24 für die entsprechende Bewertung heranzuziehen (wohl eher ein Redaktionsfehler). Da I. Nr. 24, ebenso wie I. Nr. 12, pauschal als Streitwert ein Bruttomonatsgehalt vorschlägt, ist dies wohl auch entsprechend heranzuziehen.

185 Grundsätzlich wird vorgeschlagen, dass für eine Bestandschutzklage (bei einer Kündigung, einer Befristung, einer auflösenden Bedingung, einer Anfechtung des Arbeitsvertrages, einer Kündigung des Arbeitnehmers oder einem Aufhebungs- oder Abwicklungsvertrag) grundsätzlich der Streitwert das **Vierteljahresentgelt** ist. Für den vom Arbeitnehmer gegen den Erwerber gestellten Beschäftigungsantrag oder auch Weiterbeschäftigungsantrag sowohl der allgemeine Weiterbeschäftigungsantrag als auch der Weiterbeschäftigungsantrag nach § 102 Abs. 5 BetrVG) soll der Streitwert eine Bruttomonatsvergütung betragen.

186 Dies ergibt sich auch aus dem dargestellten **Beispiel** bei einer Klage gegen eine Kündigung des Veräußerers und einer Beschäftigungsklage gegen den Erwerber im selben Verfahren, für das dann vier Bruttomonatsvergütungen als Streitwert vorgeschlagen werden.

187 Dabei ist nach dem Vorschlag in I. Nr. 19 wieder darauf abzustellen, für welchen Zeitraum der Fortbestand des Arbeitsverhältnisses begehrt wird. Bei einem Fortbestand von über drei Monaten ist das Vierteljahresentgelt der Streitwert, bei kürzerem begehrtem Fortbestand das Entgelt für diesen Zeitraum (bei zwei Monaten also zwei Bruttomonatsgehälter). Bei mehreren Kündigungen ist nach dem Vorschlag die **Differenztheorie** anzuwenden, also für die erste Kündigung das Vierteljahresentgelt und für die zweite Kündigung der Zeitraum zwischen der ersten und der zweiten Kündigung, sowie entsprechend folgende Kündigungen anzusetzen (z.B. bei einer zeitlichen Differenz von einem Monat für die zweite Kündigung ein Bruttomonatsgehalt).

Ist neben dem Beendigungstatbestand und der Beschäftigung bzw. Weiterbeschäftigung **188** ein eigener Streit über den Betriebsübergang gegeben, also ist der **Betriebsübergang streitig,** enthält dieser **Vorschlag nichts.**

III. Alleiniger Streit in der Rechtsmittelinstanz über den Bestand des Arbeitsverhältnisses mit dem Betriebserwerber

Der Vorschlag enthält bei einem alleinigen Streit in der Rechtsmittelinstanz über den **189** Bestand des Arbeitsverhältnisses mit dem Betriebserwerber als Streitwert das Vierteljahresentgelt. Geht also ein Streit über den Betriebsübergang ausschließlich noch über diesen und nur in der Rechtsmittelinstanz, wird als Streitwert das Vierteljahresentgelt vorgeschlagen. Gemäß § 42 Abs. 2 S. 1 HS 1 GKG ist bei Rechtsstreitigkeiten über das Bestehen, das Nichtbestehen oder die Kündigung eines Arbeitsverhältnisses höchstens das Vierteljahresentgelt maßgebend. Bei einem Streit, ob das Arbeitsverhältnis aufgrund Betriebsübergang gemäß § 613a BGB auf den Erwerber übergegangen ist, ist zwischen dem Arbeitnehmer und dem Betriebserwerber streitig, ob **zwischen den Parteien ein Arbeitsverhältnis** besteht. Deshalb ist die Regelung des § 42 Abs. 2 S. 1 HS 1 GKG **anwendbar,** so dass hierfür grundsätzlich das Vierteljahresentgelt zutreffend ist.

Aus der gesetzlichen Regelung des § 42 Abs. 2 S. 1 HS 1 GKG ergibt sich, dass bei **190** einem **Streit** über die Frage, ob das **Arbeitsverhältnis auf die Betriebserwerber übergegangen** ist, der Streitwert maximal das Vierteljahresentgelt beträgt. Aus dem Vorschlag hinsichtlich des alleinigen Streites in der Rechtsmittelinstanz ist auch ersichtlich, dass auch entsprechend vorgeschlagen wird. Der **Streitwert** für den Streit, **ob ein Betriebsübergang auf den Erwerber vorliegt,** beträgt maximal ein **Vierteljahresentgelt.**

Dieser Vorschlag enthält nichts für den Fall, dass der Arbeitnehmer einen Fortbestand **191** des Arbeitsverhältnisses mit dem Erwerber von **weniger als drei Monate** begehrt (z.B. das Arbeitsverhältnis endet ohnehin aufgrund einer wirksamen Befristung). In diesem Fall ergibt sich aus dem Vorschlag I. Nr. 19, dass der Streitwert dann nicht das Vierteljahresentgelt, sondern das Entgelt für den begehrten Zeitraum (also bei zwei Monaten, zwei Bruttomonatsvergütungen) darstellt. Auch aus § 42 Abs. 2 S. 1 GKG folgt dies, da dort ausgeführt wird, dass für den Fortbestand **höchstens** der Betrag des für die Dauer eines Vierteljahres zu leistenden Arbeitsentgeltes maßgebend ist, also je nach dem **Interesse der Klagepartei.** Da sich dies auch aus I. Nr. 19, auf die ausdrücklich in Nr. 13 verwiesen wird, ergibt (auch wenn dies bei dem alleinigen Streit über den Betriebsübergang nicht explizit ausgeführt ist), ist dieser Vorschlag des Streitwertes anzunehmen.

D. Bewertung der vorgeschlagenen Streitwerte (insbesondere ob ein Streit über den Betriebsübergang einen eigenen Streitwert besitzt)

I. Bewertung der vorgeschlagenen Streitwerte

192 Grundsätzlich richtet sich der Streitwert bei Bestandstätigkeiten nach § 42 Abs. 2 S. 1 HS 1 GKG und beträgt daher zutreffend grundsätzlich das **Vierteljahresentgelt** (bei geringerem Fortbestand aufgrund verringertem Interesse die **geringere Anzahl von Bruttomonatsvergütungen**). Hinsichtlich der Beschäftigungsklage und Weiterbeschäftigungsklage ist die pauschale Annahme von einer Bruttomonatsvergütung nicht zutreffend und nicht ausreichend. Hier ist auf den **Einzelfall** abzustellen und im Regelfall **mindestens zwei Bruttomonatsvergütungen** anzunehmen (vgl. die Kommentierung zu I. Nrn. 12 [Rdn 162 ff.] und 24 [Rdn 349 ff.]).

193 Zutreffend ist auch bei einer Bestandsschutzklage und einem weiteren Antrag hinsichtlich der Beschäftigung oder der Weiterbeschäftigung, dass diese Streitwerte **zu addieren** sind. Auch zutreffend ist grundsätzlich der Vorschlag, dass bei einem alleinigen Streit in der Rechtsmittelinstanz über den Bestand des Arbeitsverhältnisses mit dem Betriebserwerber das Vierteljahresentgelt der Streitwert ist.

II. Bewertung des Streitwertes bei Streit über einen Betriebsübergang

194 Der Vorschlag enthält nichts zu dem Streit, ob zwischen dem Erwerber und dem Veräußerer ein Betriebsübergang gemäß § 613a BGB stattgefunden hat. In einer Vielzahl der Fälle in der Praxis ist jedoch neben dem Streit über die Beendigung des Arbeitsverhältnisses dies ein **wesentlicher Streitpunkt** zwischen den Parteien. Hat beispielsweise der Veräußerer gekündigt (oder beruft er sich auf einen anderen Beendigungstatbestand) und hat nach der Auffassung des Arbeitnehmers zeitlich danach ein Betriebsübergang stattgefunden und begehrt der Arbeitnehmer die Feststellung, dass das Arbeitsverhältnis mit dem Betriebserwerber fortbesteht oder beantragt er die Beschäftigung oder Weiterbeschäftigung beim Betriebserwerber, ist mit diesen Anträgen auch der Streit, ob ein Betriebsübergang stattgefunden hat, seitens des Gerichtes zu entscheiden. Zunächst muss das Gericht den Bestand des Arbeitsverhältnisses, das bereits mit dem Erwerber beendet worden sein kann, klären. Danach muss das Gericht (sollte das Arbeitsverhältnis durch den vom Veräußerer behaupteten Beendigungstatbestand nicht geendet haben) klären, ob ein Betriebsübergang auf den Erwerber vorliegt. Wie sich aus dem Fall 3 der I. Nr. 13 ergibt, nimmt die Streitwertkommission den Streitwert nach § 42 Abs. 2 S. 1 HS 1 GKG an. Dies gilt allgemein für den **Streit, ob ein Arbeitsverhältnis mit dem Erwerber** besteht, da mit den gestellten Anträgen (Feststellungsantrag oder auch Beschäftigungs- oder Weiterbeschäftigungsantrag) geklärt werden muss, ob das Arbeitsverhältnis auf den Erwerber übergegangen ist. Allein für die Klärung dieser Frage ist daher grundsätzlich der Streitwert das **Vierteljahresentgelt**. Auch die bisherige Rechtsprechung hat dafür als Streitwert das Vierteljahresentgelt angenommen.[4] Dies gilt in jedem Fall auch bei einem **Beschäftigungs- und Weiterbeschäftigungsantrag**, da im Regelfall diese für länger als drei Monate begehrt werden. Es kann aber auch sein, dass der Fortbestand des Arbeitsverhältnisses mit dem **Erwerber für weniger als drei Monate** begehrt wird, dann ist der Streitwert das Entgelt für den **Zeitraum zwischen dem Betriebsübergang bis zum unstreitigen Ende** des Arbeitsverhältnisses (bei 1,5 Monaten, mithin 1,5 Bruttomonatsgehälter).

Wird daher in einem Verfahren gegen die Beendigung des Arbeitsverhältnisse mit dem Veräußerers geklagt und dann ein Antrag (Feststellungsantrag, Beschäftigungsantrag oder Weiterbeschäftigungsantrag) erhoben, bei dem festzustellen ist, ob das Arbeitsverhältnis aufgrund eines Betriebsüberganges auf den Erwerber übergegangen ist und ist der **Betriebsübergang streitig**, ist der Streitwert für die Beendigung grundsätzlich ein Vierteljahresentgelt als auch für den streitigen Betriebsübergang ebenfalls ein Vierteljahresentgelt, mithin der **gesamte Streitwert** zutreffend das **doppelte Vierteljahresentgelt**. **195**

Nr.	Gegenstand
14.	*Direktionsrecht – Versetzung*
	Von in der Regel 1 Monatsvergütung bis zu einem Vierteljahresentgelt, abhängig vom Grad der Belastungen aus der Änderung der Arbeitsbedingungen für die klagende Partei.

A. Gegenstand des Vorschlages

Hier wird unter der Überschrift „Direktionsrecht – Versetzung" ein Vorschlag zu einem Streitwert unterbreitet. Die Regelung beinhaltet jedoch nichts Konkretes zu den konkreten Streitpunkten und überhaupt nichts zu der konkret erhobenen Klage. In der Kommentierung *Ziemanns* wird darauf verwiesen, dass es sich bei dem Direktionsrecht um ein „Minus zum Bestandsschutz" handeln soll und deshalb der Streitwert von einem **196**

4 LAG Köln, ARST 1994, 57; ArbG München, ArbRB 2010, 212.

Bruttomonatsgehalt bis zum Vierteljahresentgelt gemäß § 42 Abs. 2 S. 1 HS 1 GKG betragen soll.[1]

I. Direktionsrecht

197 Das Direktionsrecht ist in § 106 GewO unter dem Begriff „Weisungsrecht" des Arbeitgebers geregelt und bestimmt, dass der Arbeitgeber den Inhalt, den Ort und die Zeit der Arbeitsleistung näher bestimmen kann, was auch hinsichtlich der Ordnung und das Verhalten des Arbeitgebers im Betrieb gilt. Dabei hat der Arbeitgeber billiges Ermessen zu wahren. Das Weisungsrecht ist begrenzt durch den Inhalt und die Regelungen des **Arbeitsvertrages**. Soweit dieses nicht durch den Arbeitsvertrag begrenzt ist, kann der Arbeitgeber die Leistung des Arbeitnehmers nach Inhalt, Ort, Zeit, Ordnung und Verhalten des Arbeitnehmers im Betrieb bestimmen. Dies beinhaltet auch die unter dem weiteren Begriff genannte „Versetzung" des Arbeitnehmers durch den Arbeitgeber, also dass dem Arbeitnehmer andere als bisher vereinbarte Bedingungen des Arbeitsvertrages zugewiesen werden. Nach hiesiger Ansicht ist der Begriff des Direktionsrechtes umfassender, da dieser auch die Einzelfallzuweisung ohne eine Versetzung beinhaltet sowie die Versetzung mit konkreter Änderung der bisherigen Bedingungen beinhaltet. Letztlich kann dies dahingestellt sein, da der Vorschlag als ersten Begriff das Direktionsrecht nennt, das sich aus § 106 GewO ergibt, und damit klar gestellt ist, welche Fälle gemeint sind.

198 Ändert daher der Arbeitgeber die bisherigen Regelungen bzw. Handlungsweisen zum Inhalt, Ort, Zeit der Arbeitsleistung oder der Ordnung und des Verhaltens des Arbeitnehmers im Betrieb, ist grundsätzlich dieser Vorschlag einschlägig.

199 Nicht von diesem Vorschlag erfasst, ist die in Abgrenzung dazu ausgesprochene Änderungskündigung (I. Nr. 4 des Streitwertkataloges). Kann der Arbeitgeber im Rahmen des Direktionsrechtes die Vertragsbedingungen ändern, **ist keine Änderungskündigung** notwendig. Geht dies nicht, muss eine Änderungskündigung ausgesprochen werden. Wird seitens des Arbeitgebers eine Änderungskündigung ausgesprochen und vom Arbeitnehmer angegriffen, ist auf die Kommentierungen zur I. Nr. 4 zu verweisen (Rdn 86 ff.).

II. Klageart

200 Zu der einzelnen Klageart sagt der Vorschlag nichts. Daraus wäre abzuleiten, dass der Vorschlag des Streitwertes **unabhängig von der Klageart** gelten soll. Bei einer Änderung von Arbeitsbedingungen durch das Direktions- oder Weisungsrecht des Arbeitgebers kann der Arbeitnehmer eine **positive oder negative Feststellungsklage** vor dem

---

1 Ziemann, a.a.O., IV. 5.

Arbeitsgericht erheben. Bei der negativen Feststellungsklage wird die Feststellung begehrt, dass die vorgenommene Änderung des Arbeitgebers **unwirksam** ist. Bei der positiven Feststellungsklage wird die Feststellung begehrt, dass der Arbeitnehmer (wie bisher) zu beschäftigen ist. Für beide Klagearten soll der Vorschlag anwendbar sein.

Bei einer **Feststellungsklage** erhält der Arbeitnehmer im Fall des Obsiegens jedoch nur **201** die Feststellung, dass die Änderung unwirksam ist (negative Feststellungsklage) oder der Arbeitgeber verpflichtet es, den Arbeitnehmer entsprechend zu beschäftigen (positive Feststellungsklage), kann diese Beschäftigung aber nicht im Rahmen der Zwangsvollstreckung durchsetzen. Deshalb wird der Arbeitnehmer häufig eine Klage auf **zukünftige Leistung** (§ 259 ZPO) zur Durchsetzung seines **Beschäftigungsanspruches** erheben. Dabei ist im Rahmen des Beschäftigungsanspruches seitens des Gerichtes zu überprüfen, welche Arbeitsvertragsbedingungen nach Ausübung des Direktionsrechtes noch bestehen. Da der Vorschlag insoweit keinerlei Unterscheidungen trifft, ist davon auszugehen, dass der Vorschlag auch bei einer solchen Klage Anwendung finden soll. Allerdings ist in der I. Nr. 12 zum Beschäftigungsanspruch vorgeschlagen, dass der Streitwert nur eine Monatsvergütung beträgt. Darin ist ein gewisser **Widerspruch** zu sehen. Mit I. Nr. 12 kann zwar gemeint sein, dass dort nur die **Durchsetzung des Beschäftigungsanspruches** gemeint ist, also nicht als Vorfrage die Wirksamkeit bzw. Unwirksamkeit des ausgeübten Direktionsrechtes zu prüfen ist. Insoweit könnten die Vorschläge in I. Nr. 12 und 14 auch abgegrenzt werden. Allerdings ist dies aus den beiden Vorschlägen unklar.

Aus dem Vorschlag ergibt sich, dass bei jedem Streit über das Direktionsrecht (das auch **202** bei einem geltend gemachten Beschäftigungsanspruch der Gegenstand sein kann) der vorgeschlagene Streitwert gelten soll. Da die Klage auf zukünftige Leistung zur Durchsetzung des Beschäftigungsanspruches keinesfalls vom Interesse her geringer bewertet werden kann, als ein Feststellungsantrag (der nicht einmal vollstreckbar ist) kann insoweit hinsichtlich der Klageart **tatsächlich kein Unterschied** gemacht werden.

Insgesamt ist daher festzustellen, dass der Vorschlag zu Nr. 14 **unabhängig von der** **203** **konkret gewählten Klageart** Anwendung finden soll.

B. Vorgeschlagener Streitwert

Der Vorschlag enthält einen **Regelstreitwert** von einer Bruttomonatsvergütung bis zu **204** **maximal** das **Vierteljahresentgelt**. Die konkrete Bewertung soll von dem **Grad der Belastungen** aus der Änderung der Arbeitsbedingungen für den Kläger abhängig sein.

Der Ausführung in Nr. 14, dass der Streitwert abhängig von dem Grad der Belastung **205** aus der Änderung der Arbeitsbedingungen für die klagende Partei sein soll, trägt wohl dem Umstand Rechnung, dass der Streitwert nach § 3 HS 1 ZPO nach dem **Interesse** der **Klagepartei** zu bewerten ist. § 3 HS 1 ZPO stellt aber auf das **Interesse der Klagepartei** an den gestellten Anträgen ab. Danach kommt es nicht grundsätzlich auf den „Grad der Belastungen" der Änderung der Arbeitsbedingungen an, sondern was die Klagepartei **konkret mit ihrer Klage** begehrt. Bei einer negativen Feststellungsklage besteht das Interesse der Klagepartei darin, feststellen zu lassen, dass eine Änderung unwirksam ist und damit wird tatsächlich auf den Grad der Belastung abgestellt. Bei einer positiven Feststellungsklage ist zu überlegen, was der Arbeitnehmer begehrt, inhaltlich ist dies letztlich nicht viel anders. Auch bei der Beschäftigungsklage mit einer Klage auf zukünftige Leistung gemäß § 259 ZPO und als Vorstufe die Prüfung der Ausübung des Direktionsrechtes durch den Arbeitgeber ist die **Änderung zu überprüfen**. Grundsätzlich kommt es daher darauf an, welches Interesse der Kläger, unabhängig von der Klageart, daran hat, dass die Änderung des Arbeitgebers unwirksam ist. Dies ist der Bewertung des Streitwertes zugrunde zu legen. Daher trifft es zu (leider ist dies sonst in den Vorschlägen der **anderen Nummern nicht ausgeführt**) dass sich der Streitwert an dem **konkreten Interesse der Klagepartei** orientiert.

206   Dabei wird bei dem Vorschlag dann davon ausgegangen, dass „**in der Regel**" eine Bruttomonatsvergütung anzusetzen ist. Dabei ist unklar, ob sich die Bezeichnung „in der Regel" **nur auf die Monatsvergütung** oder auf die **Bandbreite von einer Monatsvergütung bis zu einem Vierteljahresentgelt** bezieht. Der Vorschlag ist in jedem Fall dahingehend zu verstehen, dass eben **nicht pauschal** ein Streitwert vorgeschlagen wird, sondern dies nur den **Regelfall** darstellt.

207   Bezieht sich der Regelwert nur auf den Vorschlag eines Bruttomonatsgehalt als Streitwert, ist dies nur dann der Streitwert, **wenn keine Anhaltspunkte** dafür vorliegen, dass das Interesse der Klagepartei (an der Feststellung oder der konkreten Beschäftigung) nicht **niedriger oder höher** als mit einem Bruttomonatsgehalt zu bewerten ist. Trägt daher die Klagepartei keine konkreten Umstände dazu vor oder sind diese nicht offensichtlich bzw. liegen solche weiteren konkreten Umstände nicht vor, ist dann nach dem Vorschlag der Streitwert ein Bruttomonatsgehalt. Grundsätzlich ist jedoch eine Bewertung anhand des Interesses der Klagepartei vorzunehmen. Der Streitwert wäre nur dann ein Bruttomonatsgehalt, wenn **keine Anhaltspunkte für eine anderweitige Bewertung** vorliegen.

208   Der Vorschlag könnte aber auch dahingehend verstanden werden, dass grundsätzlich eine Bewertung nach dem Interesse der Klagepartei (also § 3 HS 1 ZPO) zu erfolgen hat und in der Regel der Streitwert in der **Bandbreite zwischen einer Monatsvergütung bis zu einem Vierteljahresentgelt** anzunehmen ist. Dies kann daraus abgeleitet werden, dass dort ausgeführt wird, dass „in der Regel" eine Monatsvergütung bis zu einem Vierteljahresentgelt anzusetzen ist, die Festsetzung jedoch abhängig von dem Grad der Belastung aus der Änderung der Arbeitsbedingungen für die klagende Partei anzusetzen ist. Dies führt zu einer Bandbreite und die Bewertung des Streitwertes erfolgt am

konkreten Einzelfall. Eine solche Interpretation wäre grundsätzlich gesetzeskonform, da diese die **Regelung des § 3 HS 1 ZPO** beinhaltet und nur eine **Orientierung bieten würde.** Eine solche Auslegung ist jedoch anhand des konkreten Wortlautes des Vorschlages nicht sicher und zweifelhaft.

Der Vorschlag beinhaltet, soweit man dies nicht als Bandbreite annimmt, eine **Höchst-** **209** **grenze** des Streitwertes mit dem **Vierteljahresentgelt.**

Insgesamt ist festzustellen, dass der Vorschlag in Nr. 14 insoweit ausgewogen ist, dass **210** er grundsätzlich auf das **Interesse der Klagepartei** abstellt und insoweit dem Gesetz entspricht. Sind keine konkreten Umstände vorgetragen oder ersichtlich wird wohl in der Regel eine Bruttomonatsvergütung als Streitwert vorgeschlagen. Sind konkrete Umstände und damit eine anderweitige Bewertung ersichtlich, beträgt der Streitwert zwischen einer Bruttomonatsvergütung bis zur Maximalgrenze des Vierteljahresentgeltes. Dabei sind die konkreten Umstände des Einzelfalles zu beachten und seitens der Klagepartei kann dazu konkret vorgetragen werden. Bei einer anderen Auslegung (Bandbreite als Orientierungswert) ist der Regelstreitwert zwischen einer Bruttomonatsvergütung und dem Vierteljahresentgelt und Abweichungen nach unten oder oben hängen von den konkreten Belastungen des Klägers ab.

C. Eigene Bewertung des Streitwertes

Die grundsätzliche Bewertung nach dem Interesse der Klagepartei ist zutreffend und **211** entspricht § 3 HS 1 ZPO.[2]

Der Vorschlag in der Regel eine Bruttomonatsvergütung als Streitwert anzusetzen, **212** soweit sich aus dem Vortrag oder den offensichtlichen Tatbeständen nicht ein höherer Streitwert ergibt, beinhaltet das nachvollziehbare Bedürfnis grundsätzlich eine Orientierung für schwierige Streitwerte zu geben. Fraglich ist allerdings, ob der Eingriff in das Arbeitsverhältnis durch das Direktionsrecht in einem „durchschnittlichen" Fall tatsächlich nur mit einer Bruttomonatsvergütung zu bewerten ist. Die Orientierung allein an der Bruttomonatsvergütung ist insoweit als sehr schwierig zu betrachten, da es auf die konkreten Änderungen ankommt. Soweit jedoch keine konkreten weiteren Umstände vorhanden sind, kann sicherlich eine Orientierung an der Bruttomonatsvergütung erfolgen, da dies ein wesentlicher und vom konkreten Arbeitsverhältnis abhängiger Wert ist. Da das Direktionsrecht das Arbeitsverhältnis meist dauerhaft (bis zu einer nächsten Änderung) wesentlich abändern kann, könnte als Regelwert auch durchaus **zwei Brutto-** **monatsgehälter** angenommen werden.

---

2 Dies sollte bei den Vorschlägen wesentlich häufiger beinhaltet sein.

213 Als höchster Streitwert wird nach dem Vorschlag wohl das Vierteljahresentgelt angenommen, da die Streitwertkommission § 42 Abs. 2 S. 1 HS 1 GKG als Leitnorm und Maximalbegrenzung im Rahmen des Arbeitsrechtes, mit Ausnahme der wiederkehrenden Leistungen gemäß § 42 Abs. 1 GKG, ansieht.[3] Es handelt sich jedoch um eine **Streitwertbegrenzungsklausel** und § 42 Abs. 2 S. 1 HS 1GKG beansprucht weder Allgemeingültigkeit für das Arbeitsrecht noch ist es eine sogenannte Leitnorm. Auch in diesen Fällen hat das Gericht gemäß § 3 HS 1 ZPO nach dem vollen Wert des Interesses der Klagepartei den Streitwert festzusetzen (vgl. die Kommentierung zur Vorbemerkung unter Rdn 13 ff.). Die Maximalbegrenzung entspricht daher nicht dem Gesetz, da sie nach § 3 HS 1 ZPO nicht existiert. Diese Begrenzung nach oben entspricht daher nicht den gesetzlichen Regelungen.

214 Versteht den Vorschlag des Streitwertes als **Bandbreite zwischen einer Monatsvergütung und dem Vierteljahresentgelt**, ist dieser Vorschlag (wie bereits Rdn 204 ff. ausgeführt) gesetzeskonform. Dies würde bedeuten, dass ohne weitere Anhaltspunkte in der Regel der Streitwert zwischen einer Monatsvergütung und einem Vierteljahresentgelt beträgt, aber abhängig von dem Interesse der Klagepartei ist, also auch **niedriger als ein Bruttomonatsgehalt** und auch **höher als das Vierteljahresentgelt** sein kann.

215 Insgesamt ist daher festzustellen, dass die Bewertung nach dem Interesse der Klagepartei grundsätzlich zutreffend ist und die entsprechenden konkreten Umstände des Einzelfalles zur Bewertung des Streitwertes führen und nur abhängig davon zu bewerten sind. Liegen keine besonderen Umstände vor, kann eine grundsätzliche Orientierung erfolgen. Diese sollte aufgrund der Belastung im Rahmen des Direktionsrechtes jedoch bei **mindestens zwei Bruttomonatsgehältern** (im Übrigen auch die Mitte von einem Bruttomonatsgehalt bis zum Vierteljahresentgelt) angesetzt werden. Die Begrenzung nach unten und oben bestehen nach dem Gesetz nicht, so dass der Streitwert im Einzelfall auch höher oder niedriger sein kann.

---

3 Ziemann, a.a.O., III.

Nr.	Gegenstand
15.	*Einstellungsanspruch/Wiedereinstellungsanspruch*
	Die Vergütung für ein Vierteljahr; ggf. unter Berücksichtigung von I. Nr. 18.

A. Gegenstand des Vorschlages

Bei dem Vorschlag der Nr. 15 wird für den „Einstellungsanspruch / Wiedereinstellungs-   **216**
anspruch" als Streitwert die Vergütung für ein Vierteljahr vorgeschlagen. Dabei wird
darauf verwiesen, dass dies bei Stellung eines Hilfsantrages unter Verweis auf die Nr. 18
sich entsprechend § 45 Abs. 1 S. 2 und 3 GKG regelt. Das Mitglied der Streitwertkommission *Ziemann*[1] führt in seiner Kommentierung dazu aus, dass der Streitwert bei
Klagen auf **Einstellung, Wiedereinstellung oder Fortsetzung des Arbeitsverhältnisses** den Bestandsschutzklagen „gleichgestellt" werden soll und deshalb das Vierteljahresentgelt als Streitwert vorgeschlagen wird.

B. Anwendbarkeit des Vorschlages

Der Vorschlag ist nach der Überschrift dann anwendbar, wenn es um einen „Einstel-   **217**
lungsanspruch/Wiedereinstellungsanspruch" geht.

Ein **Wiedereinstellungsanspruch,** also ein Anspruch auf Einstellung, nachdem das   **218**
Arbeitsverhältnis beendet worden ist, kann sich aufgrund einer **individualvertraglichen**
oder auch **kollektivvertraglichen** Regelung ergeben. Darüber hinaus kann ein Wiedereinstellungsanspruch auch dann gegeben sein, wenn das Arbeitsverhältnis durch Kündigung wirksam beendet worden ist und eine **nachträgliche Veränderung vor Ablauf
der Kündigungsfrist** dazu führt, dass der Arbeitnehmer aus § 242 BGB wieder einen
Anspruch auf Einstellung ableiten kann.[2] Gerade bei einer betriebsbedingten Kündigung
kann zum Zeitpunkt des Zuganges der Kündigung aufgrund der dort abzugebenden
Prognoseentscheidung die Kündigung gerechtfertigt sein und sich danach neue Umstände ergeben, nach denen der Arbeitsplatz nun doch nicht entfällt, so dass ein Wiedereinstellungsanspruch besteht. Auch ist es möglich, dass das Arbeitsverhältnis nach
Ausspruch der Kündigung aufgrund Betriebsüberganges gemäß § 613a BGB übergeht

1 Ziemann a.a.O., IV. 12.
2 BAG, NZA 1997, 757.

und sich daraus ebenfalls ergibt, dass der Arbeitnehmer doch weiterbeschäftigt werden kann.[3] Auch bei einer personen- und verhaltensbedingten Kündigung kann sich herausstellen, dass die dort festgestellte und zunächst zutreffende Prognose nun doch unzutreffend ist und daher ein Wiedereinstellungsanspruch besteht.

219   Beim **Einstellungsanspruch** hat der Arbeitnehmer im Unterschied zum Wiedereinstellungsanspruch vorher zwischen den Parteien **kein Arbeitsverhältnis** bestanden. Ein solcher Einstellungsanspruch kann **individualvertraglich** zwischen den Parteien vereinbart werden, also dass ein Arbeitnehmer unter bestimmten Voraussetzungen einen Anspruch auf Einstellung hat. Denkbar sind die Regelungen zu Einstellungsansprüchen auch auf kollektivvertraglicher Ebene.

220   In **Tarifverträgen** existieren Regelungen, dass **Auszubildende** Anspruch auf Abschluss eines Arbeitsvertrages nach Beendigung der Ausbildungszeit haben (z.B. Tarifvertrag der Metall- und Elektroindustrie in NRW). Dies kann als Weiterbeschäftigungsanspruch[4] (wie in § 78a BetrVG) oder auch als Einstellungsanspruch bewertet werden. Da es insoweit um den **Abschluss eines Arbeitsverhältnisses** geht, passt hierzu aber eher der Vorschlag zu I. Nr. 15.

C. Vorgeschlagener Streitwert

221   Der Vorschlag enthält als Streitwert pauschal die Vierteljahresvergütung und verweist hinsichtlich eines gestellten Hilfsantrages auf den Vorschlag in I. Nr. 18 (und damit auf die Regelungen der § 45 Abs. 1 S. 2, 3 GKG).

I. Vierteljahresentgelt als Streitwert

222   Nach dem Vorschlag wäre der Streitwert (soweit es sich nicht um einen Hilfsantrag oder um einen gleichen Streitgegenstand mit einem anderen Antrag handelt) **immer** das Vierteljahresentgelt. Ist aber der Zeitraum der begehrten Einstellung bzw. Wiedereinstellung **begrenzt**, kann möglicherweise auch ein geringerer Streitwert als das Vierteljahresentgelt in Betracht kommen.

> **Beispiel:**
> Der Arbeitnehmer macht einen vertraglich vereinbarten Einstellungsanspruch geltend. Der Arbeitgeber kündigt vorsorglich für den Fall, dass ein Einstellungsanspruch besteht und der Arbeitnehmer zu beschäftigen ist, innerhalb einer kündigungsschutzfreien Zeit das Arbeitsverhältnis unter Einhaltung der geltenden Kündigungsfrist von einem Monat.

---

3 BAG, ArbRB 2009, 34 = NZA 2009, 29.
4 Dann wäre dies nach I. Nr. 24 (Vorschlag des Streitwertes mit einer Bruttomonatsvergütung) zu bewerten.

Dann kann es sein, dass der Arbeitnehmer die Einstellung nur für diesen Monat begehrt. In diesem Fall ist das **Interesse der Klagepartei** (auf das gemäß § 3 HS 1 ZPO abzustellen ist) im Regelfall geringer als das Vierteljahresentgelt, mithin nur ein Bruttomonatsgehalt.

Dennoch wir für einen Antrag auf Einstellung bzw. Wiedereinstellung generell das **223** Vierteljahresentgelt in „Orientierung" an § 42 Abs. 2 S. 1 HS 1GKG (dieser ist an sich offensichtlich nicht anwendbar) als Streitwert vorgeschlagen.

II. Streitwert bei Hilfsantrag

Ergänzend wird auf den Vorschlag der I. Nr. 18 verwiesen. Damit wird auf die Regelun- **224** gen des § 45 Abs. 1 Satz 2, 3 GKG verwiesen. Insoweit wird auf die Kommentierung zu I. Nr. 18 verwiesen (Rdn 250 ff.).

Für den Einstellungs- bzw. Wiedereinstellungsanspruch sind die Fälle gemeint, in dem **225** der Antrag auf Einstellung bzw. Wiedereinstellung hilfsweise geltend gemacht wird (§ 45 Abs. 1 S. 2 GKG) oder ein gleicher Streitgegenstand, wie mit dem Einstellungs- oder dem Wiedereinstellungsantrag im gleichen Verfahren geltend gemacht (§ 45 Abs. 1 Satz 3 GKG).

Im Regelfall des Wiedereinstellungsanspruches wird dieser in der Praxis häufig im **226** Rahmen eines Bestandsstreites geltend gemacht.

Beispiel:
Der Arbeitgeber hat das Arbeitsverhältnis gekündigt. Zum Zeitpunkt des Zuganges der Kündigung war der Arbeitsplatz entfallen. Aufgrund eintretender Umstände ergibt sich eine Möglichkeit der Weiterbeschäftigung des Arbeitnehmers vor Ablauf der Kündigungsfrist. Der Arbeitnehmer macht hilfsweise (für den Fall des Unterliegens mit dem Feststellungsantrag) einen Wiedereinstellungsanspruch für den Fall geltend, dass das Arbeitsverhältnis durch die Kündigung beendet worden ist. Das Gericht nur dann über den hilfsweise gestellten Antrag auf Wiedereinstellung entscheiden, wenn das Arbeitsverhältnis durch die Kündigung wirksam beendet worden ist. Der Streitwert der Kündigung beträgt das Vierteljahresentgelt. Da das Gericht bei berechtigter Kündigung auch über den geltend gemachten Wiedereinstellungsanspruch zu entscheiden hat, ist dafür der zusätzliche Streitwert das Vierteljahresentgelt, also insgesamt zweimal das Vierteljahresentgelt. Entscheidet das Gericht nicht über den Wiedereinstellungsanspruch, da die Kündigung das Arbeitsverhältnis nicht wirksam beendet hat, ist der Streitwert (nach dem Vorschlag) nur das Vierteljahresentgelt.

Auch wenn der Vorschlag in I. Nr. 18 darauf nicht ausdrücklich verweist, gilt gemäß **227** § 45 Abs. 4 GKG diese Regelung auch bei einer Erledigung des Rechtsstreites durch den **Vergleich**. Vereinbaren daher die Parteien etwas zur **Kündigung** sowie zum **Wiedereinstellungsanspruch** ist für beides der Streitwert jeweils das Vierteljahresentgelt. Vereinbaren die Parteien dabei die Beendigung des Arbeitsverhältnisses und beispielsweise Zahlung einer Abfindung, haben sie sowohl über den Beendigungsstreit als auch über den Wiedereinstellungsanspruch eine vergleichsweise Regelung getroffen, so dass der Streitwert zweimal das Vierteljahresentgelt ist. Eine Regelung im Vergleich liegt auch dann vor, wenn im Vergleich festgestellt wird, dass der geltend gemachte Anspruch **nicht besteht**. Voraussetzung für die Einrechnung im Rahmen eines Vergleiches ist daher nicht, dass dem geltend gemachten Einstellungs- bzw. Wiedereinstellungsanspruch inhaltlich **stattgegeben** wird. Vielmehr kommt es darauf an, ob eine **Regelung** hinsichtlich des Einstellungs- bzw. Wiedereinstellungsanspruchs getroffen ist. Der Streitwert ist in diesem Fall, nach dem Vorschlag, auch das **Vierteljahresentgelt**.

D. Bewertung des Streitwertvorschlages

228 Die Regelung des § 42 Abs. 2 S. 1 HS 1 GKG ist für die Geltendmachung eines Einstellungsanspruches oder Wiedereinstellungsanspruches nicht anwendbar, da dabei nicht das **Bestehen, das Nichtbestehen oder die Kündigung eines Arbeitsverhältnisses** im Streit steht, sondern ob der Arbeitnehmer einen **Anspruch auf Abschluss** eines Arbeitsvertrages oder **Fortsetzung** des Arbeitsverhältnisses hat. Dies setzt jedoch gerade voraus, dass zwischen den Parteien entweder beim Einstellungsanspruch gerade **kein Arbeitsverhältnis** besteht oder beim Wiedereinstellungsanspruch ein Arbeitsverhältnis an sich endet und Streit daher nicht das Bestehen oder das Nichtbestehen oder die Kündigung ist, sondern ob der Arbeitnehmer einen entsprechenden **Anspruch auf Wiedereinstellung** hat. Auch wenn es im **Ergebnis** um ein Arbeitsverhältnis geht, ist dennoch § 42 Abs. 2 S. 1 HS 1 GKG nicht anwendbar.

229 § 42 Abs. 2 S. 1 HS 1 GKG ist weder eine Leitnorm noch eine Generalklausel sondern eine nur auf die dort geregelten Fälle anwendbare **Streitwertbegrenzungsvorschrift** (vgl. hierzu die Kommentierung zur Vorbemerkung unter Rdn 13 ff.). Findet § 42 Abs. 2 S. 1 HS 1 GKG keine Anwendung (wie bei dem Anspruch auf Einstellung bzw. Wiedereinstellung), ist der Streitwert gemäß § 3 HS 1 ZPO nach dem **Interesse der Klagepartei** zu bewerten. Das Interesse einer Klagepartei an einem Anspruch auf Einstellung bzw. Wiedereinstellung ist insgesamt offensichtlich wesentlich höher als mit dem Vierteljahresentgelt zu bewerten, da es um den Anspruch auf **Abschluss eines Arbeitsverhältnisses** bzw. um die Wiedereinstellung und damit **Fortsetzung des Arbeitsverhältnisses** geht.

230 Erfolgt daher eine Bewertung des Streitwertes nach dem Gesetz (also nach § 3 HS 1 ZPO) ist dieser nicht das Vierteljahresentgelt, sondern der Streitwert muss nach den **Umständen des Einzelfalles** bewertet werden. Dabei sind wesentlich höhere Streitwerte bei unbegrenztem Fortbestand anzunehmen, also durchaus auch **ein oder zwei Jahresgehälter**.

Nr.	Gegenstand
16.	*Einstweilige Verfügung*
16.1	Bei Vorwegnahme der Hauptsache: 100 % des allgemeinen Wertes.

Der Vorschlag beinhaltet, dass bei einer Vorwegnahme der Hauptsache durch eine **231** einstweilige Verfügung 100 % des allgemeinen Wertes, also der Streitwert der Hauptsache, anzunehmen ist.

Es ist zutreffend, dass bei einer **Vorwegnahme der Hauptsache** durch eine einstweilige **232** Verfügung der Streitwert der Hauptsache der zutreffende Streitwert ist, da dann das Interesse der Klagepartei (also des Verfügungsklägers) das Gleiche ist wie in einem Hauptsacheverfahren. Es ist dabei nicht darauf abzustellen, welche Folgen eine Entscheidung tatsächlich hat, sondern **welche Anträge** der Kläger gestellt hat und ob bei Obsiegen dies Klägers die **Hauptsache vorweggenommen wird.**

Nach § 53 Abs. 1 Nr. 1 GKG gilt für den Streitwert im Verfahren der einstweiligen **233** Verfügung auch die Regelung des § 3 HS 1 ZPO, so dass für die Bewertung des Streitwertes auf das **Interesse der Klagepartei** abzustellen ist. Für den Streitwert ist daher relevant, was erfolgen würde, wenn der Kläger mit seinen **Anträgen obsiegt.** Würde die vollständige Stattgabe der Anträge zu einer **Vorwegnahme der Hauptsache** führen, ist daher der Streitwert der Hauptsache auch der Streitwert für das einstweilige Verfügungsverfahren. Insoweit ist die Formulierung in Nr. 16.1 etwas unklar. Gemeint ist aber die Vorwegnahme der Hauptsache bei Obsiegen des Verfügungsklägers.

Beispiele:
Der Arbeitnehmer macht mit einer einstweiligen Verfügung geltend:
- **die Gewährung eines Urlaubes,**
- **die Erteilung einer Bescheinigung/Abrechnung,**
- **die Zahlung eines Betrages und/oder**
- **die Erteilung eines Zeugnisses.**

Selbst wenn die Durchsetzung des mit der einstweiligen Verfügung geltend gemachten **234** Anspruches **keine vollständige Vorwegnahme** der Hauptsache bei Obsiegen beinhaltet, kann sich ergeben, dass der Streitwert der gleiche, wie bei der Hauptsache ist. Voraussetzung dafür ist, dass eine **nahezu vollständige** Vorwegnahme der Hauptsache bei Obsiegen mit den Verfügungsanträgen eintritt.

Insgesamt entscheidend ist dabei immer gemäß § 3 HS 1 ZPO das Interesse der Klage- **235** partei an dem Obsiegen mit der von ihr gestellten Anträgen. Da dies im Einzelfall zu bewerten ist, kann im einstweiligen Verfügungsverfahren der Streitwert natürlich **nicht höher** sein als bei einem **identischen Klageantrag** in einem Hauptsacheverfahren, da sich die Interessen dann decken. Der Streitwert im einstweiligen Verfügungsverfahren ist daher **nach oben begrenzt durch den Streitwert des Hauptsacheverfahrens.**

Nr.	Gegenstand
16.2	Einstweilige Regelung: Je nach Einzelfall, i.d.R. 50 % des Hauptsachestreitwerts.

236 Der Vorschlag beinhaltet, dass bei einer einstweiligen Verfügung (wenn nicht die Vorwegnahme der Hauptsache nach dem Vorschlag der Nr. 16.1 mit dem Antrag begehrt wird) eine Bewertung des Streitwertes **im Einzelfall** zu erfolgen hat. Als **Regelstreitwert** wird 50 % des Hauptsachstreitwertes vorgeschlagen.

237 Damit wird zunächst einmal zutreffend festgestellt, dass die Bestimmung des Streitwertes im einstweiligen Verfügungsverfahren vom **Einzelfall** abhängt, was den gesetzlichen Regelungen der § 53 Abs. 1 Ziff. 1 GKG i.V.m. § 3 HS 1 ZPO entspricht. Damit ist auf das **Interesse des Verfügungsklägers** abzustellen und auf damit auf die vom Kläger gestellten Anträge (wie zum Vorschlag der Nr. 16.1 bereits ausgeführt). Die Bewertung des Streitwertes hat allein nach den **konkreten Umständen** (also eine wirtschaftliche Bewertung bei vollständigem Obsiegen mit den Verfügungsanträgen) zu erfolgen.

238 Ist eine solche **konkrete wirtschaftliche Bewertung** nicht möglich, so wird vorgeschlagen, als **Regelstreitwert 50 % des Hauptsachstreitwertes** anzunehmen. Gemäß der Kommentierung *Ziemanns* handelt es sich dabei um einen **Orientierungswert**.[1] Danach ist bei einer Bewertung des Streitwertes im einstweiligen Verfügungsverfahren (soweit nicht der Vorschlag der Nr. 16.1 einschlägig ist), zunächst einmal von 50 % des Hauptsacheverfahrens als Streitwert auszugehen und abhängig von dem konkreten Begehr des Klägers entweder **nach oben** oder **unten korrigieren**. Es ist nach dem Gesetz zutreffend, dass in diesem Fall ein Bruchteil des Hauptsachstreitwertes anzusetzen ist. Die einzelnen Bewertungen dazu sind sehr unterschiedlich und einzelfallabhängig, sodass auch der Verweis auf den **Einzelfall zutreffend** ist. Um praxisgerechte Lösungen zu finden und da im Einzelfall das Interesse der Klagepartei oft schwierig zu bestimmen ist, kann als Orientierungsstreitwert (wie vorgeschlagen) der Wert von 50 % der Hauptsache herangezogen werden und entsprechende Anpassungen im Einzelfall nach oben und unten vorgenommen werden. Insgesamt ist daher der Vorschlag zutreffend.

---

1 Ziemann, a.a.O., IV. 13.

Nr.	Gegenstand
17.	*Feststellungsantrag, allgemeiner (Schleppnetzantrag):*
17.1	Allgemeiner Feststellungsantrag isoliert: höchstens Vergütung für ein Vierteljahr.

A. Gegenstand des Vorschlages

Stellt der Arbeitnehmer einen „isolierten" allgemeinen Feststellungsantrag wird als **239** Streitwert höchstens die Vergütung für ein Vierteljahr vorgeschlagen.

B. Fälle des allgemeinen Feststellungsantrages

Der Vorschlag der Nr. 17.1 enthält die Fälle von „allgemeinen Feststellungsanträgen", **240** die „isoliert" gestellt werden. In der Überschrift ist der allgemeine Feststellungsantrag genannt und in Klammern der Schleppnetzantrag (Vorschlag der Nr. 17.2). Der allgemeine Feststellungsantrag bezieht sich darauf, dass das **Arbeitsverhältnis** nicht **zwischen den Parteien (noch) besteht**.

Werden aber weitere Anträge neben dem isolierten Feststellungsantrag gestellt, die **241** eigenständig zu bewerten sind (z.B. Zeugnisantrag) bezieht sich der Vorschlag darauf nicht, sondern dieser enthält **nur einen Vorschlag für den Streitwert des Feststellungsantrages**.

C. Streitwert höchstens das Vierteljahresentgelt

Stellt der Arbeitnehmer also einen allgemeinen Feststellungsantrag, wird als Streitwert **242** die Vergütung für ein Vierteljahr als Höchstwert vorgeschlagen.

Es ist im Gesetz geregelt (§ 42 Abs. 2 S. 1 HS 1 GKG), dass bei Streitigkeiten über das **243** Bestehen, das Nichtbestehen oder die Kündigung des Arbeitsverhältnisses höchstens der Betrag des für die Dauer eines Vierteljahres zu leistenden Arbeitsentgeltes maßgebend ist und eine Abfindung nicht hinzugerechnet wird. In der bisherigen Rechtsprechung dazu war bereits umstritten, ob es sich bei der Bewertung des Streitwertes mit dem Vierteljahresentgelt um einen **Regelstreitwert** oder einen **Höchststreitwert** handelt.[1] Der Vorschlag in Nr. 17.1 sagt hierzu nichts, sondern gibt mehr oder weniger den Gesetzeswortlaut wieder. Allerdings wird hinsichtlich der **Kündigung** (also dem punktuellen Streitgegenstand) in I. Nr. 19 als **Regelstreitwert** das Vierteljahresentgelt vorgeschlagen, wenn der Fortbestand des Arbeitsverhältnisses von mindestens drei Monaten begehrt wird. Wird ein kürzerer Fortbestand des Arbeitsverhältnisses begehrt, dann wird als Streitwert das entsprechend geringere Gehalt vorgeschlagen (wird also der Fortbestand des Arbeitsverhältnisses für 2 Monate begehrt, soll zwei Bruttomonatsgehälter der Streitwert sein, bei einem Monat entsprechend ein Bruttomonatsgehalt). Damit wird über I. Nr. 19 (zumindest für die Kündigung) vorgeschlagen, dass es sich bei dem Vierteljahresentgelt um den **Regelstreitwert** handelt. Dies entspricht auch der absolut herrschenden Auffassung in der bisherigen Rechtsprechung.[2] Da der Streitwert nach dem Interesse der Klagepartei gemäß § 3 HS 1 ZPO (begrenzt durch § 42 Abs. 2 S. 1 HS 1 GKG) zu bemessen ist, ist bei der Bewertung des Streitwertes der in die **Zukunft gerichtete Antrag** heranzuziehen. Ist das Interesse auf den Fortbestand des Arbeitsverhältnisses zeitlich kürzer als 3 Monate, kann das wirtschaftliche Interesse des Arbeitnehmers daran tatsächlich auch geringer sein.

244   Insgesamt ist daher festzustellen, dass der Vorschlag für alle allgemeinen Feststellungsanträge, die den Bestand des Arbeitsverhältnisses feststellen sollen im **Regelfall** das **Vierteljahresentgelt** beinhalten. Nur wenn der Zeitraum des begehrten Fortbestandes des Arbeitsverhältnisses kürzer als drei Monate ist, soll der entsprechende Bruttolohn des kürzeren Zeitraumes der Streitwert sein. Insoweit verweisen wir ergänzend auf unsere Ausführungen und Kritik zu I. Nr. 19 (Rdn 264 ff.).

D.   Bemessung des Vierteljahresentgeltes

245   Weder das Gesetz noch der Vorschlag enthalten konkrete Ausführungen dazu, wie das Vierteljahresentgelt zu berechnen ist. Insoweit kann auf die jahrelange und ausführliche Rechtsprechung verwiesen werden.[3] Zusammenfassend ist nach der absolut herrschenden und wohl auch zutreffenden Auffassung in der Rechtsprechung dabei alles einzurechnen, was **Entgeltcharakter** hat.[4] Entgeltliche Leistungen, die nicht monatlich bezahlt werden, sind auf den Monat **umzurechnen,**[5] wobei stets von dem **Bruttobetrag** auszugehen ist.[6] Hinsichtlich des **Zeitraumes** ist nach der bisherigen Rechtsprechung wohl auf die für das Vierteljahr **nach dem Beendigungstermin** zu zahlende Bruttovergütung abzustellen (insoweit bezieht sich dies wohl auf die Ansprüche aufgrund Annah-

---

1 Düwell/Lipke/Schäder, ArbGG, Anhang 2, S. 1292–1294.
2 Z.B. BAG, ArbRB 2011, 144.
3 Düwell/Lipke/Schäder, ArbGG, Anhang 2, S. 1294–1295.
4 Beispielsweise: BAG, BB 1973, 1262.
5 LAG Düsseldorf, EzA § 12 ArbGG Nr. 1.
6 LAG Düsseldorf, LAGE § 12 ArbGG 1979, Streitwert Nr. 89.

meverzuges gemäß § 293 ff. BGB). Dabei sind auch vom Kläger in der Vergangenheit geleistete **Überstunden** anzusetzen.[7] Ebenso sind für Vergütungen, die **viertel-, halbjährlich** und **jährlich** (oder in anderen Abständen) bezahlt werden oder Schwankungen unterliegen (z.b. Provisionen) eine **Durchschnittsberechnung** vorzunehmen und auf das **Vierteljahr umzurechnen.**[8]

Insgesamt ist daher festzustellen, dass in das Vierteljahresentgelt nicht nur die Grundvergütung, sondern **sämtliche Entgeltleistungen** einzurechnen sind. Dabei ist stets der **Bruttobetrag** zugrunde zu legen. Bei Leistungen, die nicht monatlich erfolgen, sind diese auf das Vierteljahresentgelt umzurechnen. Es kann daher grundsätzlich von dem **Gesamtjahresverdienst** des Arbeitnehmers ausgegangen werden, der durch 12 geteilt und mit 3 multipliziert wird Sodann ist das Vierteljahresentgelt festgestellt. Ausgenommen davon sind **freiwillige Leistungen des Arbeitgebers** (soweit solche noch existieren), auf die der Arbeitnehmer keinen Anspruch hat. Es kommt dabei auf die **Angaben des Klägers** an. Selbst wenn die Beklagte bestimmte Leistungen oder den Anspruch auf Leistungen bestreitet, sind die **Angaben des Klägers zu dem durchschnittlichen Gehalt und dem Vierteljahresentgelt** entscheidend.[9]

246

Nr.	Gegenstand
17.2	Allgemeiner Feststellungsantrag neben punktuellen Bestandsschutzanträgen (Schleppnetzantrag): keine zusätzliche Bewertung (arg. § 42 Abs. 2 S. 1 GKG).

Wird neben dem (oder mehreren) punktuellen Bestandsschutzanträgen ein allgemeiner Feststellungsantrag gestellt (Schleppnetzantrag: „Es wird festgestellt, dass das Arbeitsverhältnis zu unveränderten Bedingungen darüber hinaus unverändert fortbesteht."), wird vorgeschlagen, dass wegen § 42 Abs. 2 S. 1 HS 1 GKG keine eigenständige Bewertung dieses Schleppnetzantrages zu erfolgen hat.[1] In der Kommentierung von *Ziemann*[2] führt dieser aus, dass wenn bei einem allgemeinen Feststellungsantrag **keine weiteren Beendigungstatbestände in den Rechtsstreit eingeführt** werden, der Schleppnetzantrag nicht zu einer Wertaddition führen könne. Sodann wird dabei ausführlich dargelegt, dass die **punktuellen Bestandsschutzanträge** (also der Kündigung, der Entfristung gemäß § 4 Satz 1 KSchG, § 17, 21, TzBfG) eigenständig zu bewerten sind und dann gemäß § 39 Abs. 1 GKG eine Addition der Streitwerte zu erfolgen hat. Wird jedoch ein solcher punktueller Streitgegenstand mit einem allgemeinen Feststellungsantrag

247

---

7 Tschöpe/Ziemann/Altenburg, Streitwert und Kosten im Arbeitsrecht, Teil 1, Rn 304 ff.
8 LAG Berlin, 17.11.2006 – 17 Ta (Kost) 6152/06, n.v.
9 Tschöpe/Ziemann/Altenburg/Ziemann, Streitwert und Kosten im Arbeitsrecht, Teil 1, Rn 305.
1 BAG, NJW 1994, 2780.
2 Ziemann, a.a.O., IV. 14.

(Schleppnetzantrag) verbunden, sei nach § 42 Abs. 2 S. 1 HS. 1 GKG das Vierteljahresentgelt insgesamt die Obergrenze und daher bestehe kein eigener Streitwert für den
allgemeinen Feststellungsantrag.

248 Aus diesem Vorschlag und der insoweit umfangreicheren Kommentierung ist ersichtlich,
dass der Vorschlag für den **Schleppnetzantrag keinen eigenen Streitwert** erkennt,
sondern nur für die einzelnen punktuellen Streitgegenstände. Der punktuelle Streitgegenstand ist nach der Rechtsprechung des Bundesarbeitsgerichtes nur der einzelne
Beendigungstatbestand (z.B. Kündigung). Wird ein Schleppnetzantrag gestellt (also
der allgemeine Fortbestand des Arbeitsverhältnisses zu unveränderten Bedingungen
beantragt) ist dies eine **selbstständige allgemeine Feststellungsklage** gemäß § 256
ZPO.[3] Bestehen jedoch mehrere Beendigungstatbestände (unabhängig davon, ob dies
eine Kündigung, Befristung oder ein sonstiger Beendigungstatbestand ist), ist jeder
einzelne punktuelle Streitgegenstand mit seinem eigenen Streitwert zu bewerten und
sodann sind die Streitwert zusammenzurechnen (zu Hilfsanträgen verweisen wir auf
I. Nr. 18, sowie die dazugehörige Kommentierung, Rdn 250 ff.).

249 Der Vorschlag dürfte für die Fälle, dass **tatsächlich kein weiterer Beendigungstatbestand** vorliegt, zutreffend sein, da insoweit kein eigenes weiteres Interesse an der
Feststellung besteht. Der Schleppnetzantrag wird seitens des Klägers jedoch häufig
gestellt, wenn zu erwarten ist, dass weitere Beendigungstatbestände eintreten können.
Treten diese sodann **tatsächlich** ein, besteht zum einen die Möglichkeit bis zur letzten
mündlichen Verhandlung auch insoweit einen **punktuellen Bestandsschutzantrag** zu
stellen, der dann auch in jedem Fall einen eigenen Streitwert besitzt. Sollte der Kläger
trotz Einführung eines weiteren Beendigungstatbestandes in den Rechtsstreit insoweit
weiterhin nur den allgemeinen Feststellungsantrag stellen, so ist der weitere Beendigungstatbestand streitgegenständlich und auch eigens zu bewerten. Hierzu trifft jedoch
der Vorschlag keine Aussage. Liegt jedoch neben dem gestellten punktuellen Bestandsschutzantrag eine **weitere punktuelle Bestandsgefährdung** (z.B. Kündigung, Befristung, Anfechtung oder Sonstiges) vor, die nur von dem Schleppnetzantrag erfasst wird,
ist dies mit dem dafür vorgesehenen Streitwert (im Regelfall mit dem **Vierteljahresentgelt**) zu bewerten. Dies hat auch die Rechtsprechung bisher so bewertet.[4]

---

3 Beispielhaft: BAG, NZA 1991, 141; NJW 1994, 27, 80.
4 Z.B. LAG Düsseldorf v. 20.11.2007 – 6 Ta 618/07, n.v.

Nr.	Gegenstand
18.	*Hilfsantrag*
	Auch uneigentlicher/unechter Hilfsantrag: Es gilt § 45 Abs. 1 S. 2 und 3 GKG.

A. Gegenstand des Vorschlages

Der Vorschlag zu Nr. 18 enthält „auch" den uneigentlichen/unechten Hilfsantrag nach **250** § 45 Abs. 1 S. 2, 3 GKG. Eine ausdrückliche Regelung zu dem echten/eigentlichen Hilfsantrag trifft der Vorschlag zwar nicht, da der Vorschlag jedoch „auch" enthält, gilt der Vorschlag für den **echten oder unechten Hilfsantrag.**[1]

B. Echter / eigentlicher Hilfsantrag

§ 45 Abs. 1 S. 2 sowie S. 3 GKG betreffen den **echten Hilfsantrag**, nämlich dass **251** hilfsweise zu dem Hauptantrag ein Anspruch geltend gemacht wird. Ein echter Hilfsantrag liegt dann vor, wenn ein hilfsweise gestellter Antrag für den Fall gestellt wird, dass der **Hauptantrag abgewiesen** wird. Im arbeitsgerichtlichen Verfahren werden häufig echte Hilfsanträge gestellt. § 45 Abs. 1 S. 2 sowie S. 3 GKG regeln den Fall des echten Hilfsantrages.

Beispiele:
Bei Bestandsschutzanträgen werden häufig für den Fall des Unterliegens (also der Beendigung des Arbeitsverhältnisses) Hilfsanträge gestellt, insbesondere für folgende Ansprüche:
– Erteilung eines Endzeugnisses,
– Erstellung von Arbeitspapieren,
– Zahlung einer Urlaubsabgeltung,
– Zahlung von Überstundenvergütung,
– Zahlung einer Karenzentschädigung,
– Zahlung einer Abfindung (die sich aus einem Sozialplan, einer individualvertraglichen Vereinbarung, einer Betriebsvereinbarung, einem Tarifvertrag oder auch aus sonstiger Zusage ergeben kann) sowie
– Zahlung eines Nachteilsausgleiches gem. § 113 BetrVG.

---

1 So auch Ziemann, a.a.O., IV. 15.

252   Die Regelungen des § 45 Abs. 1 S. 2 sowie S. 3 GKG gelten **auch bei sonstigen** echten/ eigentlichen Hilfsanträgen, die für den Fall gestellt werden, dass der Hauptantrag abgewiesen wird.

253   Nach § 45 Abs. 1 S. 2 GKG gilt, dass der Streitwert des echten Hilfsantrages nur dann mit dem Hauptantrag zusammengerechnet wird, wenn eine Entscheidung über ihn ergeht. Wird daher dem Hauptantrag **stattgegeben**, ergeht bei dem echten Hilfsantrag **keine Entscheidung über diesen Hilfsantrag** (da dieser nur für den Fall des Unterliegens mit dem Hauptantrag gestellt worden ist). In diesem Fall hat das Gericht bei einer Entscheidung nicht über den Antrag entschieden, so dass der **Streitwert nur der Wert des Hauptantrages** ist.

254   Gemäß § 45 Abs. 1 S. 3 GKG ist auch bei Hilfsanträgen, die **denselben Streitgegenstand** wie bei der Hauptantrag betreffen, nur der höhere Wert maßgeblich. Bei dem oben genannten Beispielen zum Bestandsschutzantrag ist jeweils ein **völlig anderer Streitgegenstand** gegeben, so dass diese Regelung nicht eingreift. Diese Regelung greift nur dann ein, wenn **derselbe Streit** mit dem Haupt- und den echten Hilfsantrag geltend gemacht wird.

255   Wird zwischen den Parteien ein **Vergleich abgeschlossen**, ist auch § 45 Abs. 4 GKG zu beachten, auch wenn darauf im Vorschlag nicht verwiesen wird. Nach dieser Regelung sind auch bei Erledigung eines Rechtsstreites durch Vergleich die § 45 Abs. 1–3 GKG entsprechend anzuwenden. Daher ist im Vergleichsfall zu prüfen, ob der **hilfsweise gestellte Anspruch im Vergleich mitgeregelt** worden ist.

> **Beispiel:**
> Hat der Arbeitnehmer bei einer Bestandstreitigkeit einen der im obigen Beispiel genannten echten Hilfsanträge gestellt und schließen die Parteien einen Vergleich, wird im **Regelfall** der echte Hilfsantrag mitverglichen werden, entweder durch eine explizite Regelung des Anspruches (z.B. Zahlung einer Abfindung unter Anrechnung auf einen Sozialplananspruch) oder auch durch Vereinbarung einer **Abgeltungsklausel** oder der **Erledigung aller Ansprüche des Rechtsstreites**. Für die Regelung des echten Hilfsantrages kommt es nicht darauf an, ob im Vergleich der Kläger diesen Anspruch erhält oder dieser Anspruch ausgeschlossen wird (z.B. durch die Abgeltungsklausel).

256   In diesen Fällen hat dann gemäß § 45 Abs. 4 i.V.m. § 45 Abs. 1 S. 2 eine **Addition der Streitwerte** zu erfolgen.[2] Diese Bewertung entspricht auch der bisher wohl herrschenden Auffassung in der Rechtsprechung, dass eine Streitwertaddition bei einer Kündigungsschutzklage und hilfsweisen Geltendmachung einer Abfindung aus einem Sozialplan, einem Rationalisierungsschutzabkommen (Tarifvertrag) oder einem Nachteilsausgleich dann zu erfolgen hat, wenn entweder über den Hilfsantrag entschieden oder dieser **mitverglichen** worden ist.[3]

---

2 Beispielhaft: BAG, NZA 1991, 141; NJW 1994, 27, 80.
3 Bespielhaft: LAG München, ArbRB 2007, 44 = AE 2007, 276.

Im Ergebnis wird im Regelfall mit einem verfahrensabschließenden Vergleich, der alle **257**
streitgegenständlichen Ansprüche regelt (den Hauptantrag und den echten Hilfsantrag)
der Streitwert des Hauptantrages mit dem des Hilfsantrages zusammen zu rechnen
sein. Dabei kommt es nicht darauf an, ob der **Bestand des Anspruches oder das
Nichtbestehen des Anspruches** im Vergleich geregelt wird.

C. Unechter / uneigentlicher Hilfsantrag

Ein unechter (uneigentlicher) Hilfsantrag liegt dann vor, wenn für den Fall des **Obsie-** **258**
gens mit dem Hauptantrag weitere Ansprüche geltend gemacht werden. Da auch
dieser, wie der echte Hilfsantrag eine **innerprozessuale Bedingung** ist, ist ein solcher
unechter Hilfsantrag **zulässig** und wird in der arbeitsgerichtlichen Praxis auch häufig
gestellt.

Beispiele:
Bei Bestandsschutzstreitigkeiten können folgende unechte Hilfsanträge, (also für den
Fall des Obsiegens mit dem Hauptantrag) gestellt werden:
– Erteilung eines Zwischenzeugnisses,
– Zahlung des Annahmeverzugslohnes,
– Weiterbeschäftigung des Arbeitnehmers,
– weitere punktuelle Bestandsschutzanträge (weitere Beendigung, insbesondere Folge-
  kündigung) sowie
– Auflösungsantrag des Arbeitnehmers (§§ 9, 10 KSchG).

Dazu schlägt der Streitwertkatalog nun vor, dass die Regelungen des § 45 Abs. 1 S. 2 **259**
GKG und des § 45 Abs. 1 S. 3 GKG Anwendung finden sollen. Auf die Regelung des
§ 45 Abs. 4 GKG wird nicht explizit verwiesen. Danach wird wohl der Streitwert für
den unechten Hilfsantrag erst dann mit dem Streitwert der Hauptsache zusammengerechnet wird, wenn darüber eine Entscheidung ergeht, also der Kläger mit dem **Hauptantrag obsiegt** und das Gericht dann über die unechten Hilfsanträge eine Entscheidung
trifft. Die Frage, ob ein unechter Hilfsantrag tatsächlich unter § 45 Abs. 1 S. 2, 3 GKG
(und damit wohl auch Abs. 4 GKG fällt) ist jedoch **umstritten**. § 45 Abs. 1 GKG enthält
vom Wortlaut nichts zum unechten Hilfsantrag, so dass von diesem **nur ein echter
Hilfsantrag** erfasst wird.[4] Das Bundesarbeitsgericht geht wohl auch bei einem **unechten
Hilfsantrag** davon aus, dass § 45 Abs. 1 S. 2 GKG Anwendung findet, ohne dies jedoch
konkret auszuführen oder gar zu begründen.[5] Einige Landesarbeitsgerichte gehen davon
aus, dass der Streitwert eines unechten Hilfsantrages **stets gesondert** zu bewerten ist.[6]
Entscheidet das Gericht nicht über den unechten Hilfsantrag, geht das Bundesarbeitsge-

---

4 Schneider/Herget, Streitwertkommentar für den Zivilprozess, Hilfsantrag, Rn 2838, der dabei nur auf den
  echten Hilfsantrag abstellt.
5 BAG, Beschl. v. 30.8.2011 – 2 AZR 668/10 (A), juris.
6 Z.B. LAG Berlin v. 27.11.2000 – 7 Ta 6017/2000 (Kost), AE 2001, 43–44.

richt davon aus, dass ein solcher Antrag keinen eigenen Streitwert besitzt. Dabei geht das Bundesarbeitsgericht wohl sogar soweit, dass selbst wenn der Antrag **nicht explizit für den Fall des Obsiegens mit dem Hauptantrag** gestellt worden ist, diesen dahingehend auslegt, dass dieser für nur den Fall des Obsiegens (also als unechter Hilfsantrag) gestellt worden ist. Nur wenn der Wille gerade einen **unbedingten Antrag zu stellen ausdrücklich** erklärt worden ist, sei nicht von einem Hilfsantrag auszugehen.[7] Wird der Kläger anwaltlich vertreten, hat der Rechtsanwalt Kenntnis über den Unterschied zwischen Hilfsantrag und unbedingten Antrag. Deshalb muss bei einem Rechtsanwalt, wenn der Antrag nicht hilfsweise gestellt wird, von einem **unbedingten Antrag** ausgegangen werden. Das Gericht hat auch die Möglichkeit insoweit bei der **Klagepartei anzufragen**, so dass eine ausdrückliche Erklärung dazu erfolgen kann, ob ein Antrag **unbedingt oder hilfsweise** gestellt wird.

260 Wird der Antrag **nicht hilfsweise gestellt**, muss das **Gericht darüber entscheiden** und es besteht dafür ein **eigener Streitwert**. Dies fällt dann nicht unter den Vorschlag in I. Nr. 18. Wird jedoch ein **unechter Hilfsantrag** gestellt, ist nach dem Bundesarbeitsgericht wohl ein eigener Streitwert nur dann festzusetzen, wenn über diesen **entschieden (oder dieser mitverglichen)** wird.

D.   Folgen der Anwendbarkeit der § 45 Abs. 1 Satz 2, 3 GKG

261 Wird entsprechend der Rechtsprechung des Bundesarbeitsgerichts und dem Vorschlag die Regelung des § 45 Abs. 1 S. 2, 3 GKG auf echte und unechte Hilfsanträge angewandt, hat dies zur Folge, dass **sowohl echte als auch unechte Hilfsanträge** bei der Festsetzung des Streitwertes nur dann Berücksichtigung finden, wenn bei einer Entscheidung des Gerichtes das **Gericht darüber entscheidet**. Decken sich die Streitigkeiten von Haupt- und Hilfsantrag, ist der Streitwert danach nur der höhere Wert.

262 Für den Fall des Vergleiches kommt § 45 Abs. 1 S. 2 und S. 3 über § 45 Abs. 4 GKG zur Anwendung. Dann sind die Absätze 2 und 3 entsprechend anzuwenden, so dass bei einem Vergleich ein eigener Streitwert hinsichtlich des Hilfsantrages dann besteht, wenn im Vergleich eine Regelung ergeht. Bei gleichen Streitigkeiten zählt nur der höhere Wert. Wie bereits ausgeführt, ist eine Regelung in einem Vergleich über einen Hilfsantrag auch dann gegeben, wenn im Rahmen des Vergleiches über **sämtliche streitgegenständlichen Ansprüche ein Vergleich** abgeschlossen wird. Bei einem echten Hilfsantrag wird auf jeden Fall hinsichtlich aller Hilfsanträge eine Regelung dahingehend getroffen, dass der Rechtsstreit beendet wird und damit alle **echten Hilfsanträge mit erledigt** werden. Bei den **unechten Hilfsanträgen**, die für den Fall des Obsiegens gestellt werden, ist die Frage, ob im Vergleich insoweit eine Regelung erfolgt. Wird dies im Vergleich

---

7 BAG, Beschl. v. 30.8.2011 – 2 AZR 668/10 (A), juris.

geregelt (z.B. es wird festgestellt wird, dass keine Annahmeverzugslohnansprüche bestehen oder eine Abgeltungsklausel vereinbart) ist der Streitwert des Hilfsantrages dem Streitwert des Hauptantrages hinzuzuaddieren. Dabei kommt es nicht darauf an, **auf was** sich die Parteien letztlich einigen, sondern **worüber sich die Parteien einigen**, also auch ob die gestellten Hilfsanträge im Vergleich enthalten sind, entweder explizit oder auch durch eine Abgeltungsklausel oder Klausel zur Erledigung des Rechtsstreites.

Beispiel:
Wird mit der Kündigungsschutzklage ein echter Hilfsantrag (für den Fall des Unterliegens) auf Zahlung einer Urlaubsabgeltung geltend gemacht sowie ein unechter Hilfsantrag (für den Fall des Obsiegens) auf Zahlung von weiteren Lohnansprüchen und dann ein Vergleich abgeschlossen, dass das Arbeitsverhältnis zum Kündigungszeitpunkt (gegen Zahlung einer Abfindung) beendet ist und der Kläger seinen Urlaub vollständig eingebracht hat sowie keine weiteren Zahlungsansprüche des Klägers bestehen, wurde eine Einigung hinsichtlich der Kündigung, des echten Hilfsantrages auf Zahlung der Urlaubsabgeltung, sowie hinsichtlich des unechten Hilfsantrages auf Zahlung der Vergütung getroffen. Alle Streitwerte sind einzeln zu bewerten und dann zusammenzurechnen, da der Vergleich auch die Hilfsanträge beinhaltet.

E. Berechnung des Hilfsantrages bei Beantragung der Gegenstandswertfestsetzung

Beantragt der antragstellende Rechtsanwalt eine **Festsetzung des Gegenstandswertes,** 263 greifen auch, wenn das Gericht über **einen echten oder unechten Hilfsantrag nicht entschieden hat** oder dieser **nicht mitverglichen** worden ist, nicht die Regelungen der § 45 Abs. 1 S. 2, 3, 4 GKG ein.[8] Die Rechtsanwälte müssen sich bei der Antragstellung, unabhängig von der Entscheidung eines Gerichtes mit den einzelnen Anträgen intensiv auseinander setzen, so dass die echten und auch die **unechten Hilfsanträge** einen eigenen Gegenstandswert der anwaltlichen Tätigkeit haben und mit dem Hauptantrag zusammenzurechnen sind. Der Gegenstand der **gerichtlichen und anwaltlichen Tätigkeit kann differieren**, insbesondere wenn der Rechtsanwalt einen Hilfsantrag stellt, über den das Gericht nicht entscheidet oder der nicht in den Vergleich einbezogen wird. Beantragt in diesem Fall der Rechtsanwalt eine **Gegenstandswertfestsetzung** nach § 33 Abs. 1 Satz 1 RVG ist in den Gegenstandswert auch einen **nicht entschiedener oder nicht verglichener Hilfsantrag in den Gegenstandswert mit einzurechnen** (vgl. hierzu die Kommentierung zur Vorbemerkung unter Rdn 27 ff.)! Dies wird auch von der bisherigen Rechtsprechung entsprechend bestätigt.[9] Nach § 32 Abs. 1 RVG ist grund-

---

8 Beispielsweise: LAG München, NZA 1992, 140; LAG Rheinland-Pfalz, LAGE § 19 GKG Nr. 13; LAG Sachsen, NZA-RR 1997, 150; LAG Nürnberg, DB 2008, 1332; LAG Hamburg, Beschl. v. 12.8.2011 – 4 Ta 17/11, n.v.

9 VGH Baden-Württemberg, ArbRB 2008, 143; LAG Köln, AnwBl. 2002, 185; LAG Hamm, MDR 1989, 852.

sätzlich der gerichtliche Streitwert auch für den Gegenstandswert der anwaltlichen Tätigkeit maßgebend. Diese **Bindungswirkung** tritt jedoch dann **nicht ein**, wenn der **Gegenstand der anwaltlichen Tätigkeit** nicht dem Streitgegenstand entspricht, auf den sich die gerichtliche Streitwertfestsetzung bezogen hat. Ist keine Übereinstimmung des Gegenstandswerts der gerichtlichen Tätigkeit und der anwaltlichen Tätigkeit gegeben, ist der **Gegenstandswert der anwaltlichen Tätigkeit gesondert** festzusetzen.[10]

Nr.	Gegenstand
19.	*Kündigung (eine)*
	Die Vergütung für ein Vierteljahr, es sei denn unter Auslegung des Klageantrags und der Klagebegründung ist nur ein Fortbestand des Arbeitsverhältnisses von unter 3 Monaten im Streit (dann entsprechend geringerer Wert).

A. Gegenstand des Vorschlages

264 Der Vorschlag beinhaltet, dass bei **einer Kündigung** grundsätzlich die Vergütung für ein Vierteljahr als Streitwert anzusetzen ist. Nur wenn sich aus dem Klageantrag und der Klagebegründung (damit: Streitgegenstand) ergibt, dass der Fortbestand von **weniger als drei Monaten im Streit** ist, wird ein entsprechender geringerer Wert vorgeschlagen.

B. Eine Kündigung

265 Der Vorschlag findet nur dann Anwendung, wenn im Prozess nur **eine Kündigung** streitgegenständlich ist. Sind mehrere Kündigungen, also eine außerordentliche und ordentliche Kündigung oder auch mehrere ordentliche Kündigungen oder eine Kombination davon streitgegenständlich, ist auf den Vorschlag zur Nr. 20 zu verweisen.

C. Vierteljahresentgelt als Regelwert

266 Ist also nur eine Kündigung streitgegenständlich, ist als **Regelwert** das Vierteljahresentgelt als Streitwert anzunehmen (vgl. dazu die Kommentierung zu I. Nr. 17.1,

---

10 VGH Baden-Württemberg, ArbRB 2008, 143.

Rdn 239 ff.). In den meisten Fällen ist daher, soweit keine Ausnahmen eingreifen, das Vierteljahresentgelt der Streitwert einer Kündigung.

Eine Ausnahme davon liegt nach dem Vorschlag dann vor, wenn der Kläger nur einen **267** Fortbestand des Arbeitsverhältnisses von weniger als drei Monaten begehrt. Begehrt daher der Kläger keinen unbefristeten Fortbestand, sondern nur einen zeitlich **befristeten Fortbestand, der kürzer als drei Monate ist**, wird als Streitwert das Entgelt für den Zeitraum zwischen dem Kündigungstermin bis zum vom Kläger begehrten Ende des Arbeitsverhältnisses vorgeschlagen. Ist dies beispielsweise ein Monat, soll der Streitwert ein Bruttomonatsgehalt, bei zwei Monaten, zwei Bruttomonatsgehälter betragen.

Beispiele: **268**
– Der Arbeitgeber hat das Arbeitsverhältnis gekündigt. Der Arbeitnehmer geht davon aus, dass die Kündigung unwirksam ist, das Arbeitsverhältnis endet jedoch später durch eine **unstreitig wirksame Befristung**. Zwischen dem Kündigungstermin und dem Befristungsende liegen weniger als drei Monate.
– Der Arbeitgeber hat eine Kündigung ausgesprochen. Die Parteien streiten jedoch über die zutreffende Kündigungsfrist. Die Differenz hinsichtlich der Kündigungsfrist zwischen den Parteien beträgt weniger als drei Monate.

In allen diesen Fällen soll der Streitwert mit dem entsprechenden geringeren Wert anzunehmen sein. *Ziemann* führt in seiner Kommentierung dazu aus, dass § 42 Abs. 2 S. 1 HS 1 GKG dazu keine Regelung treffe, der Streitwertkatalog nun jedoch einen zukunftsbezogenen Ansatz gewählt habe, da sich der Wert des Streitgegenstandes nach dem **wirtschaftlichen Interesse der Klagepartei** richte.[1] Diese Bewertung trifft grundsätzlich zu. § 3 HS 1 ZPO ist die zentrale Norm, nach der der Streitwert zu bemessen wird. Diese Regelung wird nur durch die **Streitwertbegrenzungsklausel** des § 42 Abs. 2 GKG verdrängt, so dass § 42 Abs. 2 GKG zu § 3 HS 1 ZPO eine Ausnahme ist (vgl. dazu die Kommentierung zur Vorbemerkung Rdn 13 ff.). Daher ist grundsätzlich auch bei den Gegenständen nach § 42 Abs. 2 S. 1 GKG das wirtschaftliche Interesse der Klagepartei nach den von ihr gestellten Anträgen zu bewerten.[2] Da die Anträge in die Zukunft gerichtet sind, können auch nur diese zugrunde gelegt werden und keine Tatbestände in der Vergangenheit. Deshalb wird an dieser Stelle nun **gesetzeskonform** vorgeschlagen, den Streitwert nach dem Interesse der Klagepartei an dem Fortbestand des Arbeitsverhältnisses zu richten. Dies entspricht im Übrigen auch der Rechtsprechung des Bundesarbeitsgerichts.[3]

---

1 Ziemann, a.a.O., IV, 16.
2 Bläsig, Der Streitwert im arbeitsgerichtlichen Verfahren, S. 129 ff.
3 BAG, ArbRB 2011, 144.

269   Im **Regelfall** ist auch der Vorschlag der Bewertung des Streitwertes bei begehrten Fortbestand des Arbeitsverhältnisses von unter 3 Monaten mit dem entsprechenden geringeren Wert zutreffend. Ausnahmen davon sind allerdings dann möglich, wenn neben dem wirtschaftlichen Interesse an der Zahlung des Gehaltes **ein weiteres Interesse** der Klagepartei an dem zeitlich befristeten Fortbestand hinzutritt.

Beispiel:
Kann der Arbeitnehmer durch den längeren Fortbestand des Arbeitsverhältnisses erreichen, dass er die Voraussetzungen für die Gewährung von Arbeitslosengeld erfüllt, besteht neben dem wirtschaftlichen Interesse an den Zahlungen des Gehaltes für den längeren Zeitraum auch das (wirtschaftliche) Interesse, einen Anspruch auf Arbeitslosengeld zu haben. In diesem Fall ist auch das weitere wirtschaftliche Interesse des Klägers zu bewerten, so dass dann im Regelfall der Streitwert das Vierteljahresentgelt betragen wird.

D. Berechnung des Vierteljahresentgeltes

270   Dem Vorschlag lässt sich nicht entnehmen, wie das Vierteljahresentgelt konkret zu berechnen ist. Dies wird ausdrücklich durch *Ziemann* bestätigt.[4] Dieser führt aus, dass der Streitwertkatalog **ausdrücklich keinen Vorschlag** zur häufig umstrittenen Berechnung des Vierteljahresentgeltes (Berücksichtigung von Gratifikationen und Jahressonderzahlungen usw.) enthalte. Zur Berechnung des Vierteljahresentgeltes vgl. die **Kommentierung zu I. Nr. 17.1** (Rdn 239 ff.).

271   Grundsätzlich sind dabei **alle Entgeltbestandteile**, unabhängig ob sie monatlich, quartalsweise, halbjährlich oder jährlich oder sonst bezahlt werden, einzurechnen. Nicht einzurechnen sind freiwillige Leistungen des Arbeitgebers, auf die der Arbeitnehmer keinen Anspruch hat. Im Ergebnis ist das **Jahresgehalt durch 12 zu teilen und mal 3 zu multiplizieren** (bei Berechnung des durchschnittlichen Bruttomonatsgehaltes: Jahresgehalt geteilt durch 12, mal die entsprechenden Monate). Dabei ist alleine auf die **Angaben des Klägers** abzustellen.

---

4 Ziemann, a.a.O., IV, 16.

Nr.	Gegenstand
20.	*Kündigungen (mehrere):*
20.1	Außerordentliche Kündigung, die hilfsweise als ordentliche erklärt wird (einschließlich Umdeutung nach § 140 BGB): höchstens die Vergütung für ein Vierteljahr, unabhängig davon, ob sie in einem oder in mehreren Schreiben erklärt werden.

A. Gegenstand des Vorschlages

Der Vorschlag bezieht sich auf die beiden Fälle, dass bei einer außerordentlichen Kündi- **272** gung hilfsweise auch eine ordentliche Kündigung erklärt wird oder die außerordentliche Kündigung in eine ordentliche Kündigung (nach § 140 BGB) umgedeutet wird. Als Streitwert wird dafür höchstens die Vierteljahresvergütung vorgeschlagen. Dabei soll es nicht darauf ankommen, ob die außerordentliche und hilfsweise ordentlich erklärte Kündigung in einem oder zwei Schreiben erklärt worden ist. In seinen Erläuterungen zum Streitwertkatalog 2014 wird hierzu von *Ziemann* ausgeführt, dass es sich dabei um eine „Klarstellung" handeln soll, dass bei einer „einheitlichen" Kündigungserklärung (auch in der Form einer außerordentlichen und hilfsweise ordentlichen Kündigung) der Streitwert von § 42 Abs. 2 S. 1 HS. 1 GKG begrenzt wird.[1] Dies soll auch für die Umdeutung der Kündigung sowie die „mehrfach verlautbarte" Kündigung (diese unterfällt wohl eher Nr. 20.2, vgl. die dazugehörigen Ausführungen, Rdn 283 ff.) gelten.

B. Außerordentliche und hilfsweise ordentlich erklärte Kündigung

Bei Ausspruch einer außerordentlichen Kündigung wird im Regelfall gleichzeitig eine **273** hilfsweise ordentliche Kündigung ausgesprochen werden („kündigen wir hiermit das Arbeitsverhältnis außerordentlich und hilfsweise ordentlich zum..."). Der Arbeitgeber wird möglicherweise dann ausschließlich eine außerordentliche Kündigung ausspre-

---

1 Ziemann, a.a.O., IV. 17.

chen, wenn der Arbeitnehmer unstreitig ordentlich unkündbar ist.[2] Wird die Kündigung nur außerordentlich erklärt und ist die ordentliche Kündigung nicht ausgeschlossen, stellt sich stets die Frage, ob die außerordentliche Kündigung in eine ordentliche Kündigung umgedeutet werden kann (siehe hierzu unten Rdn 276 ff.). Die außerordentliche und hilfsweise ordentlich erklärte Kündigung stellt jedoch den **Regelfall** bei einer außerordentlichen Kündigung dar.

274 Im Regelfall werden diese Kündigungen auch in einem Schreiben erfolgen. Möglich ist jedoch auch, dass der Arbeitgeber die außerordentliche Kündigung in einem Kündigungsschreiben und die ordentliche Kündigung in einem getrennten Kündigungsschreiben ausspricht. Der Vorschlag soll unabhängig davon gelten, ob die Kündigung in einem oder mehreren Schreiben erklärt wird. Erklärt der Arbeitgeber die beiden Kündigungen in zwei getrennten Schreiben, ist in jedem Fall auch der Fall denkbar, dass es sich bei der ordentlichen Kündigung nicht um eine **hilfsweise ordentliche Kündigung**, sondern um eine von der außerordentlichen Kündigung losgelöste ordentliche Kündigung handelt. Mit dem Vorschlag sind wohl beide Fälle gemeint, also dass bei getrennten Schreiben der Arbeitgeber entweder ausdrücklich hilfsweise eine ordentliche Kündigung ausspricht oder die ordentliche Kündigung **nicht ausdrücklich hilfsweise** ausgesprochen wird. Dies kann aber nur dann gelten, wenn sich beide Kündigungen auf den **gleichen Lebenssachverhalt** stützen.

275 Wohl nicht von dem Vorschlag erfasst sein dürfte eine außerordentliche Kündigung, die auf einen **anderen Lebenssachverhalt** gestützt wird als die ordentliche Kündigung. Bei einem anderen Lebenssachverhalt handelte es sich wohl eher um eine „Folgekündigung mit Veränderung des Beendigungszeitpunkts". Dann dürfte wohl der **Vorschlag der Nr. 20.3** einschlägig sein, nach dem für die erste (außerordentliche) Kündigung der Streitwert das Vierteljahresentgelt ist und für die zweite (ordentliche) Kündigung nach der Differenztheorie das Entgelt für den Zeitraum zwischen der außerordentlichen und der ordentlichen Beendigung, jeweils maximal das Vierteljahresentgelt (vgl. hierzu die Ausführungen zu Nr. 20.3, Rdn 288 ff.).

---

2 Z.B. § 15 KSchG, nach dem das Betriebsratsmitglied nur außerordentlich gekündigt werden kann; in der Praxis wird häufig in einem Tarifvertrag (z.B. § 34 Abs. 2 TVöD) die ordentliche Kündigung bei Erreichen bestimmter Voraussetzungen (insbesondere die Länge der Betriebszugehörigkeit und Erreichen einer Altersgrenze) ausgeschlossen. Möglich ist auch ein arbeitsvertragliche Ausschluss der ordentlichen Kündigung für den Arbeitgeber.

C. Umdeutung der außerordentlichen Kündigung in eine ordentliche Kündigung

Wurde im Kündigungsschreiben nur eine außerordentliche Kündigung ausgesprochen **276** und ist eine ordentliche Kündigung nicht klar ausgeschlossen,[3] muss das Gericht **von Amts wegen** prüfen, ob eine Umdeutung der außerordentlichen Kündigung in eine ordentliche Kündigung gemäß § 140 BGB erfolgen kann. Dabei überprüft das Gericht, ob der Kündigende das Arbeitsverhältnis in jedem Fall beenden will.[4] In der Regel hat der Kündigende einen umfassenden Beendigungswillen, so dass im Regelfall eine außerordentliche Kündigung in eine ordentliche **umgedeutet** werden kann. Die Frage einer Umdeutung stellt sich im Prozess nur dann, wenn die außerordentliche Kündigung **unwirksam** ist. Der Vorschlag bezieht sich wohl auf den konkreten Fall, dass die außerordentliche Kündigung in eine ordentliche Kündigung umgedeutet werden kann.

Ist nur eine außerordentliche Kündigung ausgesprochen und erfolgt **keine Umdeutung** **277** (z.B. der Kündigende erklärt ausdrücklich nur eine außerordentliche Kündigung ausgesprochen zu haben), ist dieser Vorschlag nicht einschlägig. Für diesen Fall wird unter der Nr. 19 als Streitwert grundsätzlich das Vierteljahresentgelt vorgeschlagen. Dies ergibt sich auch aus der Überschrift unter der Nr. 20, in dem der Vorschlag **nur für mehrere Kündigungen** und nicht für eine Kündigung gilt.[5] Letztlich wird jedoch sowohl unter der Nr. 19 als auch unter der Nr. 20.1 vorgeschlagen, **höchstens das Vierteljahresentgelt** als Streitwert anzunehmen, auch wenn nur in der Nr. 19 explizit bei einem begehrten kürzeren Fortbestand des Arbeitsverhältnisses als drei Monaten ein Vorschlag erfolgt.

D. Bewertung des vorgeschlagenen Streitwertes

Für einen Streit über die außerordentliche und hilfsweise ordentliche Kündigung (in **278** einem oder zwei Schreiben) bzw. einen Streit mit der Umdeutung der außerordentlichen Kündigung in eine ordentliche Kündigung, wird vorgeschlagen insgesamt den Streitwert höchstens mit der Vierteljahresvergütung anzunehmen. Nach den Erläuterungen *Ziemanns* soll sich dies aus § 42 Abs. 2 S. 1 HS. 1 GKG ergeben.[6]

Zunächst ist grundsätzlich richtig, dass für die außerordentliche Kündigung die Rege- **279** lung des § 42 Abs. 2 S. 1 HS. 1 GKG einschlägig ist und insoweit höchstens das Vierteljahresentgelt der Streitwert ist. § 42 Abs. 2 S. 1 HS. 1 GKG stellt nicht darauf ab,

---

3 Entweder durch Gesetz (z.B. § 15 KSchG) durch Tarifvertrag oder den Arbeitsvertrag.
4 BAG, NJW 1985, 1854; NZA 2010, 1409.
5 Ist nur eine Kündigung gegeben, ist der Vorschlag der Nr. 19 einschlägig. Vgl. dazu die Kommentierung unter Rdn 264 ff.
6 Ziemann, a.a.O., IV. 17.

ob die Kündigung außerordentlich oder ordentlich ausgesprochen wurde, so dass die Streitwertbegrenzungsklausel auch für den Fall der außerordentlichen Kündigung gilt. Für diese ist daher nach dem Vorschlag der Nr. 19 das Vierteljahresentgelt als **Regelstreitwert** anzunehmen. Nur wenn in diesem Fall der begehrte Fortbestand des Arbeitsverhältnisses **weniger als drei Monate** beträgt (z.b. weil das Arbeitsverhältnis aufgrund einer ordentlichen Beendigung oder einer Befristung in jedem Fall endet), soll der Streitwert das für den kürzeren Zeitraum zu zahlende Entgelt sein (vgl. die Kommentierung zu I. Nr. 19, Rdn 264 ff.).

280   Der Vorschlag und auch die Kommentierung gehen davon aus, dass § 42 Abs. 2 S. 1 HS 1 GKG dahingehend zu verstehen sei, dass bei dem **gleichen Lebenssachverhalt** und **unterschiedlichem Beendigungstermin** (das Arbeitsverhältnis wird durch die außerordentliche Kündigung sofort mit Zugang beendet, die ordentliche Kündigung hat eine Kündigungsfrist, so dass diese das Arbeitsverhältnis später als bei einer außerordentlichen Kündigung beenden würde) nur „einmal" der Fortbestand des Arbeitsverhältnisses begehrt wird. § 42 Abs. 2 S. 1 HS. 1 3. Alt. GKG regelt bei der Wertberechnung von Rechtsstreitigkeiten über die „Kündigung" eines Arbeitsverhältnisses höchstens das „Vierteljahresentgelt". Damit ist aber nicht gemeint, dass damit **jede Kündigung** gemeint ist, die in einem Verfahren angegriffen wird, also bei **mehreren Kündigungen** insgesamt höchstens das Vierteljahresentgelt anzusetzen sei. Vielmehr ist grundsätzlich **jede einzelne Kündigung** zu bewerten und dann, soweit dies in einem Verfahren verfolgt wird, die Streitwerte zusammenzurechnen. Auch wird unter Nr. 20.3 vorgeschlagen, grundsätzlich für jede Kündigung einen Streitwert von einem Vierteljahresentgelt anzunehmen (soweit die zeitliche Differenz zwischen den beiden Kündigungen nicht weniger als drei Monate beträgt). Auch nach der **Differenztheorie** ist dabei auf die unterschiedlichen Beendigungszeitpunkte abzustellen (vgl. die Kommentierung zu Nr. 20.3, Rdn 288 ff.). Unter Nr. 20.2 wird für mehrere Kündigungen **mit gleichem Beendigungszeitpunkt** nur maximal einmal das Vierteljahresentgelt als Streitwert vorgeschlagen. Dieser Vorschlag stellt daher auch nur auf die Unterschiedlichkeit des Beendigungszeitpunktes ab. Die Vorschläge unterschieden dabei auch nicht, ob es sich um **mehrere Lebenssachverhalte** oder um nur einen **einheitlichen Lebenssachverhalt** handelt (beides ist möglich). Auch für den Fall, dass es sich um eine **einheitlichen Lebenssachverhalt** handelt, gehen diese Vorschläge davon aus, dass es sich um **unterschiedliche Streitgegenstände** handelt und der Streitwert der ersten und auch der weiteren Kündigungen grundsätzlich jeweils das Vierteljahresentgelt ist. Bei geringerer zeitlicher Differenz soll der Streitwert für diesen Zeitraum zu zahlenden Entgelt befragen.[7] Insoweit sind die Vorschläge in Nr. 20.1 mit den Vorschlägen unter Nr. 20.2 und Nr. 20.3 nicht in Einklang zu bringen, sondern **widersprechen** sich!! Käme es für den

---

7 Liegen die beiden Beendigungstermine beispielsweise zwei Monate auseinander, ist danach für die spätere Kündigung als Streitwert das zweifache Bruttomonatsgehalt anzunehmen.

Streitwert nur auf die Beendigungstermine (unabhängig vom Lebenssachverhalt) an, dann müsste dies auch für eine außerordentliche und hilfsweise ordentliche Kündigung gelten. Bei Zugrundelegung der Vorschläge in den Nrn. 20.2 und 20.3 muss daher für die außerordentliche und hilfsweise (oder umgedeutete) ordentliche Kündigung der Streitwert grundsätzlich jeweils das **Vierteljahresentgelt** sein, wenn nicht die zeitliche Differenz kürzer als 3 Monate ist. Insgesamt wäre daher der Streitwert für die außerordentliche und ordentliche Kündigung jeweils maximal das **Vierteljahresentgelt**, also maximal das **zweifache Vierteljahresentgelt**.

Nichts anderes ergibt sich bei einer Bewertung der Streitgegenstände. Der Streitgegen-   **281** stand setzt sich aus dem **Antrag** und dem **Lebenssachverhalt** zusammen. Auch wenn der beiden Kündigungen zugrunde liegende Sachverhalt grundsätzlich der gleiche ist, ist nicht der gesamte Sachverhalt von außerordentlicher und ordentlicher Kündigung identisch. Allein aufgrund der unterschiedlichen Voraussetzungen des § 626 BGB und des § 1 KSchG ist ein unterschiedlicher Lebenssachverhalt seitens des Gerichtes bei Überprüfung der jeweiligen Kündigung zu bewerten. Bei der außerordentlichen Kündigung ist die Einhaltung der Ausschlussfrist gemäß § 626 Abs. 2 BGB zu überprüfen. Selbst wenn ein wichtiger Grund vorliegt, ist die außerordentliche Kündigung bei Nichteinhaltung der Zweiwochenfrist unwirksam. Darüber hinaus müssen bei der Überprüfung der Rechtswirksamkeit der ordentlichen Kündigung gemäß § 1 KSchG auch der Geltungsbereich des Kündigungsschutzes (§ 23 KSchG) überprüft werden, der bei der außerordentlichen Kündigung gemäß § 626 BGB **keinerlei Rolle** spielt. Der Sachverhalt ist daher nicht völlig identisch, auch wenn der Kündigungsgrund an sich der Gleiche wäre. Auch unterscheiden sich die Anträge. Im Regelfall wird die klagende Partei den Antrag stellen, dass weder die außerordentliche Kündigung noch die ordentliche Kündigung das Arbeitsverhältnis beendet haben. Selbst wenn der Kläger nur einen einheitlichen Antrag stellt, (dass die Kündigung vom ... das Arbeitsverhältnis nicht beendet hat), ist seitens des Gerichtes zu berücksichtigen, dass **tatsächlich zwei unterschiedliche Anträge** (nämlich hinsichtlich des **außerordentlichen Beendigungszeitpunktes** und des **ordentlichen Beendigungszeitpunktes**) vorliegen. Es sind daher **unterschiedliche Streitgegenstände** gegeben. Auch liegt insoweit offensichtlich **keine wirtschaftliche Identität** (gemäß § 45 Abs. 1 S. 3 GKG) vor, da bei der außerordentlichen Kündigung das Arbeitsverhältnis **zu einem anderen Zeitpunkt** enden würde als bei einer ordentlichen Kündigung. Aufgrund der unterschiedlichen Streitgegenstände und keiner bestehenden wirtschaftlichen Identität entspricht der Vorschlag in Nr. 20.1 **nicht der gesetzlichen Regelung** des § 42 Abs. 2 S. 1 HS 1 GKG.

Insgesamt ist daher der Streitwert für die außerordentliche Kündigung grundsätzlich   **282** das **Vierteljahresentgelt**, wenn nicht ein kürzerer Fortbestand des Arbeitsverhältnisses als drei Monate begehrt wird. Liegen zwischen der außerordentlichen und hilfsweise ordentlichen Kündigung (einschließlich der Umdeutung nach § 140 BGB) mindestens drei Monate, ist der Streitwert für die ordentliche Kündigung ebenfalls das Vierteljahresentgelt. Beträgt der Zeitraum zwischen außerordentlichem und ordentlichem Beendigungstermin weniger als drei Monate, ist der Streitwert im Regelfall die Entgeltdifferenz zwischen den beiden Beendigungszeitpunkten, wenn nicht ein darüber hinausgehende Interesse der Klagepartei vorliegt (vgl. hierzu die Kommentierung zu I. Nr. 19, Rdn 264). Beruhen die außerordentliche und hilfsweise ordentliche Kündigung **nicht auf dem gleichen Kündigungssachverhalt**, gilt dies ohnehin.

Nr.	Gegenstand
20.2	Mehrere Kündigungen ohne Veränderung des Beendigungszeitpunktes: keine Erhöhung.

283 Der Vorschlag besagt, dass bei Streit über mehrere Kündigungen zum gleichen Beendigungszeitpunkt keine „Erhöhung" des Streitwertes erfolgen soll. Damit ist gemeint, dass bei mehreren Kündigungen zum gleichen Beendigungszeitpunkt nur **insgesamt höchstens das Vierteljahresentgelt** der Streitwert sein soll, wenn nicht ein kürzerer Fortbestand als drei Monate mit dem Klageantrag begehrt wird.[1] *Ziemann* führt in seiner Kommentierung dazu aus, dass dies dogmatisch nachvollziehbar sei, da zum **punktuellen Streitgegenstand** der Fortbestand des Arbeitsverhältnis über den gleichen Beendigungszeitpunkt gehöre, so dass „zumindest" eine wirtschaftliche Identität (§ 45 Abs. 1 S. 3 GKG), aber keine Identität der Streitgegenstände vorliege.[2]

284 Weiterhin stellt *Ziemann*[3] zunächst zutreffend fest, dass es sich **nicht um die gleichen Streitgegenstände** handelt. Der Streitgegenstand setzt sich aus dem **Antrag** und dem **Lebenssachverhalt** zusammen. Bei mehreren Kündigungen werden bereits unterschiedliche Anträge gestellt, so dass bereits diese nicht identisch sind. Auch liegen unterschiedliche Kündigungen vor, so dass auch kein identischer Lebenssachverhalt vorliegt. Selbst wenn die Kündigungen auf dem **gleichen Kündigungssachverhalt** beruhen, ist trotzdem der Sachverhalt (allein wegen der jeweils eigenen Zustellung) nicht identisch. Darüber hinaus ist der Vorschlag wohl auch dahingehend zu verstehen, dass er selbst bei **unterschiedlichem Kündigungssachverhalt** gelten soll.

285 Der Vorschlag soll sich dogmatisch daraus ergeben, dass sich aus § 45 Abs. 1 S. 2, 3 GKG ergäbe, dass bei mehreren Kündigungen zum gleichen Beendigungszeitpunkt nur ein einheitlicher Streitwert zu bilden sei. Die Regelung des § 45 Abs. 1 S. 3 GKG bezieht sich aber ausdrücklich auf die Fälle der Ansprüche des Satzes 1 (Klage und Widerklage, was hier nicht einschlägig ist) oder Satz 2, also wenn ein Anspruch **hilfs-**

---

1 In diesem Fall ist nur das für den kürzeren Zeitraum zu zahlende Entgelt der Streitwert.
2 Ziemann, a.a.O., IV. 17.
3 Ziemann, a.a.O., IV. 17

weise geltend gemacht wird. Nur bei einem hilfsweise geltend gemachten Anspruch ist der Wert des **höheren Anspruches** maßgebend. Werden jedoch die Kündigungen zum **gleichen Beendigungszeitpunkt** ausgesprochen, werden wohl auch keine hilfsweisen Anträge gestellt werden. Vielmehr wird der Kläger jede einzelne Kündigung angreifen, da sein Klageziel sein wird, dass keine der Kündigungen das Arbeitsverhältnis zu dem gleichen Beendigungszeitpunkt beendet hat. Damit liegt bereits kein hilfsweise geltend gemachter Anspruch vor, so dass § 45 Abs. 1 S. 3 GKG **keine Anwendung** findet.

Darüber hinaus ist auch fraglich, ob die behauptete „**wirtschaftliche Identität**" überhaupt gegeben ist.[4] Zwar betreffen mehrere Kündigungen zum selben Beendigungszeitpunkt den gleichen Zeitpunkt für die Ansprüche aus dem Annahmeverzugslohn. Dabei können auch ganz unterschiedliche Interessen hinter dem jeweiligen Bestandsschutzantrag stehen. Macht der Arbeitgeber beispielsweise neben der Kündigung auch Schadenersatzansprüche wegen eines der Kündigungssachverhalte geltend, steht auch insoweit ein anderes wirtschaftliches Interesse hinter dem Angriff der Kündigung. Zwar sind auch unterschiedliche Voraussetzungen hinsichtlich der Kündigung sowie des Schadensersatzanspruches gegeben. Das **konkrete Interesse** ist daher stets zu berücksichtigen. Darüber hinaus **gefährdet jede einzelne Kündigung den Bestand des Arbeitsverhältnisses an sich**. Werden die Kündigungen darüber hinaus auf **unterschiedliche Lebenssachverhalte** gestützt, besteht keinesfalls die behauptete wirtschaftliche Identität. Insbesondere bei **unterschiedlichen Kündigungsgründen** (z.B. eine verhaltensbedingte und eine betriebsbedingte Kündigung) ist eine solche wirtschaftliche Identität ausgeschlossen.[5]

286

Insgesamt bleibt festzustellen, dass jede einzelne Kündigung, auch wenn diese zum gleichen Beendigungszeitpunkt ausgesprochen wird, einzeln zu bewerten ist. Grundsätzlich ist daher für jede Kündigung als Streitwert das **Vierteljahresentgelt** anzunehmen, wenn nicht der begehrte Fortbestand weniger als drei Monate beträgt.

287

4 Ziemann, a.a.O., IV. 17.
5 Ebenso: Stellungnahme des DAV Nr. 41/2014 aus 8/14, S. 6.

Nr.	Gegenstand
20.3	Folgekündigungen mit Veränderung des Beendigungszeitpunktes: Für jede Folgekündigung die Entgeltdifferenz zwischen den verschiedenen Beendigungszeitpunkten, maximal jedoch die Vergütung für ein Vierteljahr für jede Folgekündigung. Die erste Kündigung – bewertet nach den Grundsätzen der I. Nr. 19 – ist stets die mit dem frühesten Beendigungszeitpunkt, auch wenn sie später ausgesprochen und später angegriffen wird.
	Die Grundsätze des Absatzes 1 gelten jeweils für die betreffende Instanz. Fallen Klagen gegen einzelne Kündigungen im Laufe des Verfahrens in einer Instanz weg, gelten die Grundsätze des ersten Absatzes ab diesem Zeitpunkt für die in dieser Instanz verbleibenden Kündigungen.

A. Gegenstand des Vorschlages

288 Bei „Folgekündigungen" mit „Veränderung" des Beendigungszeitpunktes soll für die erste Kündigung I. Nr. 19 gelten (wobei die „erste" Kündigung stets die mit dem frühesten Beendigungszeitpunkt sein soll, unabhängig wann diese ausgesprochen oder angegriffen wird). Für die „Folgekündigung" wird als Streitwert die Entgeltdifferenz zwischen den verschiedenen Beendigungszeitpunkten, maximal die Vierteljahresvergütung, vorgeschlagen. Dieser Vorschlag soll für die jeweils betreffende Instanz gelten. Soweit Anträge gegen einzelne Kündigungen in einer Instanz „wegfallen", sollen diese Grundsätze ab dem Zeitpunkt des Wegfalles für die noch „verbleibenden" Kündigungen gelten.

289 *Ziemann* verweist in seiner Kommentierung auf das Spannungsfeld zwischen dem Additionsgebot gemäß § 39 Abs. 1 GKG, der Streitwertbegrenzungsklausel des § 42 Abs. 2 S. 1 HS 1 GKG sowie der „wirtschaftlichen Teilidentität" entsprechend § 45 Abs. 1 S. 3 GKG.[1] Dabei wird auf die Differenztheorie, also dem zeitlichen Abstand zwischen den unterschiedlichen Beendigungszeitpunkten verwiesen und erklärt, dass aufgrund der punktuellen Streitgegenstände bei der Häufung von Beendigungstatbeständen der Streitwert nach der Differenztheorie zu berechnen sei. Hiermit würden auch die

---

1 Ziemann, a.a.O., IV. 17.

Probleme der teilweisen Klagerücknahme, der Teilerledigung des Rechtsstreites in der Hauptsache sowie bei Unterschieden in den Instanzen (insbesondere der Berufung) geklärt.

B. Folgekündigungen mit Veränderung des Beendigungszeitpunktes

Der Vorschlag gilt nach der Überschrift der Nr. 20 für mehrere Kündigungen, hier **290** bezeichnet als „Folgekündigungen". Gemeint ist damit, dass nicht nur (wie im Vorschlag der Nr. 19 enthalten) eine Kündigung, sondern mehrere Kündigungen (wie in der Praxis nicht selten) in einem Verfahren angegriffen werden. Da es um mindestens zwei Kündigungen geht, werden die nachfolgenden Kündigungen als „Folgekündigungen" bezeichnet. Im Unterschied zu dem Vorschlag der Nr. 20.2 sind diese mehrere Kündigungen mit **unterschiedlichen Beendigungszeitpunkten** ausgesprochen worden. Dabei unterscheidet der Vorschlag nicht, ob **derselbe oder ein unterschiedlicher Kündigungssachverhalt** der jeweiligen Kündigung zugrunde liegt. Der Vorschlag gilt also für mehrere Kündigungen, der **unterschiedliche** oder **gleiche Kündigungssachverhalte** zugrunde liegen.

Beispiel:
Der Arbeitgeber spricht nach Anhörung des Betriebsrates eine ordentliche Kündigung zum 30.06. eines Jahres aus. Der Arbeitnehmer erhebt zunächst Kündigungsschutzklage gegen diese Kündigung und rügt die ordnungsgemäße Anhörung des Betriebsrates. Da der Arbeitgeber insoweit ebenfalls Zweifel hat, hört er den Betriebsrat nochmals an und spricht vorsorglich nochmals eine Kündigung mit dem gleichen Sachverhalt, unter Einhaltung der ordentlichen Kündigungsfrist, nun zum 30.08. des Jahres aus.

C. Vorschlag des Streitwertes der ersten Kündigung (Kündigung zum ersten Beendigungszeitpunkt)

Der Vorschlag enthält erst an zweiter Stelle den Vorschlag zum Streitwert für die „erste **291** Kündigung" (im Satz 2). Für diese wird auf die Nr. 19 verwiesen. Als erste Kündigung wird dabei die Kündigung mit dem **frühesten Beendigungszeitpunkt** angenommen, auch wenn diese später ausgesprochen (und wohl auch zugegangen) ist und / oder **später angegriffen** wird. Mit der ersten Kündigung wird daher also nicht die zeitlich erste ausgesprochene oder zugegangene Kündigung, oder die erste, die der Kläger mit seiner Kündigungsschutzklage angreift, angenommen, sondern die mit dem **frühesten Beendigungszeitpunkt**.

Dies ist grundsätzlich zutreffend, da das Arbeitsgericht bei einer Kündigungsschutz- **292** klage, die sich gegen mehrere Kündigungen richtet, die Rechtsunwirksamkeit der Kündigung **als erstes prüfen** muss, die den frühesten Beendigungszeitpunkt beinhaltet. Diese muss zeitlich nicht die erste ausgesprochene oder zugegangene Kündigung sein. Da eine Kündigung mit dem frühestens Beendigungszeitpunkt einer Kündigung zu einem späteren Beendigungszeitpunkt **vorgreiflich** ist, muss das Gericht als erstes die Kündigung prüfen, die das Arbeitsverhältnis am frühesten beenden kann.

293   Zum Streitwert der Kündigung zum frühesten Beendigungszeitpunkt verweist der Vorschlag auf die Nr. 19. Insoweit verweisen wir auf die dortigen Ausführungen. Insgesamt ist der Streitwert für die **Kündigung zum ersten Beendigungszeitpunkt** nach § 42 Abs. 1 S. 1 HS. 1 GKG zutreffend das Vierteljahresentgelt, wenn nicht vom Kläger ein kürzerer Fortbestand des Arbeitsverhältnisses als drei Monate begehrt wird. Wird ein kürzerer Fortbestand begehrt, ist für diese Kündigung das Entgelt bis zu dem sicheren Beendigungszeitpunkt im Regelfall (vgl. hierzu die Kommentierung zu I. Nr. 19, Rdn 264 ff.) der Streitwert (z.b. bei zwei Monaten zwei Bruttomonatsgehälter). Dieser Vorschlag ist für den **Regelfall** nachvollziehbar und zutreffend.

D.   Vorschlag des Streitwertes der jeweiligen Folgekündigung

294   Für die „Folgekündigungen", also die Kündigungen mit einem **späteren Beendigungszeitpunkt** als die „erste" Kündigung (vgl. dazu oben Rdn 288 ff.), wird als Streitwert die Entgeltdifferenz zwischen den verschiedenen Beendigungszeitpunkten, maximal das Vierteljahresentgelt, vorgeschlagen. Wie sich aus den Ausführungen unter Rdn 288 ff. ergibt, ist als erste Kündigung, die mit dem **ersten Beendigungszeitpunkt** und daher als Folgekündigung die mit **späteren Beendigungszeitpunkten** anzunehmen. Auch dabei kommt es nicht auf den Zeitpunkt des Ausspruches und Zuganges der Kündigung oder der Klageerhebung an, sondern **ausschließlich** auf den **Beendigungszeitpunkt**. Die Reihenfolge der einzelnen Kündigungen bei der Ermittlung des Streitwertes ergibt sich daher aus dem zeitlichen Ablauf der Beendigungszeitpunkte.

295   Nach dem Vorschlag ist daher für die erste Kündigung das Vierteljahresentgelt anzunehmen (soweit nicht ein kürzerer Fortbestand des Arbeitsverhältnisses als drei Monate begehrt wird), für die zweite Kündigung das Entgelt zwischen dem **ersten und dem zweiten Beendigungszeitpunkt**, bei einer dritten Kündigung zwischen dem zweiten und dem dritten Beendigungszeitpunkt usw. Dies entspricht grundsätzlich der wesentlichen Auffassung in der Rechtsprechung, die diese **Differenztheorie** zugrunde legt.[2] Auch entspricht dies der grundsätzlich zutreffenden Rechtsprechung des Bundesarbeitsgerichts,[3] dass hinsichtlich der Bewertung des Streitwertes von einzelnen Kündigungen

---

2 Düwell/Lipke/Schäder, ArbGG, Anhang 2, S. 1296–1297.
3 BAG, ArbRB 2011, 144.

immer auf den **Antrag abzustellen** ist und damit auf den **jeweiligen Beendigungszeitpunkt**.

Bei Zugrundelegung des tatsächlichen wirtschaftlichen Interesses gemäß § 3 HS 1 ZPO   **296**
wäre sicherlich **für jede einzelne Kündigung**, da dadurch das Arbeitsverhältnis in
seinem gesamten Bestand bedroht ist, höher anzusetzen. Dies wird nach oben durch
§ 42 Abs. 2 S. 1 HS. 1 GKG auf das Vierteljahresentgelt begrenzt. Daraus ergibt sich,
dass **grundsätzlich** der Streitwert jeder einzelnen Kündigung das **Vierteljahresentgelt**
ist.

Die Frage einer **wirtschaftlichen Identität** der einzelnen Feststellungsanträge stellt sich   **297**
gemäß § 45 Abs. 1 S. 2, 3 GKG nur dann, wenn die einzelnen Klageanträge hinsichtlich
mehrerer Kündigungen **hilfsweise** gestellt werden (vgl. hierzu die Kommentierung zu
I. Nr. 18, Rdn 250 ff.). Bei mehreren Feststellungsanträgen muss das Gericht zunächst
die Kündigung mit dem frühesten Beendigungszeitpunkt überprüfen, da diese einer
Kündigung zum späteren Beendigungszeitpunkt **vorgreiflich** ist. Nur für den Fall, dass
die erste Kündigung das Arbeitsverhältnis noch nicht beendet hat (also der Kläger
mit seinem Antrag obsiegt), muss das Gericht die Rechtsunwirksamkeit der zweiten
Kündigung überprüfen. Es kann sein, dass Kläger auch seine Anträge so stellt, also
hinsichtlich der zweiten Kündigung die Unwirksamkeit der Kündigung festzustellen,
wenn er mit dem Antrag hinsichtlich der ersten Kündigung obsiegt hat.[4] Dabei handelt
es sich dann um einen **unechten Hilfsantrag** (vgl. die Kommentierung zu I. Nr. 18,
Rdn 250), für den grundsätzlich umstritten ist, ob § 45 Abs. 1 S. 2 GKG überhaupt
Anwendung findet. Das Bundesarbeitsgericht geht wohl insoweit von der Anwendung
aus (vgl. die Kommentierung zu I. Nr. 18, Rdn 250 ff.), so dass bei hilfsweise gestellten
Anträgen § 45 Abs. 2 S. 3 i.V.m. Abs. 2 GKG Anwendung findet. Insoweit kann **grundsätzlich** davon ausgegangen werden, dass **hilfsweise gestellte Anträge** eine wirtschaftliche Identität haben und tatsächlich für die Folgekündigung nur die Entgeltdifferenz
zwischen dem ersten und den zweiten Beendigungszeitpunkt als Streitwert anzunehmen
ist. Bei den Kündigungen, in denen im Einzelfall ein **weiteres Interesse** als nur die
Entgeltfortzahlung für den Kläger gegeben ist (insoweit müsste die Klagepartei auch
dazu ausführen) ist für die Folgekündigung ein höherer Streitwert als die geringere
Entgeltdifferenz, maximal aber das Vierteljahresentgelt gemäß § 42 Abs. 2 S. 1 HS. 1
GKG der Streitwert (vgl. die Kommentierung zu I. Nr. 17, Rdn 239 ff.). Stellt einen
Rechtsanwalt den Antrag auf Festsetzung des **Wertes des Gegenstandes der anwaltlichen Tätigkeit** sind in den Gegenstandswert **alle gestellten Hilfsanträge** gemäß § 33
Abs. 1 RVG einzurechnen (vgl. die Kommentierung zu I. Nr. 17, Rdn 239 ff.).

Stellt der Kläger diese Anträge jedoch nicht hilfsweise, sondern **unbedingt**, muss jeder   **298**
einzelne Antrag bewertet werden und ist **§ 45 Abs. 1 S. 3 i.V.m. Abs. 2 GKG nicht**

---

[4] Auch ein Hilfsantrag wahrt die Klagefrist nach § 4 S. 1 KSchG: BAG, NZA 1994, 237; LAG Berlin-
Brandenburg, 31.05.2012 – 7 Ta 676/12.

anwendbar. Grundsätzlich ist der Streitwert für jede Kündigung, auch für die Folgekündigungen, das Vierteljahresentgelt.

299 Im Ergebnis ist daher der Streitwert für die Folgekündigung **im Regelfall das Vierteljahresentgelt**, bei Hilfsanträgen die Entgeltdifferenz zwischen dem ersten und zweiten Beendigungszeitpunkt, wenn kein darüber hinausgehendes Interesse der Klagepartei gegeben ist.

> **Beispiel:**
> Wird im oben (unter Rdn 288 ff.) ausgeführten Beispiel mit der ersten Kündigung zum 30.06. und der zweiten Kündigung zum 30.08. die zweite Kündigung hilfsweise für den Fall des Obsiegens mit dem ersten Feststellungsantrag angegriffen, ist der Streitwert für die erste Kündigung das Vierteljahresentgelt und für die zweite Kündigung die Entgeltdifferenz von zwei Monaten, also insgesamt 5 Bruttomonatsgehälter.

E. Zur Entgeltdifferenz

300 Der Vorschlag enthält nur die Ausführung, dass die „Entgeltdifferenz" zwischen den verschiedenen Beendigungszeitpunkten zugrunde zu legen ist, nicht wie sich diese berechnen soll.

301 Die Entgeltdifferenz kann sich nicht anders als das Vierteljahresentgelt berechnen (vgl. insgesamt dazu die Kommentierung zum Vierteljahresentgelt unter der Nr. 19). In die Berechnung des Streitwertes sind **alle entgeltlichen Leistungen** des Arbeitgebers einzurechnen. Nicht einzurechnen sind daher (soweit rechtlich noch zulässig) **freiwillige Leistungen**, auf die der Arbeitnehmer **keinen Anspruch** hat. Grundsätzlich sind daher alle Leistungen des Arbeitgebers einzurechnen. Das Monatsentgelt errechnet sich daher grundsätzlich nach dem **Jahresentgelt geteilt durch 12**.

> **Beispiel:**
> Beträgt daher die Entgeltdifferenz zwischen den beiden Beendigungszeitpunkten 1,5 Monate, errechnet sich der Streitwert nach dem Jahresentgelt geteilt durch 12 x 1,5.

302 Dies gilt für entsprechende zeitliche Differenzen in gleicher Weise. Dabei ist stets auf die **Angaben des** Klägers abzustellen.

F. Vorschläge zu den Streitwerten der jeweiligen Instanz und bei dem Wegfall von Klageanträgen

I. Unterschiedliche Anzahl von Kündigungen in den Instanzen

303 Nach dem Absatz 2 der Nr. 20.3 gelten diese Vorschläge jeweils für die betreffende Instanz. Werden demnach in der ersten Instanz mehr Kündigungen angegriffen, als in der zweiten Instanz, ist die jeweilige Bewertung aller Kündigungen der ersten Instanz für den Streitwert der ersten Instanz entscheidend. Im Berufungsverfahren ergibt sich der Streitwert aus den noch streitigen Kündigungen. Auch kann es sein, dass in der zweiten Instanz mehrere Kündigungen Gegenstand des Verfahrens sind als in der ersten Instanz, wenn der Kläger in der zweiten Instanz seine Klage hinsichtlich einer oder mehrere weiteren Kündigungen erweitert.[5] Im Regelfall sind in der zweiten Instanz weniger Kündigungen Gegenstand, als in der ersten Instanz. So kann der unterlegene Arbeitgeber die Unwirksamkeit einer ersten oder auch zweiten Kündigung akzeptieren oder erklären, dass er aus einer Kündigung keine Rechte mehr herleitet und das Berufungsverfahren (nur) wegen einer oder mehrerer Folgekündigung noch geführt werden.

Insgesamt trifft es zu, dass der Streitwert für die jeweilige Instanz aus den dort gestellten Anträgen hinsichtlich der jeweiligen Kündigungen ergibt. **304**

II. „Wegfall" von Klageanträgen während der Instanz

Nimmt der Kläger die Kündigungsschutzklage hinsichtlich einer **Kündigung zurück** **305** (§ 269 ZPO i.V.m. 46 Abs. 2 ArbGG) oder erklärt der Kläger hinsichtlich eines Kündigungsschutzantrages **die Erledigung der Hauptsache** (§ 264 Nr. 3 ZPO i.V.m. § 46 Abs. 2 ArbGG) sollen die vorgeschlagenen Streitwerte **ab dem jeweiligen Zeitpunkt** für die in der Instanz verbleibenden Kündigungen Anwendung finden.

Werden daher aufgrund der Klagerücknahme oder Erledigung der Hauptsache nur noch **306** eine **geringere Anzahl von Kündigungen** angegriffen, richtet sich der Streitwert ab dem Zeitpunkt der Klagerücknahme oder der Erledigung der Hauptsache nach den Vorschlägen des Absatzes 1.

Beispiele:
– Verbleiben (nach einer Klagerücknahme oder einer Erledigung der Hauptsache) noch **zwei Kündigungen**, ist ab diesem Zeitpunkt der Streitwert für die erste Kündigung das Vierteljahresentgelt und für die zweite Kündigung (im Regelfall) die Entgeltdifferenz zwischen dem ersten und dem zweiten Beendigungszeitpunkt, maximal das Vierteljahresentgelt.
– Verbleibt (nach einer Klagerücknahme oder einer Erledigung in der Hauptsache) nur noch **eine Kündigung**, führt der Vorschlag zwar hierzu konkret nichts aus. Es ist jedoch davon auszugehen, dass insoweit dann der Vorschlag der Nr. 19 Anwendung finden soll und nicht der Vorschlag des Abs. 1 der Nr. 20.3. In diesem Fall wäre ab dem Zeitpunkt der Klagerücknahme bzw. Erledigung der Hauptsache der Streitwert (nach dem Vorschlag der Nr. 19) das **Vierteljahresentgelt**, wenn nicht der begehrte Fortbestand des Arbeitsverhältnisses weniger als drei Monate beträgt.

Diese Vorschläge sind nachvollziehbar. Es ist darauf hinzuweisen, dass zwar der Streit- **307** wert nach Klagerücknahme oder Erledigung der Hauptsache nur der geringere Streitwert

---

5 Dabei ist die Zulässigkeit der Klageerweiterung prüfen, was jedoch keine Auswirkung auf den Streitwert hat.

ist. Für das Entstehen der **Rechtsanwaltsgebühren**[6] kommt es auf den Streitwert zum Zeitpunkt des Entstehens der Gebühren an. Wurde beispielsweise mit einem höheren Streitwert bereits verhandelt (z.b. im Gütetermin) ist die Termingebühr bereits aus dem höheren Streitwert entstanden, auch wenn sich später der Streitwert aufgrund der Klagerücknahme oder Erledigung der Hauptsache verringern sollte. Eine eigene Wertfestsetzung auf Antrag gemäß § 33 Abs. 1 RVG ist möglich, wenn sich der Streitwert für die Gerichtsgebühren **nicht mit dem Gegenstand der anwaltlichen Tätigkeit** deckt (so wörtlich in § 33 Abs. 1 1. Alt RVG). Dies ist offensichtlich dann der Fall, wenn die dem Gericht zur Entscheidung gestellten Anträge (aus der letzten mündlichen Verhandlung) nicht mit den im Verfahren insgesamt gestellten Anträgen decken. Dies bei einer **Teilklagerücknahme, Teilerledigung der Hauptsache** oder auch bei einer Klageänderung der Fall. Decken sich der Gegenstand der anwaltlichen Tätigkeit nicht mit dem Streitwert, ist die Festsetzung des Streitwertes nach § 32 RVG i.V.m. § 63 GKG **nicht für die Berechnung der Anwaltsgebühren** maßgebend (vgl. hierzu die Kommentierung zu Vorbemerkung E., Rdn 27 ff.).[7]

Nr.	Gegenstand
21.	**Rechnungslegung**: siehe Auskunft (I. Nr. 10.)

308   Wir verweisen insoweit auf die Kommentierungen zu I. Nr. 10 (Rdn 142 ff.).

---

6 Z.B. die Terminsgebühr nach der Nr. 3104 VV RVG.
7 Vgl. ebenfalls: Gerold/Schmidt/Mayer, RVG, § 33 Rn 3.

Nr.	Gegenstand
22.	*Vergleichsmehrwert*
22.1	Ein Vergleichsmehrwert fällt nur an, wenn durch den Vergleichsabschluss ein weiterer Rechtsstreit und/oder außergerichtlicher Streit erledigt und/oder die Ungewissheit über ein Rechtsverhältnis beseitigt werden.

Beispiele:

Wird im Rahmen eines Abmahnungsrechtsstreits oder des Streits über eine Versetzung die Beendigung des Arbeitsverhältnisses vereinbart oder im Rahmen einer verhaltensbedingten Kündigung eine Regelung zum Arbeitszeugnis mit inhaltlichen Festlegungen vereinbart, ist dies mit dem Wert der Hauptsache zu bewerten.

Nur wenn eine Partei sich eines Anspruchs auf oder eines Rechts zur Freistellung berühmt hat, wird die Freistellungsvereinbarung mit bis zu 1 Monatsvergütung (unter Anrechnung des Werts einer Beschäftigungs- oder Weiterbeschäftigungsklage) bewertet. Die Freistellung wird nur zukunftsbezogen ab dem Zeitpunkt des Vergleichsabschlusses bewertet, etwaige Zeiten einer Freistellung zuvor spielen keine Rolle.

A. Gegenstand des Vorschlages

Der Vorschlag zum Vergleichsmehrwert bezieht sich auf den in der Praxis sehr häufig **309** vorkommenden Fall, dass die Parteien nicht nur die in dem Verfahren streitgegenständlichen Ansprüche in einem Vergleich regeln, sondern auch Ansprüche, die in dem Verfahren nicht rechtshängig sind. Dabei bezieht sich der Vorschlag darauf, dass die Ansprüche entweder in einem anderen Rechtsstreit rechtshängig sein können oder außergerichtlich zwischen den Parteien streitig sind und dieser mit dem Vergleich erledigt wird oder die Ungewissheit über ein Rechtsverhältnis beseitigt wird. Nur in diesen Fällen soll ein sogenannter „Vergleichsmehrwert" anfallen. Dann werden dazu vier Beispiele genannt. Das Beispiel 1 bezieht sich auf einen Rechtsstreit hinsichtlich einer Abmahnung in dem dann die Beendigung des Arbeitsverhältnisses vereinbart wird. Das Beispiel 2 beinhaltet einen Streit über eine Versetzung, in dem dann die Beendigung des Arbeitsverhältnisses vereinbart wird. Das Beispiel 3 bezieht sich auf einen Kündigungsschutzprozess mit einer verhaltensbedingten Kündigung und im Rahmen dieses Rechtsstreites wird ein Arbeitszeugnis mit inhaltlichen Festlegungen vereinbart wird. Das Beispiel 4 bezieht sich (obwohl nicht explizit genannt) auf einen Kündigungsrechtsstreit, in dem im Vergleich (auch) eine Freistellung vereinbart wird.

310 *Ziemann* führt in seiner Kommentierung dazu aus, dass der Vorschlag nicht auf die im RVG enthaltene Regelung zur Einigungsgebühr[1] abstellt, sondern „eigenständig definiert" wann ein Vergleichsmehrwert vorliegt und nennt zur Verdeutlichung Beispiele.[2] Damit ist wohl gemeint, dass eine Berechnung des Streitwertes vorgeschlagen wird, unabhängig von dem Entstehen der Einigungsgebühr nach dem RVG. Die Einigungsgebühr nach dem RVG entsteht bei **Beseitigung eines Streites oder einer Ungewissheit über ein Rechtsverhältnis**.[3]

B. Erledigung eines weiteren Rechtsstreits durch einen Vergleichsabschluss

311 Wird in einem Rechtsstreit vor den Gerichten für Arbeitssachen ein Vergleich abgeschlossen, mit dem ein weiterer Rechtsstreit erledigt wird, wird vorgeschlagen, dass der Streitwert unter Einrechnung des Vergleichsmehrwertes des mitverglichenen Verfahrens angenommen wird. In der Praxis setzen die Gerichte in solchen Fällen neben dem Streitwert für das Verfahren entweder den **Streitwert für den Vergleich** (der sich aus dem Streitwert des Verfahrens und dem Streitwert des mitverglichenen Verfahrens zusammensetzt) fest oder nur den **„Vergleichsmehrwert"** (der Streitwert aus dem anderen Rechtsstreit).

312 Wird in einem Verfahren ein weiterer Rechtsstreit miterledigt, ergibt sich offensichtlich ein Vergleichsmehrwert, da das andere Verfahren mit dem Vergleichsabschluss erledigt wird. Dabei stellt der Vorschlag wohl zutreffend nicht darauf ab, **vor welchem Gericht** dieser weitere Rechtsstreit anhängig ist. Dabei können Rechtsstreitigkeiten vor den **Zivilgerichten**, den **Sozialgerichten** und auch den **Verwaltungsgerichten** in Frage kommen, da es sich dabei um einen Parteienprozess handelt.[4] In einem Parteienprozess können die Parteien, soweit sie auch an den anderen Rechtsstreit als Parteien beteiligt sind, den anderen Rechtsstreit miterledigen. Voraussetzung dafür ist aber, dass die **gleichen Parteien** an den jeweiligen Prozess beteiligt sind.

---

1 Nrn. 1000, 1003, 1004 VV RVG.
2 Ziemann, a.a.O., IV. 19.
3 Gerold/Schmidt/Müller-Rabe, RVG, VV 1000 Rn 106 ff.
4 Im Strafprozess ist dies nicht der Fall.

Beispiel:
Wird ein schwerbehinderter Arbeitnehmer gekündigt, nachdem das Integrationsamt der Kündigung des Schwerbehinderten gemäß § 85 SGB IX zugestimmt hat und klagt der Arbeitnehmer vor dem Verwaltungsgericht gegen die Zustimmung der Kündigung und vor dem Arbeitsgericht gegen die ausgesprochene Kündigung und schließen die Parteien vor dem Arbeitsgericht einen Vergleich, mit dem auch der Rechtsstreit vor dem Verwaltungsgericht miterledigt ist, hat das Arbeitsgericht einen Vergleichsmehrwert hinsichtlich des miterledigten Verfahrens vor dem Verwaltungsgericht festzusetzen.[5] Das Verwaltungsverfahren kann miterledigt werden, da der Arbeitnehmer **Kläger** dieses Verfahrens ist (während der Arbeitgeber Beteiligter des Verfahrens ist).

Insgesamt hat daher das Gericht den miterledigten Rechtsstreit (unabhängig ob dieser auch bei den Gerichten für Arbeitssachen oder bei einem anderen Parteienprozess zwischen den Parteien anhängig ist), mit dem dortigen Streitwert als Vergleichsmehrwert festzusetzen. Gerade bei einer anderweitigen Gerichtsbarkeit (z.b. Verwaltungsgericht oder auch Sozialgericht) kann das Gericht für Arbeitssachen den Parteien auch aufgeben, dass es einen **Streitwertbeschluss aus dem anderen Verfahren beibringt**, damit das Arbeitsgericht den entsprechenden Mehrwert nach dem vom Fachgericht festgesetzten Streitwert bewerten kann.   313

C. Vergleichsabschluss mit Erledigung eines außergerichtlichen Streites

Ein Vergleichsmehrwert (wie unter der Rdn 309 ff. ausgeführt) ergibt sich nach dem Vorschlag dann, wenn mit dem Vergleich ein außergerichtlicher Streit erledigt wird. Dabei kommt es nicht darauf an, um was für einen Streit es sich zwischen den Parteien gehandelt hat. Der Begriff „Streit" ist nicht erläutert. Grundsätzlich besteht ein Streit dann, wenn die Parteien zu einem von einer Seite erhobenen Anspruch **unterschiedliche Auffassungen** vertreten, sich also über diesen **Anspruch nicht einig** sind. Berühmt sich eine Seite eines Anspruches, unabhängig davon, ob dies mündlich (z.B. in der Güteverhandlung), schriftlich oder in sonstiger Weise erfolgt und **widerspricht die Gegenseite diesem Anspruch** ist von einem Streit auszugehen. Wird dieser Streit im Vergleich miterledigt, ergibt sich ein „Vergleichsmehrwert".   314

Grundsätzlich hat der Fall der **Ungewissheit über ein Rechtsverhältnis** einen **weiteren Anwendungsbereich** als der außergerichtliche Streit. Bei einem außergerichtlichen Streit ist dieses Rechtsverhältnis auch ungewiss, allerdings kann ein Rechtsverhältnis auch ungewiss sein, wenn noch kein ausdrücklicher Streit über dieses besteht. Insoweit verweisen wir auf die Ausführungen unter der Rdn 317 ff.   315

---

5 Dabei geht die verwaltungsgerichtliche Rechtsprechung vom **Auffangwert** i.H.v. 5.000 EUR (BVerwG, MDR 1993, 584) bis zum **Vierteljahresentgelt des Arbeitnehmers** (VG München, ArbRB 2012, 84) aus.

316   Dabei sind neben den im Vorschlag genannten Beispielen 1–4 (vgl. hierzu die Kommentierung unter Rdn 321 ff.) eine Vielzahl von weiteren Streitigkeiten denkbar, die zwischen den Parteien nicht streitgegenständlich sind, aber im Streit stehen und mit einem Vergleich erledigt werden.

Beispiele (für den häufigen Fall der Kündigungsschutzklage):
- Der Arbeitnehmer behauptet einen Anspruch auf noch zu zahlende Sonderzahlung, Urlaubsgeld, Urlaubsabgeltung (bei Beendigung des Arbeitsverhältnisses)
- Vom Arbeitnehmer behauptete gute oder sehr gute Bewertung eines Zeugnisses[6]
- Anspruch auf Feststellung einer unverfallbaren Anwartschaft aus der betrieblichen Altersversorgung (z.B. Übertragung einer Direktversicherung)
- Nachzahlungen aus dem vergangenen Arbeitsverhältnis, insbesondere nicht bezahlte Leistungen (z.B. Überstunden usw.).

D.   Ungewissheit über ein Rechtsverhältnis

317   Die Beseitigung einer Ungewissheit über ein Rechtsverhältnis ist bei der Einbeziehung in einen Vergleich der **weiteste Begriff.** Unter Ungewissheit wird allgemein ein Zustand verstanden, in dem **etwas nicht feststeht.** Auch das RVG regelt unter VV 1000 eine Einigungsgebühr für den Fall der Beseitigung einer Ungewissheit über ein Rechtsverhältnis. Diese Voraussetzung ist gegeben, wenn die Parteien sich **unsicher** sind, wie die Rechtslage ist, auch wenn für einen Dritten die Rechtslage klar ist.[7] Demnach ist auch ausreichend, wenn die **Realisierung eines Anspruches ungewiss ist.**[8] Der Begriff der Ungewissheit setzt daher nicht voraus, dass ein Anspruch bereits erhoben worden ist (wie grundsätzlich bei einem Streit der Parteien), sondern dass eine Partei sich nicht sicher ist, ob die Gegenseite den von ihr gemeinten Anspruch oder das Rechtsverhältnis entsprechend erfüllen bzw. bestätigen wird. Insoweit kommt es daher auch nicht darauf an, ob die Gegenseite den Anspruch für das Rechtsverhältnis bestreitet, (wie bei dem außergerichtlichen Streit), sondern nur, dass die Gegenseite den Anspruch oder das Rechtsverhältnis **nicht ausdrücklich bestätigt.** Meint also eine Partei einen Anspruch zu haben oder von einem bestimmten Rechtsverhältnis auszugehen, ist ein Vergleichsmehrwert bereits dann anzunehmen, wenn sich eine der Parteien über den Anspruch oder das Rechtsverhältnis ungewiss ist und darüber eine Regelung im Vergleich erfolgt.

318   Nach dem Vorschlag in Nr. 22.1 ist daher **jede Ungewissheit** über **ein Rechtsverhältnis** anzusehen, also auch wenn ein Anspruch besteht und keine Einwendungen möglich sind, die Gegenseite trotzdem **diesen Anspruch nicht anerkennt oder erfüllt,** sondern

---

6 Nach der Rechtsprechung des BAG (ArbRB 2014, 360) muss der Arbeitnehmer eine gute oder sehr gute Bewertung beweisen, eine ausreichende oder noch schlechtere Bewertung muss der Arbeitgeber beweisen.
7 Gerold/Schmidt/Müller-Rabe, RVG, VV 1000 Rn 8.
8 Gerold/Schmidt/Müller-Rabe, RVG, VV 1000 Rn 239, 240.

hierzu nichts ausführt. Ausreichend ist auch, wenn die Verwirklichung des Anspruches ungewiss ist, was zur Ungewissheit für die antragstellende Partei führt.

Beispiel:
Bei Beendigung des Arbeitsverhältnisses besteht ein Anspruch auf die Erteilung eines Endzeugnisses. Wird im Rahmen einer Kündigungsschutzklage der Fortbestand des Arbeitsverhältnisses geltend gemacht und hat der Arbeitgeber trotz Ablauf des Beendigungstermins und Anforderung eines qualifizierten Zeugnisses noch kein Zeugnis erteilt, einigen sich die Parteien dann im Gütetermin auf die Beendigung des Arbeitsverhältnisses, Zahlung einer Abfindung und Erteilung eines Endzeugnisses, war die Erteilung des Endzeugnis bereits deshalb ungewiss, da noch nicht sicher war, dass das Arbeitsverhältnis endet und ob der Arbeitgeber trotz Verpflichtung ein Endzeugnis erteilen wird. Deshalb besteht für den Arbeitnehmer eine Ungewissheit, so dass die Regelung zur Erteilung des Zeugnisses im Vergleich einen Vergleichsmehrwert auslöst (vgl. zum konkreten Streitwert die Kommentierung zu I. Nr. 25, Rdn 372 ff.).

Nach dem Vorschlag in Nr. 22.1 besteht generell bei einer Ungewissheit ein Vergleichs- **319** mehrwert nach dem entsprechenden Interesse der Klagepartei (gemäß § 3 HS 1 ZPO, begrenzt durch die Regelung der § 42 Abs. 1 und 2 GKG). Auch ist in den Beispielen (vor allem in Beispielen 1–3) ausdrücklich ausgeführt, dass als Vergleichsmehrwert der **„Wert der Hauptsache"** der Streitwert ist. Damit ist wohl gemeint, dass der **Streitwert** des außergerichtlichen Streites oder der Ungewissheit über ein Rechtsverhältnis anzusetzen ist und davon auch **keinerlei Abschläge** vorzunehmen sind.

Allerdings enthält der Vorschlag der Nr. 22.2 die Bewertung von Ansprüchen, die **320** **unstreitig und gewiss**, aber die Durchsetzung ungewiss ist und schlägt als sogenanntes „Titulierungsinteresse" einen Streitwert von 20 % des Anspruches vor. Die Nr. 22.1 enthält zwar keinen konkreten Vorschlag für die Bewertung. Gemeint sein kann jedoch nur der volle Wert der Hauptsache ohne Abschlag (wie in den Beispielen 1–3). Bei einem unstreitigen und gewissen Anspruch, der hinsichtlich der Durchsetzung ungewiss ist, wird dann aber nur 20 % des Wertes des Anspruches vorgeschlagen. Insoweit könnte der Vorschlag aus Nr. 22.2 als **Sonderfall** gesehen werden, der zur Nr. 22.1 dritte Alternative (Ungewissheit über ein Rechtsverhältnis) einen **Sondervorschlag** trifft. Es kann aber auch als **Widerspruch** gesehen werden, wenn in der Nr. 22.1 an sich (wie zutreffend) der Streitwert für das ungewisse Rechtsverhältnis anzunehmen ist, in Nr. 22.2 dann das sogenannte „Titulierungsinteresse" nur noch mit 20 % vorgeschlagen wird. Dies ist insoweit unklar. Es ist aber wohl davon auszugehen, dass die Streitwertkommission mit dem Vorschlag der Nr. 22.2 eine Sonderregelung treffen wollte (vgl. hierzu die Kommentierung zu I. Nr. 22.2, Rdn 340 ff.).

E. Im Vorschlag enthaltene Beispiele 1–4

321   Zur **Verdeutlichung** des Vorschlages der Nr. 22.1 werden vier Beispiele genannt, wobei nicht ausgeführt wird, wozu genau diese Beispiele genannt werden. Nach den Beispielen ist aber davon auszugehen, dass damit Beispiele für die **Ungewissheit** über **ein Rechtsverhältnis** benannt werden, da keines der Beispiele eine Ausführung dazu enthält, dass das verglichene Rechtsverhältnis streitig gewesen wäre.

I. Beispiel 1: Abmahnungsrechtsstreit mit Beendigung des Arbeitsverhältnisses

322   In einem Rechtsstreit über die Abmahnung eines Arbeitgebers gegenüber Arbeitnehmern vereinbaren die Parteien die Beendigung des Arbeitsverhältnisses. Der Verfahrensstreitwert ist der Streitwert der Abmahnung (vgl. hierzu die Kommentierung zu I. Nr. 2, Rdn 61 ff.). Vergleichsmehrwert ist der Streitwert hinsichtlich der Beendigung des Arbeitsverhältnisses (vgl. hierzu die Kommentierung zu I. Nr. 19, Rdn 264 ff.). Im Regelfall wird für die Abmahnung ein Bruttomonatsgehalt und für die Beendigung das Vierteljahresentgelt, also **insgesamt** für den Vergleich, ein Streitwert von **vier Bruttomonatsgehältern** vorgeschlagen.

323   Ein Streit über die Beendigung des Arbeitsverhältnisses liegt nicht vor, sondern nur ein Rechtsstreit über eine Abmahnung. Zwar ist eine Abmahnung grundsätzlich eine **mögliche Vorstufe** für eine Kündigung, allerdings steht der Bestand des Arbeitsverhältnisses dadurch nicht im Streit. Der Vorschlag kann damit nur die **Ungewissheit über ein Rechtsverhältnis** meinen, nämlich ob zukünftig das Arbeitsverhältnis noch weiter besteht. Durch eine Abmahnung ist ein Arbeitsverhältnis zwar „bedroht", es kann aber nicht sicher davon ausgegangen werden, dass der Arbeitgeber tatsächlich eine Beendigung des Arbeitsverhältnisses anstrebt. Dabei geht der Vorschlag davon aus, dass dies für den **Arbeitnehmer** wohl **ungewiss** ist, da er nicht weiß, ob zukünftig das Arbeitsverhältnis fortbesteht oder beendet werden soll.

324   Dieses Beispiel zeigt eindrücklich, dass die Ungewissheit über ein Rechtsverhältnis **sehr weit** auszulegen ist, da damit wohl **jede Ungewissheit** einer Partei ausreichend ist. Für diese Ungewissheit muss es einen konkreten Anhaltspunkt geben. Im Beispiel 1 ist diese Ungewissheit die erfolgte Abmahnung.

II. Beispiel 2: Streit über eine Versetzung mit Beendigung des Arbeitsverhältnisses

325   Bei einem Rechtsstreit zwischen den Parteien über eine Versetzung des Arbeitnehmers wird eine Vereinbarung über die Beendigung des Arbeitsverhältnisses getroffen (ähnlich wie im Beispiel 1). Das Beispiel 2 schlägt dazu vor, dass für das Verfahren der Streitwert über die Versetzung anzunehmen ist (vgl. die Kommentierung zu I. Nr. 14, Rdn 196 ff.) und für die Einigung der Streitwert hinsichtlich der Beendigung des Arbeitsverhältnisses (vgl. die Kommentierung zu I. Nr. 19, Rdn 264 ff.). Im Regelfall wird für die Versetzung mindestens ein Bruttomonatsgehalt und für die Beendigung das Vierteljahresentgelt, also **insgesamt** für den Vergleich, ein Streitwert von **vier Bruttomonatsgehältern** vorgeschlagen.

Auch dieses Beispiel bestätigt, dass die **Ungewissheit über ein Rechtsverhältnis sehr**   326
weit auszulegen ist, da bei einer Versetzung an sich noch nicht mit einer angestrebten Beendigung seitens des Arbeitgebers zu rechnen ist. Aufgrund einer Versetzung kann allerdings das **Arbeitsverhältnis** für den Arbeitnehmer **gefährdet** oder **unsicher** werden. Auch kommt es vor, dass der Arbeitgeber eine Versetzung als Druckmittel verwendet, um möglicherweise eine Beendigung anzustreben. Dies ist aber nicht Voraussetzung des Beispiels 2. Insoweit ist daher die Ungewissheit des Arbeitnehmers, wie im Beispiel 1 bereits ausgeführt, sehr weit auszulegen.

III. Beispiel 3: Verhaltensbedingte Kündigung mit Regelung zum Arbeitszeugnis mit inhaltlichen Festlegungen

In einem Kündigungsschutzverfahren, bei dem der Arbeitgeber eine verhaltensbedingte   327
Kündigung ausgesprochen hat, wird in einem Vergleich auch ein Arbeitszeugnis mit „inhaltlichen Festlegungen" vereinbart. Bei dem Beispiel wird nicht ausgeführt, **welche inhaltlichen** Festlegungen dabei erfolgen. Diese können daher grundsätzlich auch sehr geringfügig sein. Es muss nach dem Beispiel kein konkreter Zeugnistext ausgehandelt werden oder auch keine konkreten einzelnen Formulierungen (z.B. zusammenfassende Leistungsbeurteilung). Vielmehr reicht es aus, wenn nur die **Qualität** des Zeugnisses (z.B. „die Erteilung eines guten Zeugnisses") oder die Erteilung eines Endzeugnisses mit **Schlusssatz** vereinbart wird. Wird im Vergleich nur die Erteilung eines Zeugnisses vereinbart, ist dies nach dem Vorschlag nicht ausreichend, da von „inhaltlichen" Festlegungen die Rede ist.

Auch im Beispiel 3 muss zwischen den Parteien **kein Streit** über den Inhalt des   328
Zeugnisses vorliegen, sondern es wird davon ausgegangen, dass aufgrund der **verhaltensbedingten** Kündigung bereits eine Ungewissheit über den späteren Inhalt eines Arbeitszeugnisses besteht und bei inhaltlichen Festlegungen über das Arbeitszeugnis eine solche Ungewissheit beseitigt wird. Daher ist auch aus dem Beispiel 3 ersichtlich, dass die Ungewissheit einer Partei **sehr weit** auszulegen ist und jede **Ungewissheit** beinhaltet, die auf einem **Tatsachengrund** beruht.

Im Beispiel 3 ist Streitwert der Beendigung des Arbeitsverhältnisses im Regelfall das   329
Vierteljahresentgelt (vgl. die Kommentierung zu den I. Nr. 19, Rdn 264 ff., und 20,

Rdn 272 ff.) und der Vergleichsmehrwert für das Arbeitszeugnis nach dem Vorschlag im Regelfall ein Bruttomonatsgehalt (vgl. die Kommentierung zu I. Nr. 25, Rdn 372 ff.).

IV. Beispiel 4: Kündigungsrechtsstreit mit Vereinbarung einer Freistellung

330   Das Beispiel 4 muss sich eine Partei eines Rechtes auf oder zur Freistellung **berühmt** haben. Demnach muss entweder der Arbeitnehmer ein **Anspruch auf Freistellung** behauptet haben oder der Arbeitgeber behauptet haben, dass er berechtigt sei, den **Arbeitnehmer einseitig freizustellen.** Wird im Rahmen eines Vergleiches dann eine Vereinbarung über die Freistellung abgeschlossen, wird ein Streitwert der Freistellung bis zu einer Bruttomonatsvergütung vorgeschlagen. Der Streitwert eines Beschäftigungs- oder Weiterbeschäftigungsantrages soll darauf „angerechnet" werden. Auch soll die Freistellung nur zukunftsbezogen ab dem **Zeitpunkt des Vergleichsabschlusses** bewertet werden, die Zeiten vor dem Vergleichsabschluss sollen bei der Bewertung des Streitwertes keine Rolle spielen.

331   Bei diesem Beispiel fehlt schon die konkrete Ausführung, in welchem Rechtsstreit eine solche Vereinbarung getroffen werden soll. Es ist davon auszugehen, dass das **Kündigungsschutzverfahren** gemeint ist, also die Parteien über die Beendigung des Arbeitsverhältnisses streiten. In diesen Fällen wird häufig der Arbeitnehmer seitens des Arbeitgebers mit Ausspruch der Kündigung von der Verpflichtung zur Arbeitsleistung freigestellt. Geht man von einem Kündigungsschutzverfahren aus, wäre dies zumindest ein nachvollziehbares Beispiel. Allerdings sind natürlich auch andere Rechtsstreite denkbar, bei denen zwischen den Parteien auch über eine Freistellung eine Vereinbarung getroffen wird (z.B. der Arbeitnehmer klagt auf Entfernung der Abmahnung aus der Personalakte und gleichzeitig hat der Arbeitgeber den Arbeitnehmer freigestellt).

332   Berühmt sich also eine Partei eines Freistellungsrechtes bzw. eines Freistellungsanspruches, ist wohl in jedem Fall die Voraussetzung der **Ungewissheit über ein Rechtsverhältnis** gegeben. Dazu muss die Gegenseite diesen Anspruch nicht bestreiten (dies ist im Beispiel 4 auch nicht als Voraussetzung benannt). Bei einem Bestreiten würde auch ein außergerichtlicher Streit vorliegen, es reicht jedoch bereits die Ungewissheit über ein Rechtsverhältnis aus.

333   Der Arbeitgeber kann nur dann den Arbeitnehmer wirksam freistellen, wenn er im Arbeitsvertrag wirksam eine Freistellungsmöglichkeit vereinbart hat und dem Arbeitgeber ein entsprechendes Freistellungsrecht zusteht.[9] Bei einer Vereinbarung über die Freistellung (unabhängig davon, ob der Arbeitnehmer freigestellt bleibt oder die Freistel-

---

9 Nach der Rechtsprechung des BAG liegt dies in der Regel nur bei schweren Pflichtverletzungen vor; der bloße Ausspruch einer Kündigung rechtfertigt keine Freistellung während der Kündigungsfrist; BAG, DB 1976, 2308.

lung als rechtswirksam erklärt wird oder der Arbeitnehmer noch seine Leistung für einen gewissen Zeitraum erbringen muss) wird diese Ungewissheit beseitigt und es fällt deshalb ein **Vergleichsmehrwert an.**

Der vorgeschlagene Streitwert soll **bis zu einem Bruttomonatsgehalt** betragen, wobei nur der Zeitraum ab dem Vergleichsabschluss bewertet wird und ein möglicher Beschäftigungs- oder Weiterbeschäftigungsantrag darauf „angerechnet" soll. Diesen unklaren Ausführungen ist wohl zu entnehmen, dass **grundsätzlich** der Streitwert eine Bruttomonatsvergütung beträgt, wenn nicht der Zeitraum der Freistellung vom **Vergleichsabschluss bis zum Ende der Freistellung** weniger als einen Monat beträgt. Dies wird zwar in dem Beispiel nicht ausdrücklich ausgeführt, ist wohl jedoch so gemeint. Unklar ist dabei auch, was genau Zeitpunkt des Vergleichsabschlusses sein soll. Wird der Vergleich in der Güteverhandlung geschlossenen, ist bei einem unwiderruflichen Vergleich klar, dass die Güteverhandlung der zutreffende Zeitpunkt ist. Ist der Vergleich jedoch für eine oder beide Parteien widerruflich, so wird der Vergleich erst nach **Ablauf der Widerrufsfrist** wirksam, obwohl der Vergleich in der Güteverhandlung abgeschlossen worden ist. In diesem Fall könnte auch der Zeitpunkt des Ablaufes **der letzten Widerrufsfrist** als Vergleichsabschluss angesehen werden. Eine ähnliche Problematik stellt sich bei einem Vergleich gemäß § 278 Abs. 6 ZPO. Dabei kann ein Vergleich im schriftlichen Verfahren dadurch abgeschlossen worden, dass entweder das Gericht einen Vergleichsvorschlag unterbreitet, die Parteien diesen annehmen und sodann das Gericht das Zustandekommen des Vergleiches feststellt oder die Parteien dem Gericht einen schriftlichen Vergleichsvorschlag unterbreiten (der identisch sein muss) und das Gericht sodann den Vergleich durch Beschluss feststellt. Im ersten Fall könnte bereits die **übereinstimmende Annahme** den Zeitpunkt des Vergleichsabschlusses darstellen, rechtswirksam ist der Vergleich allerdings erst durch den Beschluss des Gerichtes, so dass es das Gericht in der Hand hätte, den Zeitpunkt festzulegen. Gleiches gilt bei dem von den Parteien vorgeschlagenen Vergleich. Hier könnte die letzte zustimmende Willenserklärung einer der Parteien als Zeitpunkt (Abgabe oder Eingang bei Gericht?) angesehen werden, aber auch der Zeitpunkt des Beschlusses des Vergleiches durch das Gericht. Auch insoweit könnte zwar zur Einheitlichkeit auf den **Beschluss des Gerichtes** abgestellt werden, wobei die Verzögerungen des Gerichtes sodann den Streitwert nach diesem Vorschlag „negativ" beeinflussen würden, was im Ergebnis auch nicht zutreffend sein kann, da das Interesse der jeweiligen Partei von dem Zeitpunkt der Feststellung des Vergleiches unabhängig ist.

334

Grundsätzlich ist aber auch in diesem Fall auf das Interesse der anspruchstellenden Partei gemäß § 3 HS 1 ZPO abzustellen. Es muss daher zunächst mal überprüft werden, welche Bedeutung die Ungewissheit für die Partei hat. Dabei kann insoweit zwar eine

335

Orientierung an dem in der Freistellungsphase zu zahlenden Entgelt erfolgen.[10] Auch kann eine Freistellung durch den Arbeitgeber **widerruflich oder unwiderruflich** erklärt werden, was hinsichtlich des Interesses der antragstellenden Partei einen erheblichen Unterschied macht, da bei einer widerruflichen Freistellung der Arbeitgeber jederzeit den Arbeitnehmer wieder auffordern kann, seine Arbeit aufzunehmen. Bei der unwiderruflichen Freistellung hat der Arbeitnehmer für den genannten Zeitraum Anspruch auf Zahlung seines Entgeltes. Ist beispielsweise die Kündigungsfrist sehr lang und wird der Arbeitnehmer bis zum Ablauf dieser unwiderruflich freigestellt, ist das Interesse des Arbeitnehmers an der Klärung der Ungewissheit anders zu bewerten, als bei einer sehr kurzen Freistellung. Das Beispiel berücksichtigt die gesetzliche Regelung des § 3 HS 1 ZPO nicht.

336 Der Vorschlag des Streitwertes erst ab dem Vergleichsabschluss berücksichtigt nicht, dass sehr wohl auch für die Vergangenheit eine Ungewissheit oder ein Streit der Parteien (wie in Nr. 22.1 ausgeführt, Rdn 309 ff.) bestehen kann. Dies kann beispielsweise bei Streitigkeiten über die Entgeltfortzahlung während der Freistellung der Fall sein. Dabei kann zwischen den Parteien streitig oder ungewiss **die Lohnfortzahlungsverpflichtung** des Arbeitgebers oder auch die Höhe des fortzuzahlenden Lohnes sein. In diesen Fällen ist das Interesse der anspruchsstellenden Partei an der Klärung der Freistellung anders und auch höher zu bewerten, als wenn solche Streitpunkte nicht vorliegen. Der Ausschluss für die Zeit vor dem Vergleichsabschluss ist jedenfalls in der pauschalen Form nicht zutreffend.

337 Auch die „Anrechnung" des Streitwertes des Beschäftigungs- oder Weiterbeschäftigungsanspruches ist zum einen **völlig unklar** und in dieser Form wohl **nicht zutreffend.** Bei dem Streit oder der Ungewissheit über die Freistellung geht es im Regelfall (wohl auch im Beispiel 4) um den Zeitpunkt von der Freistellung bis zum streitigen Beendigungstermin. Mit dem Beendigungstermin endet an sich die Freistellung. Da der Arbeitgeber die Leistung des Arbeitnehmers aufgrund der behaupteten Beendigung ablehnt, befindet er sich (wenn die Kündigung unwirksam ist) im Annahmeverzug (§§ 615 BGB, 293 ff. BGB). Wird ein **allgemeiner Weiterbeschäftigungsanspruch** geltend gemacht, bezieht sich dieser auf den Zeitraum **nach dem Beendigungszeitpunkt**, so dass **nicht insoweit einmal identische Zeiträume** betroffen sind. Wie dabei eine Anrechnung des Streitwertes erfolgen soll, ist nicht nachvollziehbar und inhaltlich auch **unzutreffend.** Beruft sich der Kläger auf einen **Beschäftigungsanspruch** (also für die Zeit bis zum Ablauf der Kündigungsfrist), ist in der Tat die ungewisse Freistellung bereits Gegenstand dieses Beschäftigungsanspruches. Eine Vereinbarung über die Freistellung ist auch eine Regelung über den Beschäftigungsanspruch und kein anderer Regelungsgegenstand.

---

10 Vergleiche hierzu die bisherige Rechtsprechung, die bei einer streitigen Freistellung von einem pauschalen Prozentsatz des Gehaltes im Freistellungszeitraum (zwischen **10 %** bis **100 %**) und pauschal mit **einem oder zwei Bruttomonatsgehältern** schwankt: Düwell/Lipke/Schäder, ArbGG, Anhang 2, S. 1289–1290.

Insoweit kommt es nach hiesiger Auffassung nicht zur „**Anrechnung**" des Streitwertes, sondern der Vergleich regelt den Beschäftigungsanspruch. Hinsichtlich des Beschäftigungsanspruches wird unter der Nr. 12 als Streitwert eine Monatsvergütung vorgeschlagen. Der Streitwert ist nicht pauschal ein Bruttomonatsgehalt, sondern nach dem Interesse der Klagepartei an den **konkreten Umständen** zu bemessen (vgl. hierzu die Kommentierung zu I. Nr. 12, Rdn 162 ff.).

Insgesamt ist der Vorschlag des Streitwertes im Beispiel 4 für die Freistellungsvereinbarung mit der **Obergrenze** von einer Bruttomonatsvergütung unzutreffend und entspricht nicht dem Gesetz. Vielmehr ist auf den Einzelfall abzustellen. Dabei kann zutreffend, (wie bereits ausgeführt), **eine Orientierung an dem entsprechenden Entgelt** für diesen Zeitraum erfolgen, eine pauschale Obergrenze von einem Bruttomonatsgehalt ist jedoch nicht gesetzeskonform. Eine Anrechnung von nicht identischen Streitpunkten oder Ungewissheiten ist ausgeschlossen. Auch ist bei der Bewertung nicht nur auf die Zukunft abzustellen. **338**

Das Beispiel 4 erscheint daher im Ergebnis missglückt, da es mehr Fragen aufwirft als beantwortet. **339**

Nr.	Gegenstand
22.2	Ist ein Anspruch unstreitig und gewiss, aber seine Durchsetzung ungewiss, wird das Titulierungsinteresse mit 20 % des Wertes des Anspruches bewertet.

Bei dem Vorschlag wird davon ausgegangen, dass ein Vergleichsmehrwert (gemäß dem Vorschlag zu Nr. 22.1) anfällt. Das „**Titulierungsinteresse**" wird so definiert, dass ein Anspruch unstreitig und gewiss, aber seine **Durchsetzung ungewiss** ist. Bei Mitregelung eines solchen Anspruches in einem Vergleich wird als Streitwert 20 % des Wertes des Anspruches vorgeschlagen. **340**

In der Kommentierung *Ziemanns* wird von diesem ausgeführt, dass die Frage des sogenannten „Titulierungsinteresses" umstritten sei.[1] Wird zur Beseitigung einer Ungewissheit (gemäß I. Nr. 22.1) eine vollstreckbare Regelung in den Vergleich aufgenommen, soll dies mit 20 % des Wertes des Anspruchs zu bewerten sein. Damit würden „nur deklaratorische Regelungen" und „Regelungen zu nicht streitigen Punkten" ohne Ansatz bleiben. Diese Erläuterungen decken sich aber nicht mit dem Vorschlag in Nr. 22.1. Dieser enthält zwar einmal die Möglichkeit eines außergerichtlichen Streites, ausreichend ist jedoch auch die **Beseitigung einer Ungewissheit über ein Rechtsverhältnis** (vgl. dazu die Kommentierung zu Nr. 22.1, Rdn 309 ff.). Da der Begriff der **341**

---

1 Ziemann, a.a.O., IV. 19.

Ungewissheit **sehr weit** auszulegen ist (vgl. die Beispiele 1–3 in Nr. 22.1 und die Kommentierungen dazu, Rdn 322 ff.), wird eine solche sehr häufig gegeben sein. Wäre nach dieser Kommentierung die sogenannte „deklaratorische Regelung" und „Regelung zu nicht streitigen Punkten" ohne Ansatz, wäre dies tatsächlich ein **Widerspruch** zum Vorschlag in Nr. 22.1. Dort reicht nämlich die Beseitigung einer Ungewissheit über ein Rechtsverhältnis für eine eigenständige Bewertung aus. Auch deklaratorische Regelungen können eine **Ungewissheit beseitigen** und einen vollstreckbaren Anspruch schaffen. Mit der Schaffung eines Titels durch einen Vergleichsabschluss (soweit der Inhalt vollstreckungsfähig ist) wird in jedem Fall die Ungewissheit über ein Rechtsverhältnis beseitigt. Ob der Anspruch sodann erfolgreich vollstreckt werden kann, ist ohnehin ungewiss.

342   Der Vorschlag der Nr. 22.1 enthält, dass bei einem außergerichtlichen Streit oder einer Ungewissheit über ein Rechtsverhältnis ein **Vergleichsmehrwert** anfällt (wie auch bei den Beispielen 1, 2 und 3 ausdrücklich ausgeführt wird). Dabei ist der **Wert der Hauptsache** der Vergleichsmehrwert. Nur in Beispiel 4 (Rdn 330 ff.) entspricht der Vorschlag wohl nicht dem Gesetz. Allerdings ist hierbei wohl auch davon auszugehen, dass der Vorschlag den **Wert der Hauptsache** (ungewisse Freistellung) beinhalten soll. Zusammengefasst ergibt sich nach Nr. 22.1, wenn die dort genannten Voraussetzungen vorliegen (Erledigung eines weiteren Rechtsstreites, außergerichtlicher Streit erledigt oder die Ungewissheit über ein Rechtsverhältnis beseitigt), der Streitwert als der volle **Wert der miterledigten Sache**. Die Nr. 22.1 beinhaltet gerade auch den Fall der Beseitigung einer Ungewissheit über ein Rechtsverhältnis.

343   Die Besonderheit des Vorschlages in Nr. 22.2 soll darin bestehen, dass der geltend gemachte Anspruch unstreitig und gewiss ist, aber die Durchsetzung ungewiss sein soll. Es ist bereits nicht genau ersichtlich, was damit gemeint ist, dass der Anspruch nicht nur unstreitig sein soll, sondern vielmehr **„gewiss"** sein soll. Besteht ein Anspruch unstreitig, ist er wohl auch im Regelfall „gewiss". Mit „gewiss" könnte gemeint sein, dass der Anspruch nicht nur unstreitig ist, sondern auch **tatsächlich rechtlich besteht**. Ist jedoch ein solcher Anspruch unstreitig, wird häufig auch ein entsprechendes Anerkenntnis abgegeben. Dies ist allerdings keine notwendige und logische Folge. Deshalb könnte der Vorschlag dahingehend verstanden werden, dass der Anspruch unstreitig ist auch **tatsächlich rechtlich** besteht. Hinzukommen muss aber auch, dass seine Durchsetzung „ungewiss" ist. Auch insoweit ist völlig unklar, was damit gemeint ist. Es könnte gemeint sein, dass der **Anspruch** trotzdem **klageweise durchgesetzt** werden muss oder dass die erfolgreiche **Zwangsvollstreckung** des Anspruches ungewiss ist. Mit dem Begriff der Durchsetzung wird dies jedoch keinesfalls klar ausgedrückt.

Der Vorschlag soll an einem in der Praxis häufig vorkommenden Beispiel überprüft   **344**
werden:

Beispiel:
Zwischen den Parteien ist ein Kündigungsschutzverfahren rechtshängig. Der Arbeitnehmer hat vom Arbeitgeber nach dem Ablauf der Kündigungsfrist ein qualifiziertes Endzeugnis verlangt, auf das er auch einen Anspruch hat.[2] Der Arbeitgeber bestreitet diesen Anspruch nicht, er erteilt dem Arbeitnehmer jedoch auch kein Endzeugnis. Im Gütetermin vereinbaren die Parteien die Beendigung des Arbeitsverhältnisses, die Zahlung einer Abfindung sowie die Erteilung eines qualifizierten Endzeugnisses. Der Anspruch des Arbeitnehmers wurde vom Arbeitgeber **nicht bestritten** und besteht auch. Es ist jedoch **ungewiss,** ob der Arbeitgeber tatsächlich ein Endzeugnis erteilt, da er dies trotz Verpflichtung bisher nicht erfüllt hat. Dabei ist unklar, ob die Voraussetzungen des Vorschlages der Gewissheit des Anspruches und der Ungewissheit der Durchsetzung des Anspruches tatsächlich vorliegen. Dies unterstellt, wird dann ein „Titulierungsinteresse" hinsichtlich des Zeugnisses mit 20 % des Anspruches angenommen. Bei dem Anspruch auf Erteilung eines qualifizierten Endzeugnisses wird unter der Nr. 25.2 als Streitwert ein Bruttomonatsgehalt vorgeschlagen. Wird der Anspruch auf Erteilung des Zeugnisses gerichtlich nicht geltend gemacht, sondern „nur" im Vergleich mitgeregelt, soll das Titulierungsinteresse dann nur 20 % der Bruttomonatsvergütung sein. Dies steht im Widerspruch zu dem Vorschlag der Nr. 22.1, bei dem der **Wert der Hauptsache** der Streitwert ist. Auch beträgt der Streitwert der Erteilung des Zeugnisses nach dem Vorschlag der I. Nr. 25.2, eine Bruttomonatsvergütung. Der Vorschlag der Nr. 22.2 steht daher in diesem Fall im Widerspruch zu I. Nr. 22.1 und 25.2. Darüber hinaus bleibt das **Interesse der Klagepartei das Gleiche**, ob der Anspruch nun eingeklagt ist oder erst im Vergleich mitgeregelt wird.

Der Vorschlag unter Nr. 22.2 ist auch deshalb fehlerhaft, da er für die Berechnung des   **345**
Streitwertes auf das **Bestehen des Anspruches** abstellt. Für den **Streitwert** ist es jedoch
nicht relevant, ob ein Anspruch unstreitig ist, gewiss ist oder seine Durchsetzung
ungewiss ist, sondern nur, ob **dieser geltend gemacht** wird. Selbst wenn ein gerichtlich
geltend gemachter Anspruch seitens des Beklagten **anerkannt** oder **außergerichtlich**
unstreitig ist, aber **nicht erfüllt**, wird ist der Streitwert immer noch der gleiche. Selbst
wenn ein Anspruch geltend gemacht wird, der unstreitig und erfüllt ist, dennoch eingeklagt wird und die Beklagte **Erfüllung einwendet**, bleibt der **Streitwert ebenfalls der**
gleiche. Der Streitwert hat nichts mit den **Erfolgsaussichten** zu tun oder ob ein Anspruch tatsächlich besteht oder ob dieser unstreitig oder gewiss ist oder seine Durchsetzung gewiss oder ungewiss. **Deshalb ist die Frage des so genannten Titulierungsinte**
resses für den Streitwert nicht entscheidend. Wird in einem Vergleich ein unstreitiger
Anspruch mitgeregelt oder auch nur eine Ungewissheit über ein Rechtsverhältnis beseitigt, ist zutreffend der Streitwert (wie im Vorschlag der Nr. 22.1 benannt) der **Wert der**
Hauptsache. Dies wird auch besonders deutlich, wenn man sich folgendes Beispiel vor
Augen hält:

---

2 BAG, 5 AZR 710/85, AP § 630 BGB Nr. 16.

Beispiel:
Der Arbeitgeber hat das zwischen den Parteien bestehende Arbeitsverhältnis gekündigt, der Arbeitnehmer erhebt dagegen Kündigungsschutzklage. Der Arbeitnehmer hat gegenüber dem Arbeitgeber noch aus dem Vorjahr einen Anspruch auf Zahlung eines 13. Gehaltes in Höhe von 5.000,– EUR brutto. Der Arbeitgeber bestätigt außergerichtlich diesen Anspruch des Arbeitnehmers, erfüllt ihn jedoch nicht. Im Rahmen eines Vergleiches im Gütetermin wird die Beendigung zwischen den Parteien vereinbart, zusätzlich die Zahlung des bisher nicht bezahlten Betrages in Höhe von 5.000,– EUR brutto. Der Anspruch zwischen den Parteien ist unstreitig, er ist wohl auch gewiss, (da er besteht und der Arbeitgeber dies bestätigt hat), die Durchsetzung ist jedoch ungewiss, da der Arbeitgeber dies nicht bezahlt hat und auch nicht sicher ist, ob der Arbeitnehmer die Zahlung erhalten wird. Deshalb lägen wohl die Voraussetzungen des Vorschlages der Nr. 22.1 vor, da mit der Regelung im Vergleich die Ungewissheit über diesen Anspruch beseitigt wird. Auch in diesem Fall kann der Streitwert in Höhe von 5.000,– EUR nicht einfach gekappt werden. Das Gesetz sieht eine solche Möglichkeit nicht vor. Vielmehr ist der **Vergleichsmehrwert** dafür der Betrag von 5.000,– EUR.

346   Auch wenn die Rechtsprechung in der Vergangenheit die Titulierung von sogenannten unstreitigen Ansprüchen mit einem Teil des Wertes der streitigen Ansprüche in Ansatz gebracht hat,[3] ist es nicht zutreffend, da es für den Streitwert nicht darauf ankommt, ob der geltend gemachte Anspruch **streitig oder unstreitig ist.** Eine solche **Reduzierung des gesetzlichen Streitwertes** ist nicht gesetzeskonform.

347   Im Ergebnis müsste der Vorschlag zur Nr. 22.2 **gestrichen** werden. Der Vergleichsmehrwert bei der Beseitigung einer Ungewissheit über ein Rechtsverhältnis richtet sich (wie im Vorschlag der Nr. 22.1) nach dem **vollen Wert dieses Rechtsverhältnisses.**

Nr.	Gegenstand
_23._	_Wiedereinstellungsanspruch:_ siehe Einstellungsanspruch (I. Nr. 15.)

348   Wir verweisen insoweit auf die Kommentierung zu I. Nr. 15 (Rdn 216 ff.).

---

3 Beispielsweise: LAG Düsseldorf, Beschl. v. 8.3.2007 – 6 Ta 67/07, juris.

Nr.	Gegenstand
24.	*Weiterbeschäftigungsantrag incl. Anspruch nach § 102 Abs. 5 BetrVG:*
	1 Monatsvergütung

A. Gegenstand des Vorschlages

Hier wird als Streitwert für den Weiterbeschäftigungsantrag „inklusive" Anspruch nach **349** § 102 Abs. 5 BetrVG pauschal eine Bruttomonatsvergütung vorgeschlagen. *Ziemann* macht in seiner Kommentierung dazu keine Ausführungen.[1]

Macht der Arbeitnehmer einen **Weiterbeschäftigungsanspruch** geltend, ist zwischen **350** dem richterrechtlich entwickelten **allgemeinen Weiterbeschäftigungsanspruch**[2] und dem **betriebsverfassungsrechtlichen Weiterbeschäftigungsanspruch** gemäß § 102 Abs. 5 BetrVG nach dem Widerspruch des Betriebsrates zu unterscheiden. Darüber hinaus besteht auch ein **gesetzlicher Weiterbeschäftigungsanspruch gemäß § 78a BetrVG**.

B. Allgemeiner Weiterbeschäftigungsanspruch

Mit dem „Weiterbeschäftigungsantrag" ist wohl die gerichtliche Geltendmachung des **351** allgemeinen Weiterbeschäftigungsanspruch gemeint. Einem Arbeitnehmer steht ein Anspruch auf Weiterbeschäftigung nach erstinstanzlich obsiegenden Urteil bis zur Rechtskraft des Kündigungsschutzverfahrens zu.[3]

Der Vorschlag **unterscheidet nicht**, ob der Weiterbeschäftigungsantrag für den Fall des **352** Obsiegens in erster Instanz (unechter **Hilfsantrag**) oder **unbedingt** gestellt worden ist. Nach dem Vorschlag wäre der Streitwert von einer Bruttomonatsvergütung sowohl bei unbedingter Stellung des Weiterbeschäftigungsantrages als auch bei Stellung als Hilfsantrag anzunehmen.

1 Ziemann, a.a.O., IV.
2 BAG, NZA 1985, 702.
3 BAG, NZA 1985, 702.

353 Grundsätzlich kommt es aber bei der Bewertung des Streitwertes darauf an, ob ein unbedingter Antrag oder ein Hilfsantrag gestellt worden ist (so wohl auch der Vorschlag zu I. Nr. 18, vgl. die dazugehörige Kommentierung, Rdn 250 ff.). Wird der allgemeine Weiterbeschäftigungsanspruch **unbedingt** geltend gemacht, greift der Vorschlag des Streitwertes. Wird er bedingt geltend gemacht, ist er in den Streitwert nur dann einzurechnen, wenn das Gericht darüber **entscheidet** oder dieser **mitverglichen** wird (§ 45 Abs. 1, Satz 2, 3, Abs. 4 GKG). Auch bei einem Vergleich mit der Beendigung des Arbeitsverhältnisses ist der gestellte Weiterbeschäftigungsantrag **mitverglichen** (siehe auch zu I. Nr. 18: Rdn 250 ff.), so dass im Regelfall bei einem Vergleichsabschluss ein eigener Streitwert für den Weiterbeschäftigungsantrag besteht. In der Praxis wird der Weiterbeschäftigungsanspruch häufig im Kündigungsschutzverfahren als unechter Hilfsantrag (für den Fall des Obsiegens mit dem Feststellungsantrag hinsichtlich der Kündigung) gestellt. Entscheidet das Gericht, kommt es darauf an, ob es der Kündigungsschutzklage stattgibt oder nicht. Gibt es der Kündigungsschutzklage statt, muss auch eine Entscheidung über den allgemeinen Weiterbeschäftigungsantrag erfolgen. In diesem Fall besteht ein Streitwert für den Weiterbeschäftigungsantrag. Schließen die Parteien einen Vergleich (entweder mit der Weiterbeschäftigung des Arbeitnehmers oder auch mit der Beendigung zu bestimmten Bedingungen) wird der gestellte Hilfsantrag mitgeregelt, so dass gemäß § 45 Abs. 4 GKG i.V.m. § 45 Abs. 1 GKG auch ein Streitwert des Weiterbeschäftigungsantrages vorliegt.

354 Der Gegenstand der **gerichtlichen und anwaltlichen Tätigkeit kann differieren**, insbesondere wenn der Rechtsanwalt einen Hilfsantrag stellt, über den das Gericht nicht entscheidet oder der nicht in den Vergleich einbezogen wird. Beantragt in diesem Fall der Rechtsanwalt eine **Gegenstandswertfestsetzung** nach § 33 Abs. 1 Satz 1 RVG ist in den Gegenstandswert auch ein **nicht entschiedener oder nicht verglichener Hilfsantrag in den Gegenstandswert mit einzurechnen** (vgl. dazu die Kommentierung zur Vorbemerkung unter Rdn 27 ff.)! Der mit einem unechten Hilfsantrag gestellte Weiterbeschäftigungsantrag ist daher in jedem Fall in den **Gegenstandswert einzurechnen**, **unabhängig** davon ob das Gericht darüber entscheidet oder der Antrag mitverglichen worden ist.

355 Bei der Beurteilung des allgemeinen Weiterbeschäftigungsanspruches hat eine **Interessenabwägung** stattzufinden.[4] Obsiegt der Arbeitnehmer in der ersten Instanz überwiegen im Regelfall seine Interessen. Vor dem Obsiegen in erster Instanz überwiegt das Weiterbeschäftigungsinteresse des Arbeitnehmers grundsätzlich dann, wenn die Kündigung des Arbeitgebers **offensichtlich unwirksam** ist oder ein **besonderes Interesse** an der tatsächlichen Beschäftigung besteht. Auch kann eine Weiterbeschäftigung für den Arbeitgeber wirtschaftlich unzumutbar sein (z.B. bei Wegfall des Arbeitsplatzes). Macht der Arbeitnehmer den allgemeinen Weiterbeschäftigungsanspruch gegenüber dem Ar-

---

4 BAG, NZA 1985, 702.

beitgeber geltend, kann er dies entweder im **Kündigungsschutzverfahren** oder in einem **gesonderten Verfahren** geltend machen oder im Rahmen einer **einstweiligen Verfügung** (z.B. bei offensichtlich unwirksamer Kündigung oder besonderem Interesse). Für den Streitwert ist irrelevant, ob der Kläger dies in einem eigenen Verfahren oder im Rahmen des Kündigungsschutzverfahrens geltend macht. Macht er diesen im Rahmen des Kündigungsschutzverfahrens geltend, ist der Streitwert mit dem der Feststellungsklage **zusammenzurechnen**. Wird der allgemeine Weiterbeschäftigungsanspruch im Rahmen einer **einstweiligen Verfügung** geltend gemacht,[5] ist hinsichtlich des Streitwertes auch der Vorschlag unter I. Nr. 16 zu berücksichtigen (vgl. hierzu Rdn 231 ff.). Da bei einer einstweiligen Verfügung mit der begehrten Antragstellung **im Regelfall** die Vorwegnahme der Hauptsache beinhaltet ist, ist nach dem Vorschlag in Nr. 16.1 zutreffend der **gesamte Wert des Hauptsacheverfahrens** anzusetzen (im Vorschlag genannt: 100 % des allgemeinen Wertes). Daher ist grundsätzlich auch für die Verfolgung des allgemeinen Weiterbeschäftigungsanspruches im Rahmen der einstweiligen Verfügung der **Hauptsachewert** der Streitwert.

C. Betriebsverfassungsrechtlicher Weiterbeschäftigungsanspruch gemäß § 102 Abs. 5 BetrVG

Der Vorschlag soll für den Weiterbeschäftigungsantrag „inklusive" dem Anspruch nach § 102 Abs. 5 BetrVG gelten. Auch wenn die Formulierung etwas ungewöhnlich ist, ist damit wohl gemeint, dass **auch** der betriebsverfassungsrechtliche Anspruch nach § 102 Abs. 5 BetrVG von diesem Vorschlag erfasst sein soll.   **356**

Der Arbeitnehmer hat dann einen betriebsverfassungsrechtlichen Weiterbeschäftigungsanspruch, wenn der Betriebsrat einer **ordentlichen Kündigung** frist- und formgemäß widersprochen hat, der Arbeitnehmer eine Kündigungsschutzklage erhoben hat, mit der Feststellung, dass das Arbeitsverhältnis durch die Kündigung nicht aufgelöst worden ist und der Arbeitnehmer den Arbeitgeber auffordert, ihn **nach Ablauf der Kündigungsfrist** bis zum rechtskräftigen Abschluss des Rechtsstreites zu unveränderten Bedingungen weiter zu beschäftigen. Der Arbeitgeber kann davon durch eine einstweilige Verfügung gemäß § 102 Abs. 5 Satz 2 BetrVG entbunden werden.   **357**

Der betriebsverfassungsrechtliche Weiterbeschäftigungsanspruch besteht bei Vorliegen der Voraussetzungen ab Ablauf der Kündigungsfrist. Liegen die Voraussetzungen vor, besteht der auch bereits vor einem Obsiegen in erster Instanz mit dem Kündigungs-   **358**

---

5 Grundsätzlich muss bei einer einstweiligen Verfügung neben dem **Verfügungsanspruch** auch ein **Verfügungsgrund** bestehen. Bei dem betriebsverfassungsrechtlichen Weiterbeschäftigungsanspruch ist allerdings streitig, ob ein gesonderter Verfügungsgrund erforderlich ist oder ein solcher vorliegen müsse, aber von diesem **regelmäßig auszugehen** ist; Vergleiche zum Streitstand: Korint, Einstweiliger Rechtsschutz im Arbeitsgerichtsverfahren, I, Rn 168 bis 169.

schutzverfahren. Da der Anspruch selbst bei Unterliegen in erster Instanz bei Vorliegen der Voraussetzungen besteht, wird er im Regelfall **nicht als unechter Hilfsantrag** geltend gemacht werden, sondern als unbedingter Antrag oder in einem getrennten Verfahren bzw. im Rahmen einer einstweiligen Verfügung. Wird dieser Anspruch dennoch als unechter Hilfsantrag (für den Fall des Obsiegens) im Kündigungsschutzverfahren gestellt, ist er in den Streitwert nur dann einzurechnen, wenn das Gericht darüber entscheidet oder dieser Antrag mitverglichen wird (vgl. dazu die Kommentierung zum allgemeinen Weiterbeschäftigungsantrag unter der Rdn 349 ff.). In den **Gegenstandswert** ist auch ein solcher Hilfsantrag in jedem Fall nach § 33 Abs. 1 RVG **einzurechnen** (vgl. dazu die Ausführungen unter Rdn 27 ff.).

359 Macht der Arbeitnehmer nach Widerspruch des Betriebsrates den betriebsverfassungsrechtlichen Weiterbeschäftigungsanspruch gegenüber dem Arbeitgeber geltend, kann er dies entweder im **Kündigungsschutzverfahren** oder in einem **gesonderten Verfahren** geltend machen. Auch ist es in der Praxis nicht ganz selten, dass der betriebsverfassungsrechtliche Anspruch im Rahmen einer **einstweiligen Verfügung** geltend gemacht wird. Verfolgt der Arbeitnehmer den betriebsverfassungsrechtlichen Weiterbeschäftigungsanspruch, ist es für den Streitwert irrelevant, ob der Kläger dies in einem eigenen Verfahren oder im Rahmen des Kündigungsschutzverfahrens geltend macht. Macht er diesen im Rahmen des Kündigungsschutzverfahrens geltend, ist der Streitwert des betriebsverfassungsrechtlichen Weiterbeschäftigungsanspruches mit dem der Feststellungsklage **zusammenzurechnen**. Wird der betriebsverfassungsrechtliche Weiterbeschäftigungsanspruch im Rahmen einer **einstweiligen Verfügung** geltend gemacht,[6] ist hinsichtlich des Streitwertes auch der Vorschlag der Nr. 16 zu berücksichtigen (vgl. die Kommentierung zu I. Nr. 16, Rdn 231 ff.). Da auch bei einer einstweiligen Verfügung mit der begehrten Antragstellung hinsichtlich des betriebsverfassungsrechtlichen Weiterbeschäftigungsanspruches **im Regelfall** die Vorwegnahme der Hauptsache beinhaltet ist, ist nach dem Vorschlag der Nr. 16.1 zutreffend der **gesamte Wert des Hauptsacheverfahrens** anzusetzen (100 % des allgemeinen Wertes). Daher ist grundsätzlich auch für die Verfolgung des betriebsverfassungsrechtlichen Weiterbeschäftigungsanspruches im Rahmen der einstweiligen Verfügung der **Hauptsachewert** der Streitwert.

---

6 Grundsätzlich muss bei einer einstweiligen Verfügung neben dem **Verfügungsanspruch** auch ein **Verfügungsgrund** bestehen. Bei dem betriebsverfassungsrechtlichen Weiterbeschäftigungsanspruch ist allerdings streitig, ob ein gesonderter Verfügungsgrund erforderlich ist oder ein solcher vorliegen müsse, aber von diesem **regelmäßig auszugehen** ist; Vergleiche zum Streitstand: Korint, einstweiliger Rechtsschutz im Arbeitsgerichtsverfahren, I, Rn 168 bis 169.

D. Gesetzlicher Weiterbeschäftigungsanspruch gem. § 78a BetrVG

Gemäß § 78a Abs. 2 BetrVG hat ein Auszubildender (der Mitglied der Jugend- und **360** Auszubildendenvertretung ist) nach Beendigung des Ausbildungsverhältnisses, einen unbefristeten Weiterbeschäftigungsanspruch. Dabei muss der Auszubildende innerhalb der letzten drei Monate vor der Beendigung des Ausbildungsverhältnisses schriftlich vom Arbeitgeber die Weiterbeschäftigung verlangen. Erfüllt der Auszubildende diese Voraussetzungen, wird zwischen dem Arbeitgeber und dem bisherigen Auszubildenden ein Arbeitsverhältnis auf unbestimmte Zeit begründet. Dies ist ein gesetzlicher Weiterbeschäftigungsanspruch. Wird der ehemalige Auszubildende trotzdem vom Arbeitgeber nicht weiterbeschäftigt, kann der ehemalige Auszubildende die Weiterbeschäftigung gerichtlich durchsetzen, auch in einem einstweiligen Verfügungsverfahren.

Fraglich ist allerdings, ob dieser Weiterbeschäftigungsanspruch von dem Vorschlag der **361** Nr. 24 erfasst werden soll. Explizit ist er dort nicht genannt (im Unterschied zu dem Anspruch nach § 102 Abs. 5 BetrVG). Dies spricht dagegen. Auch die Formulierung „Weiterbeschäftigungsantrag" beinhaltet dies nicht explizit. All dies spricht eher dafür, dass der eher seltenere Fall des § 78a BetrVG von dem Vorschlag nicht erfasst wird.

Klagt der Arbeitnehmer darauf, dass festgestellt wird, dass zwischen den Parteien ein **362** **Arbeitsverhältnis besteht**, ergibt sich der Streitwert aus § 42 Abs. 1 S. 1 HS 1 GKG, da es insoweit um die Feststellung des **Bestehen** eines Arbeitsverhältnisses geht. Dieser Antrag ist keinesfalls von dem hiesigen Vorschlag erfasst.

Nur wenn der Arbeitnehmer (auch) die Weiterbeschäftigung als Arbeitnehmer geltend **363** macht, könnte dieser Antrag vom Vorschlag erfasst sein. Dieser Antrag („der Beklagte wird verurteilt den Kläger als ... zu beschäftigen") entspricht dem Weiterbeschäftigungsantrag und dem Antrag nach § 102 Abs. 5 BetrVG. Allerdings sind sowohl der allgemeine Weiterbeschäftigungsanspruch als auch der betriebsverfassungsrechtliche Weiterbeschäftigungsanspruch auf die **Rechtskraft des Verfahrens** begrenzt, was der Weiterbeschäftigungsanspruch nach § 78a BetrVG gerade nicht ist, sondern das Arbeitsverhältnis besteht bei Vorliegen der Voraussetzungen **unbefristet** und der Arbeitnehmer ist auch unbefristet weiter zu beschäftigen. Bei Berücksichtigung des Interesses der Klagepartei gemäß § 3 HS 1 ZPO kann dieser Anspruch daher **nicht** unter den Vorschlag **fallen**. Vielmehr ist der Streitwert nach dem höheren Interesse der Klagepartei an der Weiterbeschäftigung zu bewerten. Wird diese Weiterbeschäftigung im Rahmen der **einstweiligen Verfügung** geltend gemacht, wird aufgrund der fehlenden Befristung dieses Anspruches nicht der Vorschlag der Nr. 16.1, sondern der Vorschlag der Nr. 16.2, also 50 % des Hauptsachestreitwertes, einschlägig sein (vgl. dazu die Kommentierung zu I. Nr. 16.1, Rdn 231 ff. und I. Nr. 16.2, Rdn 236 ff.).

E. Vorgeschlagener Streitwert

364   Aus den Kommentierung unter den Rdn 351 ff. ergibt sich, dass von dem Vorschlag der allgemeine Weiterbeschäftigungsanspruch und der betriebsverfassungsrechtliche Weiterbeschäftigungsanspruch nach § 102 Abs. 5 BetrVG erfasst sein sollen, wohl aber nicht ein Weiterbeschäftigungsantrag gemäß § 78a BetrVG.

365   Für diese ersten beiden Fälle wird als Streitwert eine Monatsvergütung vorgeschlagen. Gemeint ist dabei (wie in allen Fällen) eine **durchschnittliche Bruttomonatsvergütung**. Dabei sind alle **Entgeltbestandteile** zu berücksichtigen, also das Jahresentgelt geteilt durch 12. Dabei auf die **Angaben** des Klägers abzustellen. **Nicht** eingerechnet werden lediglich freiwillige Leistungen, auf die der Arbeitnehmer keinen Anspruch hat (vgl. dazu die Kommentierung zu I. Nr. 19, Rdn 264 ff.).

F. Stellungnahme zum vorgeschlagenen Streitwert

366   Grundsätzlich ist der Streitwert, da ein Fall des § 42 Abs. 2 S. 1 GKG nicht gegeben ist, nach dem Interesse der Klagepartei gemäß § 3 HS 1 ZPO zu bewerten. Eine völlig pauschale Bewertung (wie vorgesehen) mit einem Bruttomonatsgehalt entspricht den gesetzlichen Vorgaben nicht.

367   Dabei ist grundsätzlich auch zwischen dem allgemeinen Weiterbeschäftigungsantrag und dem kollektivrechtlichen Weiterbeschäftigungsantrag gemäß § 102 Abs. 5 BetrVG **zu unterscheiden**. Der allgemeine Weiterbeschäftigungsanspruch nach der Rechtsprechung des Bundesarbeitsgerichts[7] besteht grundsätzlich (vgl. für die Ausnahmen oben unter Rdn 349) erst **ab Obsiegen** des Arbeitnehmers in erster Instanz mit seiner Kündigungsschutzklage, während der kollektivrechtliche Weiterbeschäftigungsanspruch nach § 102 Abs. 5 BetrVG bei Vorliegen der Voraussetzungen bereits **ab dem Ablauf der ordentlichen Kündigungsfrist** besteht. Deshalb wird der Arbeitnehmer diesen Anspruch grundsätzlich ab Ablauf der Kündigungsfrist bis zur Rechtskraft des Kündigungsschutzverfahrens durchsetzen und begehren. Den allgemeinen Weiterbeschäftigungsanspruch wird der Arbeitnehmer im Regelfall erst ab Obsiegen in erster Instanz begehren. Im Regelfall ist daher ein **wesentlich unterschiedlich langer Zeitraum betroffen**. Dies wirkt sich auf das Interesse des jeweiligen Klägers aus.

368   Hinzukommt, dass der Anspruch gemäß § 102 Abs. 5 BetrVG **nicht davon abhängt, ob ein Gericht die Kündigung als wirksam oder unwirksam** erachtet. Selbst wenn das Gericht in erster Instanz die Kündigung für wirksam erachtet, besteht bis zum rechtskräftigen Abschluss des Kündigungsschutzverfahrens der betriebsverfassungsrechtliche Weiterbeschäftigungsanspruch aufgrund eines ordnungsgemäßen Wider-

---

7 NZA 1985, 702.

spruchs des Betriebsrates. Selbst bei einer wirksamen Kündigung kann der Arbeitnehmer daher einen kollektivrechtlichen Weiterbeschäftigungsanspruch durchsetzen, wenn die Voraussetzungen gegeben sind.

Insgesamt ist daher im Regelfall das Interesse an der Durchsetzung des betriebsverfas- **369** sungsrechtlichen Anspruches für den Kläger höher zu bewerten, insbesondere aufgrund des deutlich längeren Zeitraumes. Dabei ist immer auf den **Einzelfall** abzustellen. Die bisherige Rechtsprechung hat sowohl für den allgemeinen Weiterbeschäftigungsantrag als auch für den Antrag gemäß § 102 Abs. 5 S. 1 BetrVG sehr unterschiedliche Streitwerte von 1/3 **Bruttomonatsgehalt bis zum Vierteljahresentgelt** angenommen.[8] Auch § 42 Abs. 2 S. 1 GKG regelt dazu keine Streitwertbegrenzung. Da dies auch keine Leitnorm darstellt (vgl. die Kommentierung zur Vorbemerkung unter Rdn 13 ff.), muss das Interesse der Klagepartei nach den **konkreten Umständen** bewertet werden. Dabei müsste zutreffend zugrunde gelegt werden, **für welchen Zeitraum** voraussichtlich eine solche Weiterbeschäftigung möglich ist, so dass bei dem betriebsverfassungsrechtlichen Weiterbeschäftigungsanspruch im Regelfall ein wesentlich längerer Zeitraum zugrunde zu legen ist (vom Beendigungszeitpunkt bis zum rechtskräftigen Abschluss des Kündigungsschutzverfahrens) als beim allgemeinen Weiterbeschäftigungsanspruch (vom Obsiegen in erster Instanz bis zum rechtskräftigen Abschluss des Kündigungsschutzverfahrens). Das wirtschaftliche Interesse der Klagepartei orientiert sich an dem für diesen Zeitraum zu zahlende Entgelt (der Arbeitgeber muss den Arbeitnehmer während der Weiterbeschäftigung zu den bisherigen Bedingungen beschäftigen). Richtig wäre daher für den betriebsverfassungsrechtlichen Weiterbeschäftigungsanspruch das Entgelt vom Beendigungstermin bis zum voraussichtlichen Abschluss des Kündigungsschutzverfahrens und für den allgemeinen Weiterbeschäftigungsanspruch das Entgelt für den Zeitraum vom Obsiegen in erster Instanz bis zum rechtskräftigen Abschluss des Kündigungsschutzverfahrens zugrunde zu legen. Vom voraussichtlichen Obsiegen erster Instanz bis zum voraussichtlich rechtskräftigen Abschluss des Kündigungsschutzverfahrens kann **ein halbes bis zu einem Jahr** geschätzt werden und für die Zeit vom Beendigungstermin bis zum Abschluss des Kündigungsschutzverfahrens **1,5 Jahre**, wobei dies eher vorsichtig geschätzt ist.[9] Wird der allgemeine Weiterbeschäftigungsanspruch bereits für den Zeitpunkt vor dem Obsiegen in erster Instanz mit der Kündigungsschutzklage geltend gemacht (z.B. mit der Behauptung, dass die Kündigung offensichtlich unwirksam ist; nach der Interessenlage kann ein solcher Anspruch auch schon vor dem Obsiegen in erster Instanz bestehen; Vergleiche die Kommentierung unter der Rdn 349 ff.), ist dabei auch eher von **1,5 Jahren** als möglicher Beschäftigungszeitraum auszugehen.

---

8 Düwell/Lipke/Schäder, ArbGG, Anhang 2, S. 1307–1310.
9 Es kann bei Kündigungsschutzverfahren pro Instanz ein Zeitraum von **sechs Monaten bis zu einem Jahr** angenommen werden, so dass auch ein wesentlich längerer Zeitraum angenommen werden könnte.

370 Selbst wenn man (wie die Streitkommission) von der angeblichen „Leitnorm" des § 42 Abs. 2 S. 1 GKG ausgeht (vgl. die Kommentierung zur Vorbemerkung unter Rdn 13 ff.; obwohl hier weder das Bestehen, das Nichtbestehen oder die Kündigung eines Arbeitsverhältnisses Gegenstand ist), wäre auch das **Vierteljahresentgelt** der zutreffende Streitwert. Da der tatsächliche Zeitraum zwischen Beendigungstermin bzw. Obsiegen in erster Instanz und dem rechtskräftigen Abschluss eines Kündigungsschutzverfahrens wesentlich länger ist und die tatsächliche Weiterbeschäftigung des Arbeitnehmers und den daraus resultierenden Entgeltzahlung einen erheblichen Druck auf den Arbeitgeber setzt und damit möglicherweise auch den Arbeitsplatz faktisch erhält, kann der Streitwert weder für die allgemeinen und kollektivrechtlichen Weiterbeschäftigungsansprüche nur ein Bruttomonatsgehalt betragen.

371 Letztlich ist beim Streitwert immer auf den **Einzelfall** abzustellen, so dass es tatsächlich auf die konkreten Umstände des Einzelfalles ankommt. Im **Regelfall** können jedoch **ein halbes bis zu einem Jahresgehalt** für den allgemeinen Weiterbeschäftigungsanspruch und **1,5 Jahresgehälter** für den kollektivrechtlichen Weiterbeschäftigungsanspruch gemäß § 3 HS 1 ZPO als Streitwert angenommen werden. Selbst bei Zugrundelegung einer nicht bestehenden Leitnorm des § 42 Abs. 2 S. 1 HS 16 GKG wäre mindestens das **Vierteljahresentgelt** der Streitwert.

Nr.	Gegenstand
25.	**Zeugnis**
25.1	Erteilung oder Berichtigung eines einfachen Zeugnisses: 10 % einer Monatsvergütung.

A. Gegenstand des Vorschlages

372 Hier wird bei der Geltendmachung der Erteilung **oder** Berichtigung eines einfachen Zeugnisses als Streitwert 10 % einer Monatsvergütung vorgeschlagen. In der Kommentierung[1] findet sich zu dem Vorschlag nichts. Auch bei einem einfachen Zeugnis sind

---

1 Ziemann, a.a.O., IV. 25.

die beiden Stufen der Erteilung eine Zeugnisses und der Berichtigung eines bereits erteilten Zeugnisses zu unterscheiden.

B. Erteilung eines einfachen Zeugnisses

§ 109 Abs. 1 GewO unterscheidet zwischen dem einfachen Zeugnis, das gemäß § 109 **373** Abs. 1 S. 2 GewO Angaben über **Art und Dauer** der Tätigkeit enthält, während ein qualifiziertes Zeugnis gemäß § 109 Abs. 1 S. 3 GewO auch Angaben über Leistung und Verhalten im Arbeitsverhältnis enthält. In der Praxis verlangen die meisten Arbeitnehmer ein qualifiziertes Zeugnis, da damit auch die Leistung und das Verhalten im Arbeitsverhältnis bewertet werden (zum Vorschlag hinsichtlich des Streitwertes beim qualifizierten Zeugnis wird auf die Kommentierung zu I. Nr. 25.2 verwiesen, Rdn 385 ff.). In Einzelfällen kommt es jedoch vor, dass der Arbeitnehmer nur ein einfaches Zeugnis beim Arbeitgeber angefordert. Ein solches einfaches Zeugnis hat der Arbeitgeber auch ohne konkrete Anforderung gemäß § 109 Abs. 1 S. 1 GewO zu erteilen.

Hat der Arbeitgeber trotz Verpflichtung ein einfaches Arbeitszeugnis nicht erteilt, kann **374** der Arbeitnehmer nicht auf die Erteilung eines Arbeitszeugnisses mit einem konkreten Inhalt klagen, sondern muss zunächst die **Erteilung** eines solchen Zeugnisses einklagen. Hat dann der Arbeitgeber das Zeugnis erteilt, kann der Arbeitnehmer auf „Berichtigung" klagen. Dabei handelt es sich nach der Rechtsprechung des Bundesarbeitsgerichtes insgesamt um einen einheitlichen Erfüllungsanspruch, da der Anspruch auf das Zeugnis erst mit Erteilung eines vollständigen und zutreffenden Zeugnisses erfüllt ist.[2] Auch wenn mit der begehrten Berichtigung der Erfüllungsanspruch geltend gemacht wird, richtet sich diese auf die Erteilung eines „neuen" Zeugnisses. Der erste Fall enthält einen Vorschlag für diese erste Stufe, also die Geltendmachung der Erteilung eines einfachen Zeugnisses.

Dabei unterscheidet der Vorschlag nicht zwischen Endzeugnis und **Zwischenzeugnis**, **375** während beim qualifizierten Zeugnis zum „Zwischenzeugnis" die Nr. 25.3 einen eigenen Vorschlag enthält (wenn auch die Nr. 25.2 nur das „Zeugnis" nennt). Da sich der Vorschlag der Nr. 25.3 ausdrücklich auf die Nr. 25.2 bezieht und dort auch auf den Vorschlag der Nr. 25.2 (ein Bruttomonatsgehalt) verwiesen wird, ist davon auszugehen, dass sich der Vorschlag der Nr. 25.3 nur auf das qualifizierte und nicht auf das einfache Zeugnis bezieht. Der Vorschlag zum einfachen Zeugnis ist daher so zu verstehen, dass er sich auch die **Erteilung eines einfachen Zwischenzeugnisses** bezieht.

2 BAG, NZA 2004, 842.

C. Berichtigung eines einfachen Zeugnisses

376   Wird das einfache Zeugnis (§ 109 Abs. 1 S. 2 GewO) entweder **formell oder materiell** unzutreffend erteilt, ist der Anspruch gem. § 109 Abs. 1 S. 1, S. 2 GewO nicht erfüllt und der Arbeitnehmer kann „Berichtigung" mit Erteilung eines zutreffenden Zeugnisses begehren.[3] Da sich ein einfaches Zeugnis auf die Art und Dauer der Tätigkeit erstreckt, kann neben den formellen Themen (wer ist zur **Unterschrift** verpflichtet oder ein unzutreffendes **Erstellungsdatum**) die Art und Dauer der Tätigkeit falsch angegeben sein. In diesem Fällen kann der Arbeitnehmer die Erteilung eines zutreffenden Zeugnisses begehren. Für diesen Fall der Berichtigung des einfachen Zwischen- (siehe dazu Rdn 373 ff.) oder Endzeugnisses wird der Streitwert vorgeschlagen.

377   Da es sich bei der Erteilung und der „Berichtigung" eines einfachen Zeugnisses um zwei unterschiedliche Stufen handelt, stellt sich die Frage, wie der Vorschlag gemeint ist, wenn der Arbeitnehmer zunächst die Erteilung des einfachen Zeugnisses begehrt (und möglicherweise durchsetzt) und dann erst die Berichtigung. Da zwischen den beiden Varianten „Erteilung" und „Berichtigung" das Wort **„oder"** ausgeführt ist, ist davon auszugehen, dass für **beide Varianten jeweils** der Streitwertes vorgeschlagen wird. Wird demnach zunächst die Erteilung eines einfachen Zeugnisses und nach Erteilung die Berichtigung eines einfachen Zeugnisses geltend gemacht, ist der Streitwert nach dem Vorschlag **jeweils** 10 % einer Monatsvergütung, insgesamt **20 % der Bruttomonatsvergütung**. Werden diese Ansprüche in getrennten Verfahren geltend gemacht, soll der Vorschlag ohnehin für jedes einzelne Verfahren gelten.

378   Erfolgt insoweit eine einheitliche außergerichtliche Tätigkeit (zunächst mit der Erteilung und dann Berichtigung des erteilten Zeugnisses) und liegt insoweit ein **einheitlicher Auftrag** vor, ist dies gebührenrechtlich dann eine Angelegenheit.[4] Bei dieser einheitlichen Angelegenheit beträgt der Streitwert nach dem Vorschlag 20 % einer Bruttomonatsvergütung.

379   Diese Ausführungen gelten auch der Berichtigung eines einfachen **Zwischenzeugnisses** (siehe dazu Rdn 373 ff.).

---

3 BAG, NZA 2006, 104.

4 Bei **zeitlicher Trennung und getrennter Auftragserteilung** ist zwischen Erteilung und Berichtigung auch gebührenrechtlich zu unterscheiden. Es liegen dann zwei gebührenrechtliche Angelegenheiten vor; Vgl. hierzu hinsichtlich eines qualifizierten Zeugnisses: LG Köln, ArbRB 2012, 50.

D. Überprüfung des vorgeschlagenen Streitwertes

I. Zusammenfassung der Anwendbarkeit des Vorschlages

Wie sich aus den Ausführungen in Rdn. 373 ff., 376 ff. ergibt, gilt der Vorschlag wohl **380** für folgende Fälle:
– Geltendmachung der Erteilung eines einfachen Endzeugnisses,
– Geltendmachung der Berichtigung eines einfachen Endzeugnisses,
– Geltendmachung der Erteilung eines einfachen Zwischenzeugnisses,
– Geltendmachung der Berichtigung eines einfachen Zwischenzeugnisses

Des Weiteren gilt der Vorschlag aufgrund des Wortes „oder", bei zunächst geltend **381** gemachter Erteilung und nach Erteilung geltend gemachter Berichtigung **jeweils** für die einzelne Stufe.

II. Vorgeschlagener Streitwert

Der Vorschlag enthält eine **völlig pauschale** Bewertung mit 10 % einer Monatsvergü- **382** tung. Mit der Monatsvergütung ist die **Bruttomonatsvergütung** gemeint. Zur Berech- nung verweisen wir auf die Ausführungen zur Berechnung des Vierteljahresentgeltes (vgl. die Kommentierung zu I. Nr. 19, Rdn 264 ff.). Im Ergebnis ist die Bruttomonatsver- gütung grundsätzlich so zu berechnen, dass die Jahresvergütung geteilt durch 12 errech- net wird, wobei bei der Jahresvergütung die **freiwilligen Leistungen** des Arbeitgebers nicht zu berücksichtigen sind. Auch ist auf die **Angaben des Klägers** abzustellen.

III. Eigener Vorschlag zu den Streitwerten

§ 3 HS 1 ZPO ist für Bewertung des Streitwertes einschlägig, so dass sich der Streitwert **383** für die Erteilung oder Berichtigung eines einfachen Zwischen- und Endzeugnisses nach dem **Interesse der Klagepartei** richtet. Dabei ist der Vorschlag eines einheitlichen Wertes, **ohne konkrete Abweichung nach oben oder unten** keinesfalls gesetzeskon- form, sondern es muss immer das konkrete Interesse der Klagepartei Berücksichtigung finden. Es trifft zwar zu, dass das Interesse der Klagepartei an einem einfachen Zeugnis im Regelfall ein geringeres sein wird, als bei einem **qualifizierten Zeugnis** (da dieses auch Ausführungen zur Leistung und dem Verhalten beinhaltet). Das einfache Zeugnis beinhaltet jedoch die konkrete Tätigkeit und den Zeitraum. Dabei ist bei den beiden Stufen von einfachen Zeugnissen (Erteilung und Berichtigung) grundsätzlich folgendes zu beachten:
– **Erteilung eines einfachen Zeugnisses:** Erhält der Arbeitnehmer kein einfaches Zeugnis, hat er eine komplette **Lücke im Lebenslauf.** Dies kann bei möglichen

Bewerbungen zu erheblichen Nachteilen führen.[5] Für das Interesse der Klagepartei an der Erteilung eines einfachen Zeugnisses ist dabei die **Länge des Arbeitsverhältnisses** entscheidend, da eine mehrere Jahre dauernde Lücke wesentlich schwerer wiegt, als eine nur kurze Lücke von ein paar Monaten. Das Interesse der Klagepartei bei einer längeren Dauer des Arbeitsverhältnisses ist grundsätzlich höher als bei einer kürzeren Dauer des Arbeitsverhältnisses. Auch kann Berücksichtigung finden, ob die geltend machende Partei tatsächlich ein solches Zeugnis für die **Bewerbung** benötigt oder dies nicht der Fall ist (z.B. da sich der Arbeitnehmer selbstständig macht, er kann das Zeugnis dann aber möglicherweise später doch noch benötigen). Insgesamt kann daher bei der Bemessung des Streitwertes nur auf diese **konkreten Umstände** abgestellt werden. Dabei müsste wohl grundsätzlich auf eine Durchschnittsdauer des Arbeitsverhältnisses abgestellt werden, wobei die durchschnittliche Länge eines Arbeitsverhältnisses bei etwa 10 Jahren liegt.[6] Ein einfaches Zeugnis dient dem **zukünftigen Erlangen von Einkünften**. Die vergangene Leistung ist daher insoweit an sich nicht relevant. Da die zukünftige Vergütung jedoch häufig im Voraus nicht beurteilt werden kann, kann dann die bisher gezahlte Vergütung im alten Arbeitsverhältnis als Orientierung herangezogen werden. Selbst bei einer solchen Orientierung müsste diese höher als 10 % einer Monatsvergütung sein. Da mit dem einfachen Zeugnis **die Lücke im Arbeitsverhältnis geschlossen** werden kann und dies einen erheblichen Anteil daran haben kann, dass eine Bewerbung erfolgreich ist, muss auch darauf abgestellt werden, ob zum Zeitpunkt der Geltendmachung der Arbeitnehmer bereits arbeitslos ist oder sich noch im Arbeitsverhältnis befindet. Ist er (bereits längere Zeit) arbeitslos, müsste dies bei der Bewertung des Interesses auch Berücksichtigung finden. Bei einer durchschnittlichen Dauer eines Arbeitsverhältnisses von 10 Jahren wird der Arbeitnehmer zwar im Regelfall ein qualifiziertes Zeugnis anfordern. Für diesen Fall wäre das Interesse des Arbeitnehmers jedoch auch als sehr hoch zu bewerten, wohl **mindestens mit einem Jahresgehalt**. Würde man dies als Orientierung auf kürzere Arbeitsverhältnisse „herunterrechnen", könnte bei der Dauer des Arbeitsverhältnis von einem halben bis einem Jahr[7] **mindestens ein Bruttomonatsgehalt** als Streitwert angemessen sein. Dabei müssen auch erhebliche **Abweichungen nach oben nach unten** aufgrund des Einzelfalles Berücksichtigung finden.

– **„Berichtigung" eines einfachen Zeugnisses:** Auch bei der „Berichtigung" eines einfachen Zeugnisses ist der Vorschlag von generell pauschal 10 % einer Bruttomonatsvergütung nicht gesetzeskonform. Auch hier muss gemäß § 3 HS 1 ZPO eine Bewertung anhand des konkreten **Interesses der Klagepartei** an der Berichtigung erfolgen. Dabei kommt es tatsächlich auch auf die **begehrten Berichtigungen** an.

---

5 Püttjer/Schnierda, „Kein Arbeitszeugnis für die Bewerbung, und nun?", www.karriereakademie.de.
6 Institut für Arbeitsmarkt- und Berufsforschung-Kurzbericht, 19/2010, Seite 4.
7 Bei der Geltendmachung von einfachen Zeugnissen ist dies oft die Dauer des Arbeitsverhältnisses.

Es ist daher bereits entscheidend, ob der **konkrete Zeitraum** unzutreffend ist, die **konkrete Tätigkeit** oder ob **formelle Fehler** im Zeugnis vorhanden sind. **Nur anhand dieser konkreten Umstände lässt sich eine Bewertung des Streitwertes vornehmen.** Stimmt insoweit der Zeitraum, besteht keine Lücke im Arbeitsverhältnis. Ist dieser nicht richtig, ergibt sich daraus wieder eine **Lücke im Lebenslauf** (siehe die Kommentierung im vorigen Spiegelstrich zu der Erteilung des einfachen Zeugnisses). Auch kann die Orientierung an der bisherigen Bruttomonatsvergütung nur eine Hilfe sein, wenn keine anderen Umstände hinsichtlich zukünftiger Vergütung vorliegen. Selbst bei einem oft vorkommenden Fall eines einfachen Zeugnisses mit der Dauer des Arbeitsverhältnisses von einem **halben bis zu einem Jahr**[8] (die durchschnittliche Dauer beträgt 10 Jahre),[9] müsste die Orientierung bei der Bemessung des Streitwertes der Berichtigung des einfachen Zeugnisses wohl bei **mindestens einem Bruttomonatsgehalt** liegen. Abhängig vom **Umfang und Inhalt der Berichtigungen** müssen **erhebliche** Abweichungen **nach unten und oben** möglich sein.

Insgesamt ist daher festzustellen, dass der pauschale Vorschlag von 10 % einer Monatsvergütung nicht, wie notwendig, dem Interesse der Klagepartei entspricht, sondern dies stets im **Einzelfall** (der sehr unterschiedlich sein kann) von den Gerichten zu bewerten ist. Selbst im Regelfall der Geltendmachung eines einfachen Zeugnisses mit einer Dauer von einem halben bis zu einem Jahr, müsste der Streitwert für die Erteilung als auch die Berichtigung eines einfachen Zeugnisses mindestens eine **Bruttomonatsvergütung** (mit Abweichungen nach unten oder oben) betragen. Soweit der Vorschlag auch auf die Erteilung oder Berichtigung eines einfachen Zwischenzeugnisses Anwendung findet, gilt dies entsprechend. Werden die Erteilung und Berichtigung eines einfachen Zeugnisses oder Zwischenzeugnisses in getrennten Verfahren geltend gemacht, wäre danach für jedes Verfahren der Streitwert mindestens ein Bruttomonatsgehalt. Erfolgt dies außergerichtlich oder gerichtlich in einem Verfahren, sin d die Streitwerte **zusammenzurechnen und beträgt der Streitwert mindestens zwei Bruttomonatsgehälter**. Dabei ist immer der Einzelfall zu betrachten und es können (erhebliche) Abweichung nach unten oder oben erfolgen.

384

---

8 Siehe Kommentierung im vorigen Spiegelstrich zu der Erteilung des einfachen Zeugnisses.
9 Institut für Arbeitsmarkt- und Berufsforschung-Kurzbericht, 19/2010, Seite 4.

Nr.	Gegenstand
25.2	Erteilung oder Berichtigung eines qualifizierten Zeugnisses: 1 Monatsvergütung, und zwar unabhängig von Art und Inhalt eines Berichtigungsverlangens, auch bei kurzem Arbeitsverhältnis.

A. Gegenstand des Vorschlages

385 Hier wird für die Erteilung oder Berichtigung eines qualifizierten Zeugnisses als Streitwert eine Monatsvergütung vorgeschlagen, unabhängig von dem konkreten Berichtigungsverlangen und unabhängig von der Dauer des Arbeitsverhältnisses (auch bei einem „kurzen" Arbeitsverhältnis). *Ziemanns* Kommentierung enthält zu diesem Vorschlag keine Ausführungen.

B. Erteilung eines qualifizierten Zeugnisses

386 Das qualifizierte Zeugnis erstreckt sich gemäß § 109 Abs. 1 S. 2 GewO neben der Art und Dauer der Tätigkeit auch auf die **Leistung** und dem **Verhalten** im Arbeitsverhältnis (§ 109 Abs. 1 S. 3 GewO). Der Anspruch auf ein qualifiziertes Endzeugnis entsteht mit der Beendigung des Arbeitsverhältnisses, wenn der Arbeitnehmer dies anfordert. Auch bei einem „kurzen" Arbeitsverhältnis kann der Arbeitnehmer ein qualifiziertes Endzeugnis mit Verhaltens- und Leistungsbeurteilung verlangen.[1] Auch wenn der Arbeitnehmer eine Kündigungsschutzklage erhoben hat, kann er, ohne sich widersprüchlich zu verhalten, die Erteilung eines **Endzeugnisses** verlangen.[2] Der Arbeitgeber muss auch dann ein qualifiziertes Endzeugnis erteilen, wenn der Arbeitgeber davon ausgeht, dass das Arbeitsverhältnis endet (zum Beispiel aufgrund einer Kündigung und Befristung) und der Arbeitnehmer die Erteilung eines qualifizierten Zeugnisses geltend gemacht hat (wie in der Praxis meist üblich). Fordert der Arbeitnehmer die Erteilung eines qualifizierten Zeugnisses vor Eintritt des Beendigungstatbestandes (z.B. Befristung oder Kündigung), ist das qualifizierte Endzeugnis mit dem **Beendigungstermin** fällig. Fordert der Arbeit-

---

1 LAG Köln, BB 2001, 1959.
2 BAG, NZA 1987, 628.

nehmer dies nach diesem Beendigungstermin, ist das qualifizierte Endzeugnis mit der **Forderung** des Arbeitnehmers fällig.

Hinsichtlich des Zwischenzeugnisses enthält die Nr. 25.2 keine Regelung, da explizit in 387 der Nr. 25.3 das Zwischenzeugnis ausgeführt wird. Bei dem Begriff des qualifizierten Zeugnisses handelt es sich daher **nur um das qualifizierte Endzeugnis.**

Erteilt der Arbeitgeber trotz Fälligkeit das Zeugnis nicht, kann der Arbeitnehmer die 388 Erteilung des qualifizierten Endzeugnisses erfolgreich einklagen. Der Arbeitnehmer kann die Erteilung eines qualifizierten Zeugnisses mit einem **unbedingten** Antrag oder einem **echten Hilfsantrag** (für den Fall des Unterliegens mit dem Feststellungsantrag hinsichtlich der Beendigung) begehren. Wird die Erteilung des qualifizierten Endzeugnisses mit einem unbedingten Antrag verfolgt, ist der Vorschlag anwendbar. Beim echten Hilfsantrag kommt es hinsichtlich des Streitwertes darauf an, ob das Gericht darüber eine Entscheidung trifft oder bei einem Vergleich die Parteien diesen Anspruch mitregeln (vgl. die Kommentierung zu I. Nr. 18, Rdn 250 ff.). Nur wenn das Gericht im Falle einer Entscheidung über den Hilfsantrag entscheidet, also den Feststellungsantrag zurückweist und dann über den echten Hilfsantrag entscheiden muss oder die Parteien im Rahmen eines Vergleiches den geltend gemachten Anspruch auf Erteilung eines qualifizierten Zeugnisses mitregeln, ist der Vorschlag zum Streitwert anwendbar. Beim **Gegenstandswert** der anwaltlichen Tätigkeit ist der Wert des Hilfsantrages **in jedem Fall zu berücksichtigen** (vgl. die Kommentierung zur Vorbemerkung unter Rdn 27 ff. und zu I. Nr. 18, Rdn 250 ff.).

C. „Berichtigung" eines qualifizierten Zeugnisses

Hat der Arbeitgeber ein qualifiziertes Zeugnis erteilt, das sich auf Art, Dauer, Leistung 389 und Verhalten im Arbeitsverhältnis erstreckt (§ 109 Abs. 1 GewO), entspricht jedoch das qualifizierte Zeugnisses nicht den formellen oder inhaltlichen Vorgaben,[3] kann der Arbeitnehmer nach wie vor die Erfüllung seines Zeugnisanspruches geltend machen.[4] Dementsprechend wird er eine „Berichtigung" des erteilten Zeugnisses verlangen. Mit der Berichtigung macht der Arbeitnehmer ein neues Zeugnis geltend, das die vorhandenen Fehler nicht mehr enthält. Für den Fall der Berichtigung eines qualifizierten Zeugnisses wird als Streitwert ein Bruttomonatsgehalt vorgeschlagen.

---

3 Formelle Fehler, wie beispielsweise äußere Mängel, das falsche Datum (im Regelfall ist das Beendigungsdatum das zutreffende Datum, wenn der Arbeitnehmer das Zeugnis nicht erst nach dem Beendigungstermin verlangt), nicht die richtige Angabe der Dauer des Arbeitsverhältnisses, nicht die richtige oder unvollständige Beschreibung der Tätigkeit. Auch müssen die Grundsätze der Einheitlichkeit, der Wahrheit, der Vollständigkeit und der wohlwollenden Beurteilung eingehalten werden.
4 BAG, NZA 2004, 842.

390 Hinsichtlich der Berichtigung eines qualifizierten **Zwischenzeugnisses**, ist nicht der Vorschlag der Nr. 25.2 einschlägig, sondern die Nr. 25.3, die wiederum inhaltlich auf die Nr. 25.2 verweist.

391 Der Antrag auf „Berichtigung" eines qualifizierten Zeugnisses kann bei einem Klageantrag als **unbedingter Klageantrag** oder auch als **echter Hilfsantrag** (für den Fall des Unterliegens mit der Feststellungsklage hinsichtlich eines Beendigungstatbestandes) gestellt werden. Wird der Klageantrag unbedingt gestellt, ist der Vorschlag mit einer Bruttomonatsvergütung einschlägig. Handelt es sich um einen echten Hilfsantrag, ist der Vorschlag nur dann einschlägig, wenn entweder das Gericht darüber eine Entscheidung trifft, also den Feststellungsantrag zurückweist und deshalb über den Berichtigungsantrag zu entscheiden hat oder die Parteien in einem Vergleich darüber eine Regelung treffen (z.B. dass das Zeugnis im gewissen Umfang berichtigt wird). Beim Gegenstandswert der anwaltlichen Tätigkeit ist der Hilfsantrag in jedem Fall zu berücksichtigen (vgl. die Kommentierung zur Vorbemerkung unter Rdn 27 ff. und zu I. Nr. 18, Rdn 250 ff.).

D. Zunächst Geltendmachung der Erteilung eines qualifizierten Zeugnisses, dann Geltendmachung der „Berichtigung" des zwischenzeitlich erteilten qualifizierten Zeugnisses

392 In der arbeitsrechtlichen Praxis kommt es sehr vor, dass zunächst überhaupt kein Zeugnis seitens des Arbeitgebers erteilt wird, obwohl der Arbeitnehmer die Erteilung eines qualifizierten Zeugnisses begehrt hat (§ 109 Abs. 1 S. 3 GewO). Erteilt der Arbeitgeber nach der außergerichtlichen oder auch gerichtlichen Geltendmachung dann ein Endzeugnis und entspricht dies nach Auffassung des Arbeitnehmers nicht den Vorgaben eines qualifizierten Zeugnisses, verfolgt er seinen Anspruch auf Erfüllung des Zeugnisses weiterhin und wird eine konkrete Formulierung des Zeugnisses begehren, also eine „Berichtigung" des zwischenzeitlich erteilten qualifizierten Zeugnisses geltend machen.

393 Dabei stellt sich die Frage, wie der Vorschlag der Nr. 25.2 zu verstehen ist. Wörtlich wird zum Vorschlag ausgeführt, dass sich dieser auf die „Erteilung **oder** Berichtigung eines qualifizierten Zeugnisses" bezieht. Der Vorschlag gilt daher für die Erteilung eines qualifizierten Zeugnisses **sowie** für die Berichtigung eines qualifizierten Zeugnisses, also **jeweils für beide Stufen.**[5] Für jede Stufe wird daher als Streitwert eine Bruttomonatsvergütung vorgeschlagen. Dies wird auch durch den Vorschlag der Nr. 25.3 bestätigt, bei dem ausdrücklich ausgeführt wird, dass bei Geltendmachung von Zwischen- und Endzeugnisses (kumulativ oder hilfsweise in einem Verfahren) **insgesamt** eine Bruttomonatsvergütung vorgeschlagen wird. Eine solche entsprechende Ausführung befindet

---

5 Ebenso: ArbG München, ArbRB 2014, 108, ArbRB 2009, 299.

sich unter der Nr. 25.2 gerade **nicht.** Deshalb ist **sowohl** für die **Erteilung** eines qualifizierten Endzeugnisses als auch für die **Berichtigung** eines qualifizierten Endzeugnisses ein Streitwert von einem Bruttomonatsgehalt vorgeschlagen.

Wird zunächst die Erteilung eines qualifizierten Zeugnisses und dann die Berichtigung **394** eines qualifizierten Zeugnisses geltend gemacht, sind in der Praxis folgende Konstellationen denkbar:

– **Zunächst außergerichtliche Geltendmachung der Erteilung eines qualifizierten Zeugnisses und nach Erteilung die außergerichtliche Geltendmachung der „Berichtigung" des qualifizierten Zeugnisses:**
  Diese Konstellation ist von dem **Vorschlag nicht erfasst,** da er nur einen Vorschlag für den Streitwert, also die gerichtliche Geltendmachung, enthält. Macht der Arbeitnehmer, nachdem er das qualifizierte Zeugnis vom Arbeitgeber verlangt hat, zunächst die Erteilung des qualifizierten Zeugnisses geltend, ist für diesen Streit ein eigener Streitwert in Ansatz zu bringen. Erteilt der Arbeitgeber dann nach Geltendmachung des fälligen Anspruches ein qualifiziertes Zeugnis und begehrt der Arbeitnehmer dann die „Berichtigung" eines qualifizierten Zeugnisses, hat die die Stufe der Berichtigung auch einen eigen Streitwert. **Gebührenrechtlich** kommt es dabei darauf an, ob die erste Stufe der Erteilung eines Zeugnisses bereits abgeschlossen war und dann der Arbeitnehmer dem Rechtsanwalt erst den Auftrag zur Berichtigung des Zeugnisses erteilt hat.[6] Erfolgt jedoch ein **einheitlicher Auftrag** und ist auch ein **einheitlicher Lebenssachverhalt** gegeben, ist **eine gebührenrechtliche Angelegenheit** gegeben. In diesem Fall ist jeweils für die Stufe der Erteilung und Berichtigung ein Streitwert anzunehmen. Bei einer einheitlichen Angelegenheit wird daher, wenn man den Vorschlag für das gerichtliche Verfahren zugrunde legt, ein Streitwert von insgesamt zwei Bruttomonatsgehältern vorgeschlagen.

– **Getrennte gerichtliche Verfahren für die Erteilung und Berichtigung des qualifizierten Zeugnisses:**
  Klagt der Arbeitnehmer zunächst auf die Erteilung eines Zeugnisses und erfüllt der Arbeitgeber dann den Anspruch und klagt der Arbeitnehmer dann in einem neuen gerichtlichen Verfahren die „Berichtigung" des Zeugnisses ein, ist nach dem Vorschlag für **jedes der Verfahren** der Streitwert ein Bruttomonatsgehalt. Dies zeigt auch, dass der **Streitwert jeweils für die Erteilung und Berichtigung des qualifizierten Zeugnisses richtig** ist, da bei der entsprechenden Geltendmachung in getrennten Verfahren **jeweils** der vorgeschlagene Streitwert in Ansatz kommen muss.

---

6 Ist dies der Fall, liegen zwei gebührenrechtliche Angelegenheiten im Sinne des § 15 RVG vor und der Anwalt hat die getrennten Gebühren für jedes Verfahren getrennt abzurechnen: LG Köln, 20 Sa 11/11, ArbRB: Dabei haben die Parteien zunächst über die Erteilung eines Zeugnisses gestritten und im Rahmen eines Aufhebungsvertrages die Erteilung eines Zeugnisses mit bestimmter Qualifikation festgelegt. Nachdem der Arbeitgeber dies nicht erfüllt hat, erteilte der Arbeitnehmer dem Rechtsanwalt den Auftrag zur Berichtigung des erteilten Zeugnisses, was eine zweite gebührenrechtliche Angelegenheit darstellt.

- **Gerichtliche Geltendmachung der Erteilung eines qualifizierten Zeugnisses und im gleichen Verfahren nach Erteilung des qualifizierten Zeugnisses Klage auf „Berichtigung" des qualifizierten Zeugnisses:**

Klagt der Arbeitnehmer (beispielsweise im Rahmen einer Kündigungsschutzklage) auch die Erteilung eines Zeugnisses ein und erteilt der Arbeitgeber im Laufe des Verfahrens das qualifizierte Zeugnis, mit dem der Arbeitnehmer nicht einverstanden ist und erhebt der Arbeitnehmer dann Klage auf „Berichtigung" des qualifizierten Zeugnisses, ist **sowohl** für den Antrag auf Erteilung des qualifizierten Zeugnisses, als auch die Berichtigung des qualifizierten Zeugnisses der Vorschlag hinsichtlich des Streitwertes (von einem Bruttomonatsgehalt) gegeben. Da für beide Anträge der Vorschlag einschlägig ist, wären nach dem Vorschlag dann zwei Bruttomonatsgehälter anzunehmen. Dies wird auch durch die vorherigen Ausführungen bei getrennten Verfahren ersichtlich, da in diesem Fall auch für das jeweilige Verfahren der jeweilige Streitwert ist. Die Tatsache, dass dies in **einem Verfahren** erfolgt, ändert hinsichtlich der Streitwerte nichts. Dabei ist auch zu beachten, dass es sich bei dem Antrag auf Erteilung eines qualifizierten Zeugnisses und dem Antrag auf Berichtigung eines bereits erteilten qualifizierten Zeugnisses um zwei **unterschiedliche Streitgegenstände** handelt, da sowohl die Anträge völlig unterschiedlich sind (zunächst auf Erteilung und dann auf konkrete Formulierung des Zeugnisses) als auch der zugrundeliegende Sachverhalt (zunächst ist der Sachverhalt nur die Tatsache, dass ein qualifiziertes Zeugnis verlangt worden ist und dies nicht erteilt worden ist und dann dass das erteilte qualifizierte Zeugnis unzutreffend ist). Jeder einzelne Streitgegenstand ist dabei konkret mit einem eigenen Streitwert zu bewerten, so dass der **Vorschlag für beide Stufen** gilt. Nach Erteilung des qualifizierten Zeugnisses ist es möglich, dass die Klagepartei den insoweit gestellten Klageantrag **zurücknimmt** oder die **Erledigung des Antrages** erklärt. Das Gericht muss dann darüber nicht entscheiden, so dass der Antrag für den Streitwert dann nicht mehr relevant ist. Allerdings sind sowohl der Antrag auf Erteilung des Zeugnisses als auch auf Berichtigung des Zeugnisses jeweils beim **Gegenstandswert** zu berücksichtigen (also nach dem Vorschlag mit jeweils einem Bruttomonatsgehalt, insgesamt 2 Bruttomonatsgehälter). Nach § 33 Abs. 1 RVG kann der Wert des Gegenstandes der anwaltlichen Tätigkeit dann gesondert festgesetzt werden, wenn dieser **nicht** mit dem für die Gerichtsgebühren maßgebenden Wert (Streitwert) **übereinstimmt**. Dies ist bei einer Klagerücknahme oder einer Erledigung der Hauptsache der Fall (vgl. dazu die Kommentierung zur Vorbemerkung unter Rdn 27 ff.).

E. Vorgeschlagener Streitwert: eine Bruttomonatsvergütung

395 In der Nr. 25.2 wird **pauschal** für die Erteilung eines qualifizierten Zeugnisses, als auch für die Berichtigung eines qualifizierten Zeugnisses (sowie bei hintereinander erfolgter

Geltendmachung der Erteilung und Berichtigung eines qualifizierten Zeugnisses jeweils) ein Streitwert vorgeschlagen (vgl. die Kommentierung unter Rdn 386 ff.). Dabei wird ausdrücklich ausgeführt, dass dies **unabhängig** von Art und Inhalt eines Berichtigungsverlangens, als auch der Dauer des Arbeitsverhältnisses gelten soll. Auch wird darauf verwiesen, dass dies auch bei kurzem Arbeitsverhältnis gelten soll. Zusammenfassend ist festzustellen, dass der Vorschlag als Streitwert eine Bruttomonatsvergütung **unabhängig von dem konkreten Interesse der Klagepartei** an der Erteilung oder der Berichtigung vorschlägt.

Da die Streitwertbegrenzungsklausel des § 42 Abs. 2 S. 1 GKG nicht einschlägig, hat **396** die Bemessung des Streitwertes nach § 3 HS 1 ZPO, also nach dem Interesse der Klagepartei, zu erfolgen:
– Bei dem Interesse der Klagepartei zur **Erteilung** eines qualifizierten Zeugnisses kommt es im Wesentlichen auf die **Dauer** des Arbeitsverhältnisses an, da bei einer kurzen Dauer das Interesse an der Erteilung eines qualifizierten Zeugnisses geringer zu bewerten ist, als bei einem sehr langen Arbeitsverhältnis. Auch kann es dabei auf die Art der Tätigkeit und das dabei bezogene Entgelt ankommen.
– Bei der „**Berichtigung**" eines qualifizierten Zeugnisses hängt das Interesse gerade von der **Art**, den **Inhalt** und auch dem **Umfang** der begehrten Berichtigungen ab.

Demnach schließt der Vorschlag gerade die gesetzliche Bewertung des Einzelfalles aus. **397** Dies entspricht daher nicht § 3 HS 1 ZPO, so dass der Vorschlag in der Praxis nicht umgesetzt werden kann. Auch wenn das Bedürfnis, eine möglichst einheitliche Rechtsprechung zu den Streitwerten zu erreichen, nachvollzogen werden kann, dürfen die gesetzlichen Vorgaben nicht unberücksichtigt bleiben. Da der Vorschlag gerade die vorzunehmende individuelle Bewertung ausschließt, muss dieser **abgelehnt** werden.

Hinsichtlich der Berechnung des **Bruttomonatslohnes** gilt die Formel: Jahresgehalt **398** geteilt durch 12, nach Angaben des Klägers, wobei freiwillige Leistungen, auf die der Arbeitnehmer keinen Anspruch hat, unberücksichtigt bleiben (vgl. die Kommentierung zu I. Nr. 19, Rdn 264 ff.).

F. Bewertung des Streitwertes im Einzelfall

Die Gerichte für Arbeitssachen müssen bei der Bewertung des Streitwertes folgende **399** Umstände gemäß § 3 HS 1 ZPO berücksichtigen:
– **Erteilung eines qualifizierten Zeugnisses:** Dabei besteht das Interesse der Klagepartei darin, **überhaupt** ein qualifiziertes Zeugnis, das Ausführungen zur Art, Dauer, Leistung und Verhalten im Arbeitsverhältnis enthalten sollen, zu erhalten. Liegt kein qualifiziertes Zeugnis vor, hätte der Arbeitnehmer eine **Lebenslauflücke**. Dies kann

bei möglichen Bewerbungen zu erheblichen Nachteilen führen.[7] Da dies einer der wesentlichen Merkmale ist, kommt es dabei vor allem auch auf die **Dauer** des Arbeitsverhältnisses an. Zu berücksichtigen ist dabei auch die konkret erfolgt **Tätigkeit** und ob der Kläger eine solche Tätigkeit in Zukunft fortsetzen will, da er dann ein solches Zeugnis erst recht benötigt. Allerdings kann es immer sein, dass ein Arbeitnehmer später ein entsprechendes Zeugnis für zukünftige Bewerbungen benötigt. Ebenso kann die vergangene Vergütung für den Streitwert herangezogen werden, auch wenn der Sinn und Zweck des qualifizierten Zeugnisses eher in die Zukunft gerichtet ist. Da nicht bekannt ist, welche zukünftigen Gehälter der Kläger beziehen wird (außer dies ist aufgrund der Länge des Verfahrens bereits bekannt), ist möglicherweise daher auf die vergangene Vergütung des Arbeitsverhältnisses abzustellen. All diese und weitere Umstände sind im Einzelfall zu berücksichtigen. Bei der Dauer des Arbeitsverhältnisses kann man von der durchschnittlichen Dauer von Arbeitsverhältnissen von 10 Jahren[8] ausgehen und bei längeren Arbeitsverhältnissen nach oben korrigieren und bei kürzeren nach unten. Gleiches gilt zum konkreten Zweck des Zeugnisses, zu dem die Klagepartei dann vortragen müsste, als auch die vergangene oder auch begehrte zukünftige Vergütung. Geht man bei der Geltendmachung eines qualifizierten Endzeugnisses von dem durchschnittlichen Dauer des Arbeitsverhältnisses von 10 Jahren aus, müsste im Hinblick auf die sonst erhebliche Lücke im Arbeitsverhältnis (die mehr als erhebliche Nachteile beinhalten würde) von mindestens einem **Jahresgehalt** als Streitwert ausgegangen werden. Bei kürzeren und längeren Arbeitsverhältnissen müsste dies entsprechend angepasst werden. Dabei könnte (insoweit noch nach unten korrigiert) als **Orientierungswert** pauschal **pro Jahr des Beschäftigungsverhältnisses ein Bruttomonatsgehalt** als Streitwert angesetzt werden. Auch davon müsste im Einzelfall nach unten oder oben abgewichen werden. Selbst wenn man (wie tatsächlich nicht, vgl. die Kommentierung zur Vorbemerkung Rdn 13 ff.) § 42 Abs. 2 S. 1 GKG als Leitnorm des Arbeitsrechtes betrachtet, wäre der Streitwert **nicht unter drei Bruttomonatsgehälter** (vgl. hierzu die Kommentierung zur Vorbemerkung Rdn 13 ff.), wenn nicht das Zeugnis nicht für eine kürzere Dauer des Arbeitsverhältnisses als drei Jahre geltend gemacht wird oder andere Umstände des Einzelfalles für eine andere Bewertung sprechen.

– **Berichtigung eines qualifizierten Zeugnisses:** Bei der Geltendmachung der Berichtigung eines qualifizierten Zeugnisses hängt das Interesse der Klagepartei von dem konkreten Berichtigungsverlangen ab, also insbesondere von Art, Inhalt und Umfang des konkreten Berichtigungsverlangens. Die hohe Anzahl von Berichtigungsklagen in der Praxis zeigt, dass häufig ein besonderes Interesse des Arbeitnehmers an einer solchen Berichtigung besteht, da er versucht, dies gerichtlich durchzusetzen. Dabei ist auf die **Bedeutung des Zeugnisses** (va die Dauer des Arbeitsverhältnisses), die

---

7 Püttjer/Schnierda, „Kein Arbeitszeugnis für die Bewerbung, und nun?", www.karriereakademie.de.
8 Institut für Arbeitsmarkt und Berufsforschung – Kurzbericht, 19/2010, S. 4.

Anzahl der gewünschten Berichtigungen, als auch die **Qualität** der Berichtigungen abzustellen. Zentraler Streitpunkt ist oft die zusammenfassende Leistungs-[9] oder Verhaltensbeurteilung.[10] Da es sich dabei um die zentralen Bewertungen handelt, ist dabei grundsätzlich das Interesse besonders hoch zu bewerten. Auch die Berichtigung einer schlechten Form (z.b. handschriftliches Zeugnis) oder der falschen Angabe der Dauer (die sehr wesentlich ist) oder einer falschen Beschäftigung, können sehr wesentliche Berichtigungsverlangen sein. Ebenso sind dabei auch der Umfang, also die Anzahl der begehrten Berichtigungen relevant.[11] Enthält ein Zeugnis sehr viele Fehler und müssen sowohl die zusammenfassende Leistungsbeurteilung und die zusammenfassende Verhaltensbeurteilung sowie weitere Punkte korrigiert werden, ist das Interesse der Klagepartei an einer solchen Berichtigung sehr hoch. Dabei ist parallel dazu auf die **Dauer** des Arbeitsverhältnisses abzustellen, da auch die vorgenommenen Bewertungen abhängig von der Leistungszeit sind. Auch hier kann bei der durchschnittlichen Dauer von Arbeitsverhältnissen von zehn Jahren[12] ausgegangen werden. Insgesamt ist sehr schwer festzumachen, was eine „**durchschnittliche Berichtigung**" beinhaltet. Dies könnte dann angenommen werden, wenn bei einer der Notenstufen (Leistungs- oder Verhaltensbeurteilung) **eine Notenstufe besser** begehrt wird und vielleicht noch **ein oder zwei weitere Berichtigungen** im Zeugnis, die nicht so wesentlich sind (z.B. eine Verbesserung durch Ergänzung eines „sehr") zur Berichtigung begehrt werden. Sind dies mehr Berichtigungsanträge und/oder dauerte das Arbeitsverhältnis länger, ist dies eher ein überdurchschnittlicher Fall, ansonsten ein eher unterdurchschnittlicher Fall. Insgesamt kann der Streitwert jedoch nur im Einzelfall bemessen werden. Selbst bei einer Annahme eines durchschnittlichen Falles kann aufgrund der besonderen Bedeutung der Bewertung in qualifizierten Zeugnissen als Orientierungswert nicht ein Bruttomonatsgehalt, angenommen werden. Geht man bei der Geltendmachung der Berichtigung des qualifizierten Endzeugnisses von dem durchschnittlichen Dauer des Arbeitsverhältnisses von 10 Jahren aus und dem durchschnittlichen Umfang der Berichtigung (wie dargestellt), kann als **Orientierungswert** pauschal **pro Jahr des Beschäftigungsverhältnisses ein halbes Bruttomonatsgehalt** als Streitwert angenommen werden. Das Interesse im Durchschnittsfall ist im Vergleich zur Erteilung des qualifizierten Zeugnisses geringer, da bei dem fehlenden qualifizierten Zeugnis eine Lebenslauflücke für den gesamten Zeitraum vorhanden ist, während der Berichtigung „nur" eine bessere Bewertung der Leistungs- oder Verhaltensbeurteilung sowie ein bis zwei kleine weitere Änderungen begehrt werden. Auch davon müsste im Einzelfall **nach unten oder oben abgewichen** werden. Selbst wenn man (wie tatsächlich nicht,

---

9 Z.B. statt der Note 3: „Stets zu unserer Zufriedenheit" die Note 2 „stets zur vollen Zufriedenheit".
10 Z.B. Statt der Note 3 „einwandfrei" die Note 1 „stets vorbildlich".
11 Zutreffend insoweit die Rechtsprechung des Arbeitsgerichtes München, das bei umfangreichen Berichtigungen als Streitwert zwei Bruttomonatsgehälter angenommen hat: ArbG München, ArbRB 2010, 147.
12 IAB-Kurzbericht, 19/2010, Seite 4.

vgl. die Kommentierung zur Vorbemerkung, Rdn 13 ff.) § 42 Abs. 2 S. 1 GKG als Leitnorm des Arbeitsrechtes betrachtet, wäre der Streitwert **nicht unter drei Bruttomonatsgehälter** (vgl. die Kommentierung zur Vorbemerkung, Rdn 13 ff.) wenn das zu berichtigende Zeugnis für eine kürzere Dauer des Arbeitsverhältnisses als sechs Jahre erteilt wurde oder andere Umstände des Einzelfalles für eine andere Bewertung sprechen.

400   Insgesamt ist festzustellen, dass der Vorschlag nicht angewandt werden kann, da er gerade die notwendige Einzelfallprüfung ausschließen würde. Auch der Orientierungswert von einer Bruttomonatsvergütung ist unangemessen. Tatsächlich kann nur auf den **Einzelfall** abgestellt werden. Bei der Annahme von Orientierungswerten könnte bei der **Erteilung** eines qualifizierten Zeugnisses **pro Beschäftigungsjahr ein Bruttomonatsgehalt** und bei der Berichtigung in durchschnittlichen Fällen (eine Notenverbesserung bei der Leistungs- oder Verhaltensbeurteilung sowie ein bis zwei weitere kleinere Änderungen) ein **halbes Bruttomonatsgehalt pro Beschäftigungsjahr** als Streitwert angenommen werden, wobei jeweils nach **oben oder unten** abzuweichen ist. Der Orientierungsstreitwert müsste selbst bei Zugrundelegung von § 42 Abs. 2 HS 1 GKG als Leitnorm **mindestens das Vierteljahresentgelt** betragen, wenn nicht die Erteilung des Zeugnisses für weniger als drei Jahre begehrt wird, bei der Berichtigung die Dauer des Arbeitsverhältnisses weniger als 6 Jahre betragen hat oder sonstige Umstände für eine geringere Bedeutung sprechen.

Nr.	Gegenstand
25.3	Zwischenzeugnis: Bewertung wie I. Nr. 25.2. Wird ein Zwischen- und ein Endzeugnis (kumulativ oder hilfsweise) im Verfahren verlangt: Insgesamt 1 Monatsvergütung.

A. Gegenstand des Vorschlages

401   Der Vorschlag enthält unter dem Begriff „Zwischenzeugnis" einen Verweis auf den Vorschlag der Nr. 25.2. Aufgrund dieses Verweises kann der Vorschlag wie folgt gelesen werden:

„Erteilung oder Berichtigung eines qualifizierten Zwischenzeugnisses: 1 Monatsvergütung, und zwar unabhängig von Art und Inhalt eines Berichtigungsverlangen, auch bei kurzem Arbeitsverhältnis."

Dies ergibt sich auch daraus, dass *Ziemann* in seiner Kommentierung[1] ausführt, dass das qualifizierte Zwischenzeugnis dem Wert des qualifizierten Endzeugnisses „gleichgestellt" sein soll. Dies wird damit begründet, dass beide Zeugnisse regelmäßig „den gleichen Inhalt haben".

Des Weiteren wird ein Vorschlag unterbreitet für den Fall, dass in einem Verfahren ein **402** Zwischen- und Endzeugnis (kumulativ oder hilfsweise) verlangt wird. Da es sich bei dem Begriff des „Verlangens" wohl um **die Erteilung des Zeugnisses** handelt, ist davon auszugehen, dass sich der Vorschlag auf die Geltendmachung der Erteilung eines Zwischenzeugnisses und der Erteilung eines Endzeugnisses in einem Verfahren bezieht. Der dazu vorgeschlagene Streitwert von **insgesamt** einer Bruttomonatsvergütung wird von *Ziemann*[2] damit begründet, dass es sich um eine „wirtschaftliche Identität" handelt, wenn ein Zwischenzeugnis und hilfsweise oder kumulativ ein Endzeugnis geltend gemacht wird.

B. Erteilung eines qualifizierten Zwischenzeugnisses

Der Vorschlag bezieht auf die Erteilung oder Berichtigung eines qualifizierten Zwi **403** schenzeugnisses. Demnach wird im Vorschlag zur Erteilung eines qualifizierten Zwischenzeugnisses als Streitwert eine Bruttomonatsvergütung vorgeschlagen.

Der Anspruch auf Erteilung eines qualifizierten Zwischenzeugnisses ist im Gesetz **404** nicht geregelt. Dieser resultiert aus der Fürsorgpflicht des Arbeitgebers. Daraus wird abgeleitet, dass der Arbeitnehmer ein **berechtigtes Interesse** an der Erteilung eines qualifizierten Zwischenzeugnisses haben muss. Dabei ist anerkannt, dass die Bewerbung um eine neue Stelle, die notwendige Vorlage des Zeugnisses bei Behörden oder Gerichten oder zur Stellung eines Kreditantrages, die strukturelle Änderung innerhalb des Betriebes, eine bevorstehende persönliche Veränderung des Arbeitnehmers, geplante längere Arbeitsunterbrechungen[3] sowie der Vorgesetztenwechsel,[4] ein bevorstehender Betriebsübergang, als auch die Beantragung von Elternzeit oder die Freistellung als Betriebs- oder Personalratsmitglied sowie eine Versetzung oder Bewerbung innerhalb des Betriebes, Unternehmens oder Konzerns eines Unternehmens und die Veränderung der Unternehmensstruktur ein solches berechtigtes Interesse darstellen können.

---

1 Ziemann, a.a.O., IV. 18.
2 Ziemann, a.a.O., IV. 18.
3 BAG, NZA 1993, 1091.
4 BAG, NZA 1999, 894.

405 Dabei ist für den Arbeitnehmer auch von Bedeutung, dass ein Teil des Zwischenzeugnisses grundsätzlich eine **Bindungswirkung** für ein späteres Endzeugnis hinsichtlich des beurteilten Zeitraumes entfaltet.[5] Eine Abweichung von dem bereits erteilten Zwischenzeugnis ist dann möglich, wenn sich nach Erteilung des Zwischenzeugnisses herausstellt, dass ein Sachverhalt, der dem Arbeitgeber **nicht bekannt** war, die abgegebene Bewertung verändert. Auch ist in die Gesamtbewertung des Endzeugnisses die Bewertung des Zeitraumes zwischen Erteilung des Zwischenzeugnisses und des Endzeugnisses einzubeziehen.

406 Das qualifizierte Zwischenzeugnis muss (ebenfalls wie das Endzeugnis) die Art und Dauer der Tätigkeit sowie die Leistung und Verhalten im Arbeitsverhältnis enthalten. Als Datum des Zwischenzeugnisses ist regelmäßig die entsprechende Anforderung durch den Arbeitnehmer bzw. bei zeitnaher Erstellung die tatsächliche Erstellung durch den Arbeitgeber aufzunehmen.

C. „Berichtigung" eines qualifizierten Zwischenzeugnisses

407 Auch das qualifizierte Zwischenzeugnis muss (ebenso wie das Endzeugnis, vgl. die Kommentierung zu I. Nr. 25.2, Rdn 285 ff.) die Tätigkeitsbeschreibung, die Dauer des Arbeitsverhältnisses, die konkrete Beschreibung der Leistung mit der zusammenfassenden Leistungsbeurteilung sowie der Verhaltensbeurteilung enthalten. Ist das Zwischenzeugnis formell nicht ordnungsgemäß, ist die Dauer der Tätigkeit nicht richtig angegeben oder die Art der Tätigkeit, sind die einzelnen Tätigkeiten nicht zutreffend oder vollständig aufgelistet, ist eine einzelne Leistungsbewertung nicht zutreffend oder die zusammenfassende Leistungsbewertung als auch die Verhaltensbewertung nicht zutreffend, kann der Arbeitnehmer gegenüber dem Arbeitgeber eine „Berichtigung" des qualifizierten Zeugnisses verlangen.

408 Auch bei dem „Berichtigungsverlangen" hinsichtlich des qualifizierten Zwischenzeugnisses handelt es sich (ebenso wie beim Endzeugnis) um die Durchsetzung des Erfüllungsanspruches.[6] Fordert der Arbeitnehmer eine Berichtigung eines qualifizierten Zwischenzeugnisses macht er die Neuerteilung des bereits erteilten qualifizierten Zwischenzeugnisses geltend.

409 Der Unterschied zwischen der Geltendmachung der Erteilung und der „Berichtigung" liegt darin, dass die Erteilung eines qualifizierten Zeugnisses sich darauf richtet, dass das Zeugnis sich auf die Art, Dauer, Leistung und Verhalten im Arbeitsrecht erstreckt. Enthält das Zeugnis daher diese Angaben nicht zutreffend, muss das Zeugnis „berichtigt" werden. Enthält das Zeugnis nur einen Teil der notwendigen Angaben (beispielsweise

5 BAG, NZA 2008, 298.
6 BAG, NZA 2004, 842.

das Zeugnis enthält keinerlei Angaben zum Verhalten) ist das Zeugnis noch nicht erteilt. Enthält das Zeugnis Angaben zur Art, Dauer, Leistung und Verhalten im Arbeitsverhältnis und ist der Arbeitnehmer damit nicht einverstanden, wird er die Neuerteilung, also die „Berichtigung" geltend machen.

Da unter der Nr. 25.3 auf den Vorschlag der Nr. 25.2 verwiesen wird, ist dies dahinge- **410** hend zu verstehen, dass der Vorschlag die Erteilung **oder** Berichtigung eines qualifizierten Zwischenzeugnisses beinhaltet (vgl. die Kommentierung zu I. Nr. 25.2, Rdn 285 ff.).[7] Daraus ist abzuleiten, dass für die Geltendmachung der Erteilung eines qualifizierten Zwischenzeugnisses ein Bruttomonatsgehalt und für den Streit über die Berichtigung eines qualifizierten Zwischenzeugnisses jeweils ein Bruttomonatsgehalt als Streitwert vorgeschlagen werden.

D. Vorgeschlagener Streitwert

In der Nr. 25.2, der auch hier gelten soll, wird **pauschal** für die Erteilung des qualifizier- **411** ten Zwischenzeugnisses, als auch für die Berichtigung eines qualifizierten Zwischenzeugnisses (sowie bei hintereinander erfolgter Geltendmachung der Erteilung und Berichtigung eines qualifizierten Zwischenzeugnisses jeweils) ein Streitwert vorgeschlagen (vgl. die Kommentierung zu I. Nr. 25.2, Rdn 386 ff., Rdn 389 ff., Rdn 392 ff.). Dabei wird ausdrücklich ausgeführt, dass dies **unabhängig** von Art und Inhalt eines Berichtigungsverlangens, als auch der Dauer des Arbeitsverhältnisses gelten soll. Auch wird darauf verwiesen, dass dies auch bei kurzem Arbeitsverhältnis gelten soll. Zusammenfassend ist festzustellen, dass der Vorschlag als Streitwert eine Bruttomonatsvergütung **unabhängig von dem konkreten Interesse der Klagepartei** an der Erteilung oder der Berichtigung vorschlägt.

Da die Streitwertbegrenzungsklausel des § 42 Abs. 2 S. 1 GKG nicht einschlägig, hat **412** die Bemessung des Streitwertes nach § 3 HS 1 ZPO, also nach dem Interesse der Klagepartei, zu erfolgen:

- Bei dem Interesse der Klagepartei zur **Erteilung** eines qualifizierten Zwischenzeugnisses kommt es im Wesentlichen auf die **Dauer** des Arbeitsverhältnisses an, da bei einer kurzen Dauer das Interesse an der Erteilung eines qualifizierten Zwischenzeugnisses geringer zu bewerten ist, als bei einem sehr langen Arbeitsverhältnis. Auch kann es dabei auf die Art der Tätigkeit und das dabei bezogene Entgelt ankommen.
- Bei der „**Berichtigung**" eines qualifizierten Zwischenzeugnisses hängt das Interesse gerade von der **Art**, den **Inhalt** und auch dem **Umfang** der begehrten Berichtigungen ab.

---

7 Der Vorschlag ist deshalb dahingehend zu lesen, dass sich der Vorschlag **jeweils** auf die Erteilung oder die Berichtigung eines qualifizierten Zwischenzeugnisses bezieht.

413 Demnach schließt der Vorschlag gerade die gesetzliche Bewertung des Einzelfalles aus. Dies entspricht daher nicht § 3 HS 1 ZPO, so dass der Vorschlag in der Praxis nicht umgesetzt werden kann. Auch wenn das Bedürfnis, eine möglichst einheitliche Rechtsprechung zu den Streitwerten zu erreichen, nachvollzogen werden kann, dürfen die gesetzlichen Vorgaben nicht unberücksichtigt bleiben. Da der Vorschlag gerade die vorzunehmende individuelle Bewertung ausschließt, muss dieser **abgelehnt** werden.

414 Hinsichtlich der Berechnung des **Bruttomonatslohnes** gilt die Formel: Jahresgehalt geteilt durch 12, nach Angaben des Klägers, wobei freiwillige Leistungen, auf die der Arbeitnehmer keinen Anspruch hat, unberücksichtigt bleiben (vgl. die Kommentierung zu I. Nr. 19, Rdn 264 ff.).

E. Bewertung des Streitwertes im Einzelfall

415 Der Vorschlag verweist selbst auf den Vorschlag der Nr. 25.2. Da grundsätzlich für das Zwischenzeugnis **nichts anderes gilt** als für das Endzeugnis, mit dem Unterschied, dass für das Interesse der Klagepartei auf den Zeitpunkt der Geltendmachung des Zwischenzeugnisses abzustellen ist,[8] kann auf die detaillierten Kommentierungen unter der Nr. 25.2 (Rdn 385 ff.) verwiesen werden.

416 Insgesamt ist danach festzustellen, dass der Vorschlag nicht angewandt werden kann, da er gerade die notwendige Einzelfallprüfung ausschließen würde. Auch der Orientierungswert von einer Bruttomonatsvergütung ist unangemessen. Tatsächlich kann nur auf den **Einzelfall** abgestellt werden. Bei der Annahme eines **Orientierungsstreitwertes** könnte bei der Erteilung eines qualifizierten Zwischenzeugnisses pro Beschäftigungsjahr[9] ein Bruttomonatsgehalt und bei der Berichtigung in durchschnittlichen Fällen (eine Notenverbesserung bei der Leistungs- oder Verhaltensbeurteilung sowie ein bis zwei weitere kleinere Änderungen) ein halbes Bruttomonatsgehalt pro Beschäftigungsjahr als angenommen werden, wobei jeweils nach **oben oder unten abzuweichen** ist. Der Orientierungsstreitwert müsste selbst bei Zugrundelegung von § 42 Abs. 2 HS 1 GKG als Leitnorm **mindestens das Vierteljahresentgelt** betragen, wenn nicht die Erteilung des Zwischenzeugnisses für weniger als drei Jahre begehrt wird, bei der Berichtigung die Dauer des bisherigen Arbeitsverhältnisses weniger als sechs Jahre betragen hat oder sonstige Umstände für eine geringere Bedeutung sprechen.

---

8 Hinsichtlich der **Dauer des Arbeitsverhältnisses** ist auf den Zeitraum vom Beginn des Arbeitsverhältnisses bis zur Geltendmachung des Anspruches auf das Zwischenzeugnis abzustellen.

9 Hinsichtlich der **Dauer des Arbeitsverhältnisses** ist auf den Zeitraum vom Beginn des Arbeitsverhältnisses bis zur Geltendmachung des Anspruches auf das Zwischenzeugnis abzustellen.

F. Geltendmachung der Erteilung eines Zwischen- und Endzeugnisses in einem Verfahren

Dabei wird im Satz 2 bei Verlangen eines Zwischen- und Endzeugnisses einem Verfah-   **417**
ren ein Streitwert von insgesamt einer Bruttomonatsvergütung vorgeschlagen. Dabei
macht der Arbeitnehmer in **einem Verfahren** die **Erteilung eines Zwischenzeugnisses
sowie die Erteilung eines Endzeugnisses** geltend. Der Vorschlag bezieht sich darauf,
dass dies entweder hilfsweise (in welcher Form auch immer) oder kumulativ (also als
unbedingter Klageantrag) geltend gemacht wird.

Hinsichtlich des vorgeschlagenen Streitwertes bei Erteilung eines qualifizierten Zwi-   **418**
schenzeugnisses wird auf die Ausführungen unter der Nr. 25.2 (Rdn 385 ff.) verwiesen.
Hinsichtlich des Vorschlags zum Streitwert bei Erteilung eines Zwischenzeugnisses
wird auf die Ausführungen zu dieser Nr. unter den Rdn 392 ff., Rdn 395 ff. verwiesen.
Dabei wurde bereits ausgeführt, dass der pauschale Wert von einer Bruttomonatsvergütung nicht den gesetzlichen Vorgaben gemäß § 3 HS 1 ZPO, nachdem der Streitwert
nach dem **Interesse der Klagepartei** zu bewerten ist, entspricht. Vielmehr ist dabei das
konkrete Interesse der Klagepartei an der Erteilung des Zwischenzeugnisses sowie an
der Erteilung des Endzeugnisses zu bewerten. Auch der Vorschlag zur kumulativen oder
hilfsweise Geltendmachung der Erteilung des Zwischen- und Endzeugnisses mit dem
pauschalen Streitwert von einem Bruttomonatsgehalt entspricht nicht dem Gesetz.

Die Problematik der Erteilung eines Zwischenzeugnisses bzw. Endzeugnisses stellt sich   **419**
häufig nach einer Kündigung des Arbeitgebers, über deren Rechtmäßigkeit gestritten
wird. Die Kündigung des Arbeitgebers ist ein **berechtigtes Interesse** des Arbeitnehmers
an der Erteilung eines Zwischenzeugnisses. Allerdings ist nach Ablauf der Kündigungsfrist fraglich, ob ein solcher Anspruch dann noch besteht. Da während des Kündigungsschutzverfahrens noch offen ist, ob das Arbeitsverhältnis geendet hat, geht das Bundesarbeitsgericht wohl davon aus, dass der Anspruch auf Erteilung eines Zwischenzeugnisses
und zusätzlich auch ein Anspruch auf Erteilung eines Endzeugnisses besteht, wenn der
Arbeitnehmer die Kündigung im Rechtsstreit angreift.[10] Dazu wird zum Teil in der
Rechtsprechung vertreten, dass der Arbeitnehmer in diesem Fall ein **Wahlrecht** zwischen dem Zwischenzeugnis und dem Endzeugnis hat,[11] während andere davon ausgehen, dass ein Arbeitnehmer in dieser Situation gleichzeitig Anspruch auf ein Zwischenzeugnis und ein Endzeugnis haben kann.[12] Für die Bewertung des Streitwertes ist dies
nicht relevant. Deshalb ist es aber möglich, dass der Arbeitnehmer die Erteilung eines
Zwischenzeugnisses und Endzeugnisses **unbedingt** geltend macht, aber auch, dass er die

---

10 BAG, NZA 1987, 628.
11 LAG Schleswig-Holstein, AuA 2009, 485.
12 LAG München – 11 Sa 567/13, n.v.

jeweilige Erteilung des Zeugnisses von dem Ausgang des Kündigungsschutzprozesses abhängig macht.

420 Grundsätzlich ist zwischen den einzelnen Alternativen wie folgt zu unterscheiden:
– **Unbedingte Geltendmachung** der Erteilung eines qualifizierten Endzeugnisses (zum Beendigungstermin) sowie die sofortige Erteilung eines Zwischenzeugnisses: Da es bei der Bewertung des Streitwertes nicht auf die **Erfolgsaussichten** der gestellten Anträge ankommt, ist es letztlich irrelevant, ob nur ein Wahlrecht besteht oder beide Ansprüche kumulativ geltend gemacht werden können. Stellt der Kläger die beiden Anträge unbedingt, muss das Gericht über beide Anträge entscheiden. Dabei handelt es sich auch um zwei **unterschiedliche Streitgegenstände**, da sowohl der Antrag, als auch der Lebenssachverhalt unterschiedlich sind. Der Anspruch auf das Zwischenzeugnis besteht ab Zugang der Kündigung, der Anspruch auf das Endzeugnis ab dem Beendigungsdatum. Diese Zeugnisse beziehen sich daher auf einen **unterschiedlichen Zeitraum.** Des Weiteren differiert auch der **Inhalt** des Zwischenzeugnisses und des Endzeugnisses, da das Zwischenzeugnis den üblichen Schlusssatz mit Dank, Bedauern und Wünsche für die Zukunft[13] nicht enthält. Da es sich um zwei unterschiedliche Streitgegenstände handelt und die Anträge nicht hilfsweise gestellt worden sind, ist § 45 Abs. 1 S. 3 GKG nicht anwendbar, da es sich gemäß § 45 Abs. 1 S. 2 GKG nicht um hilfsweise geltend gemachten Ansprüche handelt. Deshalb sind die Streitwerte der beiden Anträge getrennt voneinander nach dem jeweiligen Interesse der Klagepartei (zum **Endzeugnis:** vgl. die Kommentierung zu Nr. 25.2, Rdn 385 ff.; zum **Zwischenzeugnis:** die Kommentierung zu Nr. 25.3, Rdn 411 ff. und Rdn 415 ff. mit Verweis auf die Kommentierung zur Nr. 25.2, Rdn 385 ff.) zu bewerten und dann **zusammenzurechnen.** Die Kommentierungen zu Nr. 25.2 und dieser Nr. 25.3 zeigen, dass es auf den **Einzelfall** ankommt, insbesondere auf die Dauer des Arbeitsverhältnisses und den Grund der Erteilung. Als Streitwert wurde für die Erteilung des Endzeugnisses sowie des Zwischenzeugnisses **jeweils pro Beschäftigungsjahr ein Bruttomonatsgehalt** vorgeschlagen, wenn keine besonderen Umstände für eine **Abweichung nach oben oder unten** vorliegen. Selbst wenn man den Vorschlag hinsichtlich des Streitwertes von einem Bruttomonatsgehalt zugrunde legen würde, wäre der Streitwert **für jeden Antrag** ein Bruttomonatsgehalt.
– **Hilfsweise Geltendmachung:** Grundsätzlich ist möglich, dass der Arbeitnehmer einen Antrag **unbedingt** und den andern **hilfsweise** stellt (vgl. dazu den nächsten Spiegelstrich). Stellt der Arbeitnehmer hilfsweise Zeugnisanträge, wird er im Regelfall für den Fall des Unterliegens mit dem Feststellungsantrag hinsichtlich des Beendigungstatbestandes ein Endzeugnis geltend (**echter Hilfsantrag**) und gleich-

---

13 Es besteht zwar kein Anspruch auf eine Schlussklausel, diese sollte jedoch nicht im Widerspruch zu sonstigen Inhalt des Zeugnisses stehen; BAG, NZA 2001, 843.

zeitig für den Fall, dass er mit seinem Feststellungsantrag obsiegt, die Erteilung eines Zwischenzeugnisses (**unechter Hilfsantrag**). Sind Anträge hilfsweise gestellt, kommt es für den Streitwert gemäß § 45 Abs. 1 S. 2, 3 GKG darauf an, ob das Gericht über den jeweiligen Antrag eine Entscheidung trifft. Bei einem Vergleichsabschluss kommt es für den Streitwert gemäß § 45 Abs. 4 GKG darauf an, ob mit dem Vergleich der Antrag auf Erteilung eines Zwischenzeugnisses bzw. der Antrag auf Erteilung eines Endzeugnisses mitgeregelt worden ist (dies kann z.b. in der Erteilung eines Zwischenzeugnisses sowie Erteilung eines Endzeugnisses liegen, aber auch darin, dass sich die Parteien einig sind, dass kein solcher Anspruch besteht!, Vgl. die Kommentierung zu I. Nr. 18, Rdn 250 ff.). Gemäß § 45 Abs. 1 S. 3 GKG (Berücksichtigung des höheren Anspruches und Verhältnis zwischen dem Haupt- und dem Hilfsanspruch) stellt sich dann die Frage, ob eine **wirtschaftliche Identität zwischen dem Hauptanspruch** (also dem Feststellungsantrag) **und dem Hilfsantrag** auf Erteilung eines Zeugnisses (Zwischenzeugnis oder Endzeugnis) besteht. Dies ist offensichtlich nicht der Fall, da die Anträge (egal ob Zwischenzeugnis oder Endzeugnis) völlig unterschiedliche wirtschaftliche Zielrichtungen verfolgen. Deshalb erfolgt eine Zusammenrechnung der Streitwerte. Entscheidet daher das Gericht über einen der beiden Anträge, da dies nur alternativ geschehen kann, ist nur dieser Antrag gemäß § 45 Abs. 1 S. 3 GKG als Streitwert anzusetzen. Im Vergleichsfalle ist es möglich, dass für **beide Anträge** eine Regelung erfolgt und deshalb auch insoweit ein Streitwert für jeden Antrag festzusetzen ist. Bei einer Gegenstandswertfestsetzung nach § 33 Abs. 1 RVG auch jeder Hilfsantrag in den Gegenstandswert einzurechnen (vgl. die Kommentierung zur Vorbemerkung, Rdn 27 ff. und zu I. Nr. 18, Rdn 250 ff.).[14] Der Gegenstandswert ist daher auch wenn keine Entscheidung im Verfahren über die Hilfsanträge erfolgt, für den Antrag auf Erteilung des Zwischenzeugnisses als auch für den Antrag auf Erteilung des Endzeugnisses jeweils eigens zu bewerten und dann **zusammenzurechnen**. Im Ergebnis ergeben sich hinsichtlich des **Gegenstandswertes** zu der ersten Alternative (keine Hilfsanträge) **keine Unterschiede**.

– Einer der beiden Anträge wird **unbedingt**, der andere **bedingt** gestellt (z.B. der Antrag auf Erteilung eines Endzeugnisses wird unbedingt gestellt und der Antrag auf Erteilung eines Zwischenzeugnisses nur für den Fall, dass das Arbeitsverhältnis nicht geendet hat und dem Feststellungsantrag stattgegeben wird): Hinsichtlich des **Streitwertes** kommt es für den **Hilfsantrag** darauf an, ob die Bedingung eingetreten ist und über den Hilfsantrag **entschieden wird** oder der Hilfsantrag **mitverglichen** wird (vgl. die Kommentierung zu I. Nr. 18, Rdn 250 ff.). Für den **Gegenstandswert** der anwaltlichen Tätigkeit nach § 33 Abs. 1 RVG macht es jedoch keinen Unter-

---

14 Die Rechtsprechung, die zutreffend annimmt, dass ein Hauptantrag und Hilfsantrag bei der Festsetzung des Gegenstandswertes zusammenzurechnen sind: VGH Baden-Württemberg, ArbRB 2008, 143; LAG Köln, AnwBl. 2002, 185; LAG Hamm, MDR 1989, 852.

schied, da auch bei einem hilfsweisen Antrag im Ergebnis **beide Anträge einzeln zu bewerten** sind und dann **zusammenzurechnen** sind (Vergleiche die Kommentierungen zur Vorbemerkung Rdn 27 ff. und zur Nr. 18, Rdn 250 ff.).

421 Hinsichtlich der Berechnung des **Bruttomonatslohnes** gilt die Formel: Jahresgehalt geteilt durch 12, nach Angaben des Klägers, wobei freiwillige Leistungen, auf die der Arbeitnehmer keinen Anspruch hat, unberücksichtigt bleiben (Vergleiche die Kommentierung zur Nr. 19, Rdn 264 ff.).

II.
Beschlussverfahren

Nr.	Gegenstand
1.	*Betriebsänderung/Personalabbau*
1.1	Realisierung des Verhandlungsanspruchs: Ausgehend vom Hilfswert nach § 23 Abs. 3 S. 2 RVG wird ggf. unter Berücksichtigung der Umstände des Einzelfalles, z.b. Inhalt und Bedeutung der Regelungsfrage, eine Erhöhung bzw. ein Abschlag vorgenommen.

A. Vorbemerkung

Der Vorschlag des Streitwertkatalogs orientiert sich an § 23 Abs. 3 S. 2 RVG und **422** geht mithin davon aus, dass für die Realisierung des Verhandlungsspruchs regelmäßig keine genügenden tatsächlichen Anhaltspunkte für die Feststellung der wirtschaftlichen Bedeutung des Beschlussverfahrens bestehen. Ausgehend von einem Hilfswert von 5.000,– EUR soll deshalb nach billigem Ermessen bis zur Obergrenze von 500.000,– EUR nach Maßgabe der Umstände des Einzelfalls der Gegenstandswert bestimmt werden.

B. Grundsätzliche Bewertung des Verhandlungsanspruchs

Die Mitbestimmung des Betriebsrates bei Betriebsänderungen ist eines der wesentlichen **423** **Mitbestimmungsrechte im Bereich der wirtschaftlichen Angelegenheiten.** Erfasst sind nach § 111 BetrVG jedenfalls Einschränkung, Stilllegung und Verlegung des ganzen Betriebs oder von wesentlichen Betriebsteilen, der Zusammenschluss mit anderen Betrieben oder die Spaltung von Betrieben, grundlegende Änderungen der Betriebsorganisation, des Betriebszwecks oder der Betriebsanlagen sowie die Einführung grundlegend neuer Arbeitsmethoden und Fertigungsverfahren. Nach überwiegender Ansicht ist die gesetzliche Aufzählung nicht abschließend, so dass auch anderweitige Änderungen, die wesentliche Nachteile für die Belegschaft oder erhebliche Teile der Belegschaft zur Folge haben könnten, mitbestimmungspflichtige Betriebsänderungen sein können.[1]

---

1 Vgl. ErfK-ArbR/Kania, § 111 Rn 19.

424   Damit der Betriebsrat seine Mitbestimmungsrechte wirksam ausüben kann, ist zunächst seine **rechtzeitige und umfassende Unterrichtung** erforderlich. Bei Betrieben mit mehr als 300 Arbeitnehmern kann der Betriebsrat einen Berater hinzuziehen (§ 111 S. 2 BetrVG). Bereits dadurch erhöht sich die Kostentragungslast für den Arbeitgeber, wobei die Kosten der Hinzuziehung mit Blick auf die Bedeutung der Angelegenheit und die Finanzlage des Betriebs verhältnismäßig sein müssen.[2]

425   Die Betriebsparteien sind zudem nach § 112 BetrVG verpflichtet, über das „Ob", „Wann" und „Wie" einer Betriebsänderung zu verhandeln und möglichst einen sog. **Interessenausgleich und/oder Sozialplan** für die Betroffenen zu vereinbaren. Bei Personalabbau ist nach den Regeln des § 112a BetrVG überdies ein Sozialplan vom Betriebsrat erzwingbar. Kommen Interessenausgleich und/oder Sozialplan nicht zustande, besteht die Möglichkeit der Vermittlung durch die Bundesagentur für Arbeit oder eines Einigungsstellenverfahrens. Für Tendenzbetriebe gilt dies nach § 118 BetrVG so indes nicht.

426   Dem **Verhandlungsanspruch des Betriebsrates** ist angesichts dieser weitgehenden Rechte auf Mitbestimmung besonderes Gewicht beizumessen. Gleichwohl handelt es sich um eine nichtvermögensrechtliche Streitigkeit, denn es geht im Kern beim Verhandlungsanspruch um das Mitbestimmungsrecht des Betriebsrates, nicht etwa um das wirtschaftliche Volumen der beabsichtigten Betriebsänderung als solcher.[3]

427   Ist deshalb von einem Hilfswert in Höhe von 5.000,– EUR auszugehen, ist dieser also dennoch mit Blick auf die wirtschaftliche Bedeutung der Angelegenheit angemessen zu erhöhen. Für die Bemessung der „wirtschaftlichen" Bedeutung des Verhandlungsanspruchs können insofern die wirtschaftlichen Auswirkungen für die Beteiligten, die Anzahl der betroffenen Arbeitnehmer und die Betroffenheit des Betriebs herangezogen werden.[4]

C.   Bewertung im Einzelfall nach billigem Ermessen

428   Jeder Entscheidung im Einzelfall über die nach billigem Ermessen zu treffende Bemessung des Gegenstandswertes ist zugrunde zu legen, dass es sich bei dem in § 23 Abs. 3 S. 2 RVG angegebenen Wert um einen **„Hilfswert"** handelt, der lediglich einen Anhaltspunkt darstellt und für die Ausübung des Ermessens wiederum keine näheren Vorgaben enthält.[5]

---

2 Fitting, § 111 Rn 124.
3 Vgl. BAG, NZA 2005, 70.
4 Vgl. LAG Hamburg, AE 2006, 214.
5 Zutr. LAG Mecklenburg-Vorpommern, NZA 2001, 1160.

Zu berücksichtigen ist ferner, dass der Gegenstandswert des jeweiligen Beschlussverfahrens nach der **Bedeutung der Sache für den Antragsteller** zu beurteilen ist. Begehrt mithin der Betriebsrat im Wege des Beschlussverfahrens die Feststellung, dass es sich bei dem gegenständlichen Vorhaben des Arbeitgebers um eine den Verhandlungsanspruch auslösende Absicht einer Betriebsänderung handelt, ist allein die Einhaltung der Mitbestimmungsrechte des Betriebsrat für den Wert der Auseinandersetzung maßgeblich. Entsprechendes gilt auch, wenn der Betriebsrat lediglich die Erfüllung des an sich unstreitigen Verhandlungsanspruchs begehrt. **429**

Ein in der Rechtsprechung verbreiteter Anknüpfungspunkt für die Bewertung eines Mitbestimmungsrechts, wie es auch die Verhandlungen nach §§ 111 ff. BetrVG darstellen, findet sich in § 9 BetrVG. Danach wird je nach **Betriebsgröße** bzw. der Anzahl der betroffenen Arbeitnehmer für jede Staffel der dort geregelten Betriebsratsgröße der Hilfswert gesondert genommen und addiert. **430**

Beispiel:
Bei 750 betroffenen Arbeitnehmern ist der Hilfswert angesichts der erreichten 7. Stufe der Betriebsratsgröße mit 7 zu multiplizieren (= 35.000,– EUR).

Auf diese Weise lässt sich durchaus angemessen, ausgehend vom Hilfswert, mit Blick auf die Anzahl der betroffenen Arbeitnehmer die Bedeutung des Verhandlungsanspruchs des Betriebsrats im Grundsatz abbilden, soweit keine weiteren besonderen Umstände (etwa außergewöhnlich hoher Arbeitsaufwand, besondere Komplexität tatsächlicher oder rechtlicher Fragen) hinzutreten.[6] Dies ist auch nachvollziehbar, denn der Verhandlungsanspruch des Betriebsrats lässt sich dem gegenüber nicht durch eine Addition der wirtschaftlichen Folgen (Kosten und Effekte der Betriebsänderung, Gehaltsänderungen, Fortbestand von Arbeitsverhältnissen u.Ä.) der von der beabsichtigten Betriebsänderung betroffenen Arbeitnehmer errechnen. **431**

Die nach billigem Ermessen zu treffende Entscheidung über den Gegenstandswert kann aber bei einer solchen Bemessung nicht stehen bleiben. Vielmehr wird auch im Falle eines vom Betriebsrat geführten Beschlussverfahrens zu berücksichtigen sein, **wie einschneidend** die beabsichtigte Betriebsänderung **für die betroffenen Arbeitnehmer** ist. Anhand dessen dürfte sowohl eine weitere Erhöhung des Gegenstandswertes, wie auch dessen Verringerung je nach den Umständen des Einzelfalls angezeigt sein. Die dargestellte Berechnung führt daher nur zu einem Ausgangswert für die weitere Ermessensausübung. So dürfte etwa die Stilllegung eines ganzes Betriebes – zumindest meist – im Verhältnis zur Einführung neuer Fertigungsverfahren eine weitaus schwerwiegendere Betriebsänderung darstellen, bei der der „Wert" des Verhandlungsanspruchs des Betriebsrats mit Blick auf **die drohenden Nachteile** für die betroffene Belegschaft höher zu gewichten wäre, als bei der Ausgestaltung der Einführung neuer Verfahren. Umge- **432**

---

6 Vgl. LAG Hamm, NZA-RR 2006, 154.

kehrt kann gerade bei besonders kleinen Betrieben insbesondere auch eine Änderung der Arbeitsmethoden für die wenigen betroffenen Arbeitnehmer weitreichende Folgen haben, so dass ggf. der nach dem oben dargestellten Vorgehen ermittelte, relativ geringe Ausgangswert deutlich zu erhöhen wäre, um einen angemessenen Gegenstandswert für das Beschlussverfahren zu bestimmen. Denkbar erscheint es auch, den ermittelten Ausgangswert nochmals im Verhältnis des **Anteils der betroffenen Arbeitnehmer an der Gesamtbelegschaft** zu erhöhen.[7]

Beispiel:
Die 750 betroffenen Arbeitnehmer sind Teil einer Belegschaft von 1.500 Arbeitnehmern. Der zuvor ermittelte Wert von 35.000,– EUR wäre in diesem Fall angesichts der Bedeutung der beabsichtigten Betriebsänderung, die immerhin 50 % der Belegschaft betrifft, um weitere 17.500,– EUR zu erhöhen.

433   Geht mit der beabsichtigten Betriebsänderung z.B. der Wegfall von Schichten und damit von Schichtzulagen der betroffenen Arbeitnehmer einher, wird man deren wirtschaftlichen Wert zwar in Summe nicht mit dem Verhandlungsanspruch des Betriebsrats gleichsetzen können, jedoch müsste sich der Gegenstandswert eines solchen Beschlussverfahrens von demjenigen unterscheiden, in dem ein vergleichbarer **wirtschaftlicher Effekt für die betroffenen Arbeitnehmer** fehlt.

Nr.	Gegenstand
1.2	Unterlassung der Durchführung einer Betriebsänderung: Ausgehend von II Nr. 1.1 erfolgt eine Erhöhung nach der Staffelung von II. Nr. 13.7.

A. Vorbemerkung

434   Nach dem Vorschlag des Streitwertkatalogs soll zunächst wie bei II. Nr. 1.1 eine Festlegung des Gegenstandswertes nach billigem Ermessen erfolgen, der sodann in einem zweiten Schritt nach der für II. Nr. 13.7 vorgesehenen Staffelung erhöht werden soll. Dies bedeutet, dass vom 2. bis einschließlich 20. betroffenen Arbeitnehmer der Ausgangswert jeweils mit 25 % bewertet, vom 21. bis einschließlich 50. Arbeitnehmer der Ausgangswert jeweils mit 12,5 % bewertet und ab dem 51. Arbeitnehmer der Ausgangswert jeweils mit 10 % bewertet und zum Ausgangswert zu addieren wäre. Bemerkens-

---

7 Vgl. LSG Mecklenburg-Vorpommern, NZA 2001, 1160.

wert erscheint dabei von vornherein, dass in II. Nr. 13.7 lediglich von einem „Anhaltspunkt" die Rede ist, während II. Nr. 1.2 zwingender formuliert ist („erfolgt").

B. Grundsätzliche Bewertung des Unterlassungsbegehrens

Die Frage, ob der Betriebsrat einen **Anspruch auf Unterlassung** einer beabsichtigten **435**
Betriebsänderung geltend machen kann, solange ein Interessenausgleichsverfahren noch
nicht abgeschlossen ist, ist weiterhin umstritten. Hiergegen sprechen die Gesetzgebungs-
geschichte der Vorschriften und die in § 113 BetrVG getroffenen Regelungen zum
Nachteilsausgleich.[1]

Geht man von der Möglichkeit eines Unterlassungsanspruchs des Betriebsrates aus, **436**
dient dieser nicht den wirtschaftlichen Interessen des einzelnen Arbeitnehmers, sondern
stellt ein **kollektives Sicherungsinstrument** für die Durchführung des Interessenaus-
gleichsverfahrens dar. Er steht mithin **im Zusammenhang mit dem Verhandlungsanspruch** des Betriebsrates und ist wiederum als nichtvermögensrechtliche Streitigkeit
anzusehen, da er aus Sicht des Untersagung beanspruchenden Betriebsrates nicht nach
der wirtschaftlichen Bedeutung der Betriebsänderung als solcher bemessen werden
kann. Der Unterlassungsanspruch selbst stellt aber einen eigenen Streitgegenstand dar,
der über den Verhandlungsanspruch als solchen hinausgeht. Im Falle der vorläufigen
Untersagung einer beabsichtigten Betriebsänderung erledigt sich auch das mit dem
Verhandlungsanspruch gesicherte Interessenausgleichsverfahren nicht. Insofern ist es
gerechtfertigt, den Gegenstandswert eines solchen Unterlassungsanspruchs höher anzusetzen, als den des zugrunde liegenden Verhandlungsanspruchs des Betriebsrates. Nicht
zu verkennen ist gleichwohl, dass mit der Annahme eines höheren Gegenstandswertes
zugleich eine disziplinierende Wirkung auf den Arbeitgeber einhergeht, den Verhandlungsanspruch des Betriebsrates zu erfüllen. Diese „doppelte" Absicherung erscheint
angesichts des grundsätzlichen Streits über den Unterlassungsanspruch als solchen be-
denklich.

C. Bewertung im Einzelfall

Für die wiederum nach billigem Ermessen auf der Grundlage des „Hilfswertes" nach **437**
§ 23 Abs. 3 S. 2 RVG vorzunehmende Festsetzung des Gegenstandswertes ist demnach
zunächst auf die unter II. Nr. 1.1 (Rdn 427 ff.) dargestellten Anhaltspunkte für die Bewertung des Einzelfalls zurückzugreifen. Anschließend ist nach dem Vorschlag des
Streitwertkataloges entsprechend dem Vorschlag für die Bewertung von Massenverfahren vorzugehen.

---

1 Vgl. zum Streitstand ErfK-ArbR/Kania, § 111 Rn 24.

Beispiel:
Ergibt sich nach billigem Ermessen dem Grunde nach bei 49 betroffenen Arbeitnehmern ein Gegenstandswert von 10.000,– EUR, ist dieser für die betroffenen Arbeitnehmer 2 bis 20 um je 2.500,– EUR (= 47.500,– EUR) und für die betroffenen Arbeitnehmer 21 bis 49 um je 1.250,– EUR (= 36.250 EUR) zu erhöhen. Insgesamt ergäbe sich danach ein Gegenstandswert von 93.750,– EUR.

438 Man wird jedoch insgesamt den Verweis in II. Nr. 1.2 auf II. Nr. 13.7 ernstnehmen müssen und auch bei dieser rechnerischen Herleitung lediglich von einem „Anhaltspunkt" ausgehen dürfen. Ebenso wie bei der Bemessung des Gegenstandswertes des Verhandlungsanspruchs wird auch bei der nach billigem Ermessen vorzunehmenden Festsetzung des Wertes eines Unterlassungsanspruchs je nach den Umständen des Einzelfalls eine Erhöhung oder auch Verringerung erfolgen müssen. Insbesondere ist auch hier daran zu denken, das Verhältnis der betroffenen Arbeitnehmer zur Gesamtbelegschaft zu berücksichtigen.

Nr.	Gegenstand
2.	*Betriebsratswahl*
2.1	Bestellung des Wahlvorstandes: Grundsätzlich Hilfswert nach § 23 Abs. 3 S. 2 RVG; wenn zusätzlicher Streit über die Größe des Wahlvorstandes bzw. Einzelpersonen grundsätzlich Erhöhung jeweils um 1/2 Hilfswert nach § 23 Abs. 3 S. 2 RVG.

A. Vorbemerkung

439 Der Vorschlag des Streitwertkataloges geht auch hier zutreffend von einer nichtvermögensrechtlichen Streitigkeit aus. Für den einfachen Streit um die Bestellung des Wahlvorstandes soll danach der Hilfswert nach § 23 Abs. 3 S. 2 RVG als Gegenstandswert festgesetzt werden. Treten zusätzliche Streitpunkte in diesem Zusammenhang auf, soll eine Erhöhung um jeweils die Hälfte des Hilfswertes erfolgen.

B. Grundsätzliche Bewertung eines Streits um die Bestellung des Wahlvorstandes

Die Bestellung des Wahlvorstandes als solche nach den §§ 16–17a BetrVG ist in der **440** Tat eine Streitigkeit, die in aller Regel keine hinreichenden Anhaltspunkte für die Bezifferung ihrer wirtschaftlichen Bedeutung bietet. Das Abstellen etwa auf die Gesamtkosten der Betriebsratswahl oder ggf. auch einen Bruchteil dieser Kosten, dürfte auch im Sinne einer vorhersehbaren Bestimmung des Gegenstandswertes nicht angezeigt erscheinen. Dennoch ist die Bestellung des Wahlvorstandes als **zwingende Voraussetzung für die Durchführung einer Betriebsratswahl** nicht gering zu schätzen, da eine ohne Wahlvorstand durchgeführte Wahl eines Betriebsrates nichtig ist.[1] Fehler bei der Bestellung oder Zusammensetzung des Wahlvorstandes können zudem die Anfechtbarkeit der Wahl begründen.[2] Kommen der Betriebsrat (§ 16 BetrVG), der Konzern- oder Gesamtbetriebsrat (§ 17 BetrVG), die Betriebsversammlung (§ 17 BetrVG) oder die Wahlversammlung (§ 17a BetrVG) mithin ihren gesetzlich vorgegebenen Pflichten zur Aufstellung eines Wahlvorstandes nicht nach, können entsprechend § 19 Abs. 2 BetrVG mindestens drei Wahlberechtigte, eine im Betrieb vertretene Gewerkschaft und der Arbeitgeber ein Beschlussverfahren einleiten.

Neben einem Streit über die Bestellung des Wahlvorstandes an sich, sind **Streitigkeiten** **441** **bzgl. der vorgesehenen Personen** denkbar. Voraussetzung für die Bestimmung zum Wahlvorstand ist die Wahlberechtigung der vorgesehenen Person, womit sämtliche denkbare Streitigkeiten im Zusammenhang mit dem passiven Wahlrecht verfahrensgegenständlich sein können.

Mit Blick auf die damit verbundene zusätzliche Befreiung von Arbeitnehmern von ihrer **442** Arbeitspflicht und die Kostenlast führt darüber hinaus die **Bestellung zusätzlicher** **Wahlvorstandsmitglieder** nach § 16 Abs. 1 S. 2 BetrVG (Maß des § 16 Abs. 1 BetrVG: drei Mitglieder) ggf. zu Streit zwischen Betriebsrat und Arbeitgeber. Maßstab für die Berechtigung zusätzlicher Wahlvorstandsmitglieder ist deren Erforderlichkeit für die Durchführung der Wahlen. Sie kommt also insbesondere bei großen Betrieben, vielen Abteilungen oder räumlichen Entfernungen einzelner Standorte in Betracht. Angezeigt ist sie regelmäßig auch dann, wenn mehrere Wahlräume eingerichtet werden. Dem Betriebsrat steht insoweit ein Beurteilungsspielraum zu. Eine von vornherein definierte Höchstgrenze besteht nicht.[3]

Die Berücksichtigung der Geschlechter im Wahlvorstand nach § 16 Abs. 1 S. 5 BetrVG **443** oder die Entsendung nicht stimmberechtigter Mitglieder durch eine Gewerkschaft nach

---

1 ErfK-ArbR/Koch, § 16 Rn 1.
2 BAGE 59, 328.
3 ErfK-ArbR/Koch, § 16 Rn 5.

§ 16 Abs. 1 S. 6 BetrVG können zu gesonderten Streitfällen in diesem Zusammenhang führen.

C. Bewertung im Einzelfall

444 Es erscheint durchaus sachgerecht, den einfachen Streit um die Bestellung des Wahlvorstandes mit einem Gegenstandswert von 5.000,– EUR zu versehen, da andere Anknüpfungspunkte für die Bemessung des Wertes eines entsprechenden Beschlussverfahrens nicht ersichtlich sind.

445 Die vom Streitwertkatalog „grundsätzlich" vorgeschlagene Addition des 1/2 Hilfswertes für weitere Streitpunkte, dürfte dagegen regelmäßig nicht angebracht erscheinen. Die Formulierung „grundsätzlich" zeigt denn auch selbst bereits an, dass es neben dem Regelfall auch **Konstellationen** geben kann, **die einen höheren Gegenstandswert** rechtfertigen. So wirft gerade der Streit um die Berufung einzelner Personen in den Wahlvorstand ggf. komplexe Fragen auf, die im Beschlussverfahren auch deutlich mehr Raum einnehmen dürften, als die Bestellung des Wahlvorstandes als solche. Die streitentscheidenden Normen markieren insoweit auch einen von der Bestellung des Wahlvorstandes abgrenzbaren Streitgegenstand. Dieser dürfte daher ebenfalls und für sich genommen eine Berücksichtigung in Höhe des Hilfswertes rechtfertigen.

Beispiel:
Ist im Beschlussverfahren neben der zeitlich hinreichenden Bestellung des Wahlvorstandes zudem die Frage streitbefangen, ob Arbeitnehmer A angesichts seiner bezweifelten Wahlberechtigung Mitglied des Wahlvorstandes sein kann, wäre der Gegenstandswert des Beschlussverfahrens unter zweifacher Berücksichtigung des Hilfswertes auf insgesamt 10.000,– EUR festzusetzen.

446 Auch der Streit zwischen den Betriebsparteien um die Erforderlichkeit zusätzlicher Mitglieder des Wahlvorstandes kann Gegenstand eines Beschlussverfahrens sein, bei dem die Bestellung des Wahlvorstandes als solche nicht streitig ist. Tritt er isoliert auf, ist für ihn allein ebenfalls der Hilfswert nach § 23 Abs. 3 S. 2 RVG als Gegenstandswert festzusetzen. Tritt er im Zusammenhang mit der Bestellung des Wahlvorstandes als solcher auf, ändert dies an sich am Verfahrensgegenstand nichts und spricht zumindest dann für die Addierung des vollen Hilfswertes, wenn die tatsächlichen wie rechtlichen Schwierigkeiten des Beschlussverfahrens sich auf diesen Teil des Streits konzentrieren.

447 Insofern wird der „grundsätzliche" Vorschlag des Streitwertkataloges so zu lesen sein, dass der einfache Streit um die Bestellung des Wahlvorstandes in Verbindung mit weiteren Einzelstreitpunkten dann eine Erhöhung um lediglich die Hälfte des Hilfswertes rechtfertigt, wenn das Beschlussverfahren seinem Inhalt und Aufwand nach nicht wesentlich umfangreicher wird. Treten dagegen weitere Streitigkeiten ihrer Art oder ihrem Umfang nach als im Grunde eigenständige Streitigkeiten hinzu, dürfte dagegen auch für diese jeweils der Gegenstandswert durch Addition des vollen Hilfswertes zu bestimmen sein.

Nr.	Gegenstand
2.2	Maßnahmen innerhalb des Wahlverfahrens (incl. einstweilige Verfügungen) z.B.: Abbruch der Wahl: 1/2 Wert der Wahlanfechtung (siehe II Nr. 2.3). Zurverfügungstellen von Unterlagen (auch Herausgabe der Wählerlisten): 1/2 Hilfswert von § 23 Abs. 3 S. 2 RVG.

A. Vorbemerkung

Der Vorschlag des Streitwertkatalogs knüpft zum einen an die Bemessung des Gegen-   **448**
standswertes nach II. Nr. 2.3 an, indem er Maßnahmen innerhalb des Wahlverfahrens
gewissermaßen als Vorstufe zu einer Wahlanfechtung begreift und deshalb vom halben
Wert des nach II. Nr. 2.3 bestimmten Gegenstandswert ausgeht. Darüber hinaus erfolgt
für das Zurverfügungstellen von Unterlagen ein gesonderter Vorschlag in Höhe des
halben Hilfswerts.

B. Maßnahmen innerhalb des Wahlverfahrens

I. Grundsätzliche Bewertung von Maßnahmen innerhalb des Wahlverfahrens

Im Grundsatz kann man mit dem Vorschlag des Streitwertkatalogs durchaus davon   **449**
ausgehen, dass der Gegenstandswert eines Beschlussverfahren bzgl. einzelner Maßnahmen innerhalb des Wahlverfahrens unterhalb eines Verfahrens liegen muss, in dem die
Existenz des Betriebsrates im Rahmen einer Wahlanfechtung in Frage steht. Eine pauschale Gleichbehandlung jedweder Maßnahme innerhalb des Wahlverfahrens im Sinne
des § 18 BetrVG wird jedoch deren jeweiliger Bedeutung nicht gerecht. So dürften
einfache Vorbereitungshandlungen anders zu **bewerten** sein, **als** etwa die Entscheidung über den **Abbruch des Wahlvorgangs**. Differenzieren ließe sich insoweit auch
danach, ob entsprechende Fehler bei der Durchführung der Wahl deren Nichtigkeit oder
ihre Anfechtbarkeit begründen und/oder ob sie ggf. berichtigt werden können. Diese
hypothetische Betrachtung erscheint gerade auch deshalb gerechtfertigt, da ggf. das

Unterbleiben eines entsprechenden Beschlussverfahrens bzw. auch einer einstweiligen Verfügung im Zweifel zur Anfechtung der durchgeführten Wahl führt. Hieran knüpft der Vorschlag des Streitwertkatalogs seinerseits zumindest insoweit an, als er den Gegenstandswert der Wahlanfechtung als Referenzwert heranzieht.

450 Die **Aufgaben des Wahlvorstandes** sind **vielfältig**. Sie reichen insbesondere von der ordnungsgemäßen Einleitung der Wahl, dem Erstellen des Wählerverzeichnisses, der Feststellung der betriebsratsfähigen Organisationseinheiten, der Feststellung der Anzahl der zu wählenden Betriebsratsmitglieder, der Bestellung von Wahlhelfern, der Prüfung der Wahlvorschläge und deren Bekanntgabe über die technische Vorbereitung der Wahl und deren tatsächliche Durchführung bis hin zur Feststellung des Ergebnisses der Wahl oder ggf. deren Abbruch. Unter Umständen ist der Wahlvorstand auch zu ersetzen. Antragsberechtigt sind in entsprechenden Beschluss- oder Verfügungsverfahren diejenigen, denen das BetrVG Rechtspositionen in diesem Zusammenhang einräumt, die mit dem jeweiligen Antrag geschützt werden können.[1]

451 Würde jede Streitigkeit aus dieser Aufgabenvielfalt, die Gegenstand eines Beschlussverfahrens sein kann, mit dem gleichen Gegenstandswert versehen, dürfte kaum noch von einer der jeweiligen Bedeutung des Streitgegenstandes angemessenen und nach billigem Ermessen getroffenen Festsetzung auszugehen sein. Naheliegend ist daher, den Vorschlag des Streitwertkataloges auch hier als **Ausgangswert** zu verstehen und je nach den Umständen des Einzelfalls den Gegenstandswert zu erhöhen oder auch abzusenken.

II. Bewertung im Einzelfall

452 Da angesichts der Aufgabenvielfalt eine generalisierende Bestimmung des Gegenstandswertes kaum möglich ist, wird man sich bei der Bewertung im Einzelfall über die Bildung von **Fallgruppen** annähern können. Grundlage kann hierfür dem Vorschlag des Streitwertkataloges entsprechend der Gegenstandswert einer möglichen Anfechtung der betroffenen Betriebsratswahl nach II. Nr. 2.3 sein:

(1) Maßnahmen, die eine Nichtigkeit der Wahl nach sich ziehen könnten (z.B. Verzicht auf eine geheime Wahl; Stimmauszählung durch eine Person, die nicht dem Wahlvorstand angehört; Aufnahme von Personen in das Wählerverzeichnis, die nicht Arbeitnehmer des Betriebs sind; vorzeitige Schließung der Wahllokale; Auszählung der Stimmen unter Ausschluss der Öffentlichkeit).

(2) Maßnahmen, die eine Wahlanfechtung nach sich ziehen könnten (z.B. fehlende Angabe der Orte der Wahllokale im Wahlausschreiben; Nichteinhaltung der Fristen für die Abgabe von Wahlvorschlägen; rechtswidriger Ausschluss eines Wahlvorschlages; fehlerhaft bestellter Wahlvorstand).

---

1 Vgl. BAG, NZA 1989, 291.

(3) Maßnahmen, deren Fehlerfolge berichtigt werden kann und diese Berichtigung auch so rechtzeitig erfolgt, dass die Wahl und deren Ergebnis davon nicht beeinflusst oder geändert wurde (z.b. rechtzeitige Berichtigung des fehlerhaft im Wahlausschreiben angegebenen Ortes des Wahllokals oder des zur Verfügung stehenden Zeitraums der Stimmabgabe; rechtzeitige Nachholung der Unterrichtung ausländischer Arbeitnehmer, die der deutschen Sprache nicht mächtig sind).

(4) Sonstige Maßnahmen während des Wahlverfahrens (z.b. Festlegung von Ort und Zeit der Wahl; Ausübung des Hausrechts; Abbruch oder vorläufige Aussetzung der Wahl).

Um den Gegenstandswert eines entsprechenden Beschlussverfahrens zu ermitteln, wäre **453** demnach zunächst der Gegenstandswert eines Wahlanfechtungsverfahrens festzustellen.

Beispiel:
Bei einem fünfköpfigen Betriebsrat ist für das erste Betriebsratsmitglied im Falle der einfachen Wahlanfechtung der doppelte Hilfswert von 10.000,– EUR und für jede weitere Stufe jeweils der halbe Hilfswert (2 x 2.500,– EUR = 5.000,– EUR) zu addieren. Der Gegenstandswert des Verfahrens wäre demnach auf 15.000,– EUR festzusetzen (Erläuterung hierzu unter II. Nr. 2.3, Rdn 463 ff.).

Sachgerecht erscheint es angesichts der Bedeutung der jeweiligen Maßnahme für den **454** Bestand bzw. die Fortsetzung des Wahlverfahrens bei Maßnahmen, die eine Nichtigkeit der Wahl nach sich ziehen können, den so ermittelten Gegenstandswert nun entgegen des Vorschlags des Streitwertkatalogs nicht noch zu halbieren, sondern **in voller Höhe** beizubehalten. Da im Falle eines Antrags auf Nichterklärung einer Wahl der Gegenstandswert in Fortführung der BAG-Rechtsprechung (und entgegen des Vorschlags des Streitwertkataloges) mit dem 3-fachen Hilfswert für das erste Betriebsratsmitglied zu berechnen wäre, wäre auch eine hinreichende Unterscheidung zwischen einem Beschlussverfahren bzw. einstweiligen Verfügungsverfahren während des Wahlverfahrens und einem Beschlussverfahren zur Nichterklärung einer abgeschlossenen Wahl gewahrt.

Sind Maßnahmen, die eine Wahlanfechtung zur Folge haben können und nicht berichtigt **455** werden können, mithin eine Wiederholung von Verfahrensschritten erfordern, verfahrensgegenständlich, dürfte je nach den Umständen des Einzelfalls ebenfalls auf eine Halbierung des ermittelten Ausgangswertes zu verzichten sein. Ggf. ist der Ausgangswert nicht zu halbieren, sondern z.B. lediglich um ein Viertel zu vermindern.

Werden jedoch Maßnahmen des Wahlvorstandes im Wege eines Beschlussverfahrens **456** oder einstweiligen Verfügungsverfahrens angegriffen, deren Aufhebung oder Berichtigung dazu führt, dass die Wahl nicht wiederholt werden muss (Fallgruppen 3 und 4), erscheint der Vorschlag des Streitwertkataloges sachgerecht.

Beispiel:
Im obigen Beispielsfall wäre also der Gegenstandswert eines entsprechenden einstweiligen Verfügungsverfahrens, mit dem der vorzeitige Abbruch der Wahl verhindert werden soll, auf 7.500,– EUR festzusetzen.

457 Treten **besondere Umstände im Einzelfall** hinzu oder stellt sich das Verfahren etwa aufgrund einer umfangreichen Beweisaufnahme als besonders aufwendig dar, ist auch hier nach billigem Ermessen der Gegenstandswert abweichend vom Regelvorschlag des Streitwertkatalogs anzupassen. Stellt sich das Verfahren dagegen angesichts seines Gegenstandes als geringwertiger dar, etwa weil ein von vornherein als geringfügig anzusehender Fehler des Wahlvorstandes, der von vornherein ohne Auswirkung auf das Ergebnis der Wahl ist, Verfahrensgegenstand ist, erscheint auch ein geringerer Gegenstandswert vertretbar, etwa die Festsetzung des einfachen Hilfswertes nach § 23 Abs. 3 S. 2 RVG.

C. Zurverfügungstellen von Unterlagen

458 Während Beschlussverfahren und einstweilige Verfügungsverfahren des ersten Teils dieser Ziffer des Streitwertkataloges überwiegend Maßnahmen oder Unterlassungen des Wahlvorstandes betreffen, betrifft die Frage des Zurverfügungstellens von Unterlagen vor allem den Arbeitgeber als möglichen Antragsgegner des Verfahrens. Der Arbeitgeber ist verpflichtet, alle für die Durchführung einer ordnungsgemäßen Wahl erforderlichen Auskünfte zu erteilen und erforderliche Unterlagen zur Verfügung zu stellen.[2] Eine Herausgabepflicht von Unterlagen kann aber auch andere, etwa den Wahlvorstand, treffen.

459 Für einen Streit darüber, ob und inwieweit der Anspruchsgegner seine Herausgabepflicht erfüllt hat, soll nach dem Vorschlag des Streitwertkataloges lediglich der halbe Hilfswert nach § 23 Abs. 3 S. 2 RVG anzusetzen. Im Verhältnis zu den anderen Vorschlägen des Streitwertkataloges und der jeweiligen Bedeutung der Streitigkeit ist dieser Vorschlag stimmig. Er zeigt jedoch zugleich, dass die **Anknüpfung an den Hilfswert** des RVG **nur begrenzt überzeugend** ist. An sich wäre ein Streit um das Zurverfügungstellen notwendiger Unterlagen für die Betriebsratswahl nämlich ein klassischer Fall für die Festsetzung des Hilfswertes als Gegenstandswert, denn anderweitige Anhaltspunkte für eine Bemessung des Werts einer solchen Streitigkeit bestehen in der Tat nicht. Genau für diesen Fall ist der Hilfswert des § 23 Abs. 3 S. 2 RVG gedacht. Warum deshalb von diesem hier nach unten abgewichen werden soll, leuchtet für sich genommen nicht ein. Erst im Verhältnis zu den Vorschlägen des Streitwertkatalogs zu anderen Verfahrensgegenständen vermag man dies nachzuvollziehen. Im Übrigen könnte man der Sache nach etwa das Zurverfügungstellen der für die Erstellung des Wählerverzeichnisses

---

2 Vgl. ErfK-ArbR/Koch, § 18 Rn 1.

notwendigen Unterlagen durch den Arbeitgeber auch für eine besonders zentrale Streitigkeit halten, wenn der Arbeitgeber durch seine Weigerung versuchen sollte, die Durchführung der Betriebsratswahl zu be- oder gar zu verhindern. Dies spräche auch inhaltlich dafür, mit Blick auf die betroffenen Interessen der Beteiligten im Einzelfall einen höheren Gegenstandswert anzusetzen.

Nr.	Gegenstand
2.3	Wahlanfechtung (incl. Prüfung der Nichtigkeit der Wahl): ausgehend vom doppelten Hilfswert nach § 23 Abs. 3 S. 2 RVG, Steigerung der Staffel gemäß § 9 BetrVG mit jeweils 1/2 Hilfswert.

A. Vorbemerkung

Der Vorschlag des Streitwertkataloges knüpft an die in den Details variierende Recht- **460** sprechung an, die auch für die Bemessung dieses Gegenstandswertes zum einen den Hilfswert des § 23 Abs. 3 S. 2 RVG und zum anderen die Betriebsratsgröße nach § 9 BetrVG heranzieht. Ausgehend vom doppelten Hilfswert für das erste Betriebsratsmitglied ist für jede weitere erreichte Staffel nach § 9 BetrVG dann der halbe Hilfswert zu addieren. Wie insoweit der Gegenstandswert aber im Einzelnen zu bestimmen ist, ist von den Landesarbeitsgerichten bislang höchst uneinheitlich gehandhabt worden.[1] Der Vorschlag des Streitwertkataloges folgt im Grundsatz der Rechtsprechung des BAG.

B. Grundsätzliche Bewertung der Wahlanfechtung/Prüfung der Nichtigkeit

Die Wahlanfechtung nach § 19 BetrVG ist erfolgreich, wenn gegen wesentliche Vor- **461** schriften über das Wahlrecht, die Wählbarkeit oder das Wahlverfahren verstoßen worden ist und eine Berichtigung nicht erfolgt ist, es sei denn der Verstoß konnte das Wahlergebnis weder ändern noch beeinflussen. Stellt sich heraus, dass der Wahlmangel berichtigt werden kann, nimmt das Gericht die Berichtigung im Beschlussverfahren vor.[2] Kommt eine Berichtigung nicht in Betracht,[3] ist die **Wahl** für **unwirksam** zu erklären. Die

---

1 Vgl. Düwell/Lipke/Schäder, ArbGG, Anhang 2, S. 1317 f.
2 BAGE 21, 210.
3 Vgl. BAGE 68, 74.

erfolgreiche Wahlanfechtung führt zu einem betriebsratslosen Zustand; sie wirkt jedoch nicht zurück, so dass die bis zur rechtskräftigen Feststellung der Unwirksamkeit vorgenommenen Handlungen des Betriebsrats Bestand haben. Die Wahlanfechtung kann auf die Wahl einzelner Betriebsratsmitglieder beschränkt werden. Wird die Wahl eines einzelnen Mitglieds für unwirksam erklärt, tritt das gewählte Ersatzmitglied an seine Stelle. Eine Neuwahl ist in dieser Situation nicht erforderlich.[4]

462   Ganz **ausnahmsweise** ist eine Betriebsratswahl **sogar nichtig** und zwar dann, wenn in einem Maß gegen die Vorschriften verstoßen wurde, dass nicht einmal mehr der Anschein einer ordnungsgemäßen Wahl besteht. Dies setzt mithin einen besonders groben und offensichtlichen Verstoß gegen die Wahlvorschriften voraus.[5] Ist die Betriebsratswahl nichtig, hat der Betriebsrat nicht existiert. Insofern haben auch alle von ihm vorgenommenen Handlungen – im Unterschied zur erfolgreichen Anfechtung – keinen Bestand. Die Prüfung der Nichtigkeit stellt sich insofern als ein besonderer Unterfall der Wahlanfechtung dar. Ihre **Gleichbehandlung im Hinblick auf den Gegenstandswert** erscheint zwar insbesondere auch deshalb vertretbar, da weder eine besondere Häufung von zur Anfechtung berechtigenden Wahlmängel zur Nichtigkeit führt,[6] noch eine umfangreiche Beweisaufnahme erforderlich sein darf, um den besonders groben und offensichtlichen Mangel zu belegen, doch erweist sich die Nichtigkeit der Wahl besonders schwerwiegend.[7]

463   Die insbesondere auch vom BAG vorgenommene Bemessung des Gegenstandeswertes solcher Streitigkeiten verdient Zustimmung. Dabei sind die Bedeutung der Angelegenheit für den Auftraggeber des Rechtsanwalts wie auch der durch die tatsächlichen und rechtlichen Schwierigkeiten der Sache bestimmte Umfang der anwaltlichen Tätigkeit zu berücksichtigen. Das BAG geht grundsätzlich davon aus, dass ein Wahlanfechtungsverfahren einen **überdurchschnittlichen Aufwand** bedeutet, der es rechtfertigt bei einer **Wahlanfechtung von vornherein vom zweifachen Hilfswert** nach § 23 Abs. 3 S. 2 RVG und bei einem **Antrag auf Feststellung der Nichtigkeit der Wahl** vom **dreifachen Hilfswert** als Ausgangswert auszugehen. Unter Verweis auf die wachsende Größe des Betriebs und damit des Betriebsrates sowie die damit verbundenen Mitwirkungs- und Freistellungsrechte knüpft das BAG sodann an die Staffel des § 9 BetrVG an, um den Ausgangswert je erreichter Staffel jeweils in Höhe des halben Hilfswertes zu erhöhen. Schließlich sei eine weitere Steigerung um den doppelten oder sogar vierfachen Hilfswert in Fällen großer bzw. besonders großer Schwierigkeit angezeigt.[8]

---

4 Vgl. ErfK-ArbR/Koch, § 19 Rn 7.
5 BAGE 94, 144.
6 BAG, Beschl. v. 19.11.2003 – 7 ABR 25/03, juris.
7 BAG, Beschl. v. 15.11.2000 – 7 ABR 23/99, juris.
8 BAG, Beschl. v. 17.10.2001 – 7 ABR 42/99, juris.

Mit der Wahlanfechtung ist die Existenz des Betriebsrats in Frage gestellt. Es geht **464** deshalb ein einem solchen Beschlussverfahren von vornherein in seiner Bedeutung für die Beteiligten um mehr, als etwa in einem Streit über das Bestehen eines Mitwirkungsrechts. Die Verdopplung des Hilfswerts zur Ermittlung des Ausgangswertes ist deshalb berechtigt. Da im Falle der Nichtigerklärung der Wahl sogar die bereits vorgenommenen Handlungen des Betriebsrates keinen Bestand haben, ist auch die nochmals gesteigerte Bemessung des Gegenstandswertes in diesem Fall sachgerecht.[9]

C. Bewertung im Einzelfall

Bei der Bemessung des Gegenstandswertes dieser nichtvermögensrechtlichen Streitig- **465** keit ist mithin zunächst mit Hilfe der Staffel des § 9 BetrVG ein Anfangswert zu ermitteln.

I. Betriebsrat

Hierbei ist zwischen einfacher Wahlanfechtung und dem Antrag auf Nichtigerklärung **466** der Wahl zu differenzieren, wobei entgegen des Vorschlags des Streitwertkatalogs, jedoch in Fortführung der BAG-Rechtsprechung bei einem Antrag auf Nichtigerklärung ein höherer Gegenstandswert anzusetzen wäre.

Beispiel:
Bei einem fünfköpfigen Betriebsrat ist für das erste Betriebsratsmitglied im Falle der einfachen Wahlanfechtung der doppelte Hilfswert von 10.000,– EUR und für jede weitere Stufe jeweils der halbe Hilfswert (2 x 2.500,– EUR = 5.000,– EUR) zu addieren. Der Gegenstandswert beliefe sich hiernach auf 15.000,– EUR. Im Falle eines Antrags auf Nichtigerklärung beliefe sich der Gegenstandswert in Fortführung der BAG-Rechtsprechung auf 20.000,– EUR (3-facher Hilfswert + 2 x 0,5-facher Hilfswert).

Zu berücksichtigen sind aber darüber hinaus die **besonderen Umstände des Einzelfalls**, **467** die sich aus der Bedeutung der Angelegenheit für die Beteiligten, deren materielle wie ideelle Interessen wie auch aus den tatsächlichen und rechtlichen Schwierigkeiten der Sache ergeben. Ist also für das Beschlussverfahren eine umfangreiche Beweisaufnahme erforderlich und führt eine ganze Reihe von Wahlfehlern zur Unwirksamkeit der Wahl, ist der so ermittelte Anfangswert in angemessener Höhe zu steigern. Je nach den Umständen des Einzelfalls ist hierüber nach billigem Ermessen zu entscheiden. Eine Deckelung auf ein x-Faches des Hilfswertes erscheint insofern nicht angebracht, wenngleich die vom BAG vorgenommene Orientierung in der Regel passend sein dürfte.

---

9 Vgl. LSG Baden-Württemberg, AE 2008, 334.

II. Gesamt- oder Konzernbetriebsrat

468 Für Streitigkeiten über die Bildung eines Gesamt- oder Konzernbetriebsrates erscheint es sachgerecht, entsprechend vorzugehen. Angesichts der größeren Bedeutung (betriebsübergreifende Tätigkeit, Anzahl betroffener Arbeitnehmer) dürfte es sowohl bei Streitigkeiten über die wirksame Errichtung eines Konzernbetriebsrates wie auch bei der Bildung eines Gesamtbetriebsrates angemessen sein, hier bereits für das erste Betriebsratsmitglied vom 3-fachen Hilfswert auszugehen und sodann wie beim Betriebsrat entsprechend der Größe zu steigern.[10]

Nr.	Gegenstand
3.	*Betriebsvereinbarung*
	Ausgehend vom Hilfswert nach § 23 Abs. 3 S. 2 RVG wird ggf. unter Berücksichtigung der Umstände des Einzelfalls, z.b. Inhalt und Bedeutung der Regelungsfrage, eine Erhöhung bzw. ein Abschlag vorgenommen.

A. Vorbemerkung

469 Der Vorschlag des Streitwertkataloges nimmt insoweit auch den Hilfswert des § 23 Abs. 3 S. 2 RVG aus Ausgangswert in Bezug und bleibt hiernach aber mit Verweis auf Inhalt und Bedeutung der Regelungsfrage vage.

B. Grundsätzliche Bewertung einer Betriebsvereinbarung

470 Mit dieser Vorgabe weicht der Streitwertkatalog überraschend unpräzise von bisheriger Rechtsprechung ab und bietet für die Festsetzung eines Gegenstandswertes nach billigem Ermessen für nichtvermögensrechtliche Streitigkeiten keinen präzisen Anhaltspunkt.

471 Je nach Inhalt einer Betriebsvereinbarung nach § 77 BetrVG lässt sich deren **wirtschaftliche Bedeutung** aber im Einzelfall sogar **beziffern**. Dies gilt auch unabhängig davon, ob es sich um eine mitbestimmte, teilmitbestimmte oder freiwillige Betriebsvereinba-

---

10 Vgl. LAG Hamburg, Beschl. v. 7.1.2009 – 4 Ta 22/08, juris; ohne Berücksichtigung eines mehrfachen Ausgangswertes noch LAG Düsseldorf, LAGE § 8 BRAGO Nr. 1.

rung handelt.[1] Dann dürfte die wirtschaftliche Bedeutung der Vereinbarung durchaus als Gegenstandswert festgesetzt werden können. In der Rechtsprechung findet sich insoweit eine Handhabung, die im Streitwertkatalog für II. Nr. 13.7 übernommen wurde und auch für II. Nr. 3 weiterhin Vorbild sein kann. Danach ist bei einer Betriebsvereinbarung über wiederkehrende Leistungen für den ersten betroffenen Arbeitnehmer der dreifache Jahresbetrag abzgl. 20 % und für die Arbeitnehmer 2 bis einschließlich 20 jeweils 25 %, für die Arbeitnehmer 21 bis einschließlich 50 jeweils 12,5 % und ab Arbeitnehmer 51 jeweils 10 % des so ermittelten Ausgangswertes zu addieren.[2]

Beispiel:
Verfahrensgegenständlich ist eine Betriebsvereinbarung, die den 90 Arbeitnehmern des Betriebs jährlich eine Sonderzahlung von 100,– EUR gewährt. Der Gegenstandswert eines Beschlussverfahrens bzgl. dieser Betriebsvereinbarung wäre demnach für den ersten Arbeitnehmer der 3-fache Jahresbetrag abzgl. 20 % (= 240,– EUR), für die Arbeitnehmer 2 bis einschließlich 20 jeweils 25 % (19 x 60,– EUR = 1.140,– EUR), für die Arbeitnehmer 21 bis einschließlich 50 jeweils 12,5 % (29 x 30,– EUR = 870,– EUR) sowie für die Arbeitnehmer 51 bis 90 jeweils 10 % des Ausgangswertes anzusetzen (39 x 24,– EUR = 936,– EUR). Hieraus ergäbe sich ein Gegenstandswert für das Verfahren von 3.186,– EUR.

Man mag auch dieses Ergebnis kritisch hinterfragen, denn im Falle eines Streits über **472** die Wirksamkeit einer Betriebsvereinbarung, die eine einmalige Leistung von 100,– EUR für die 90 Arbeitnehmer des Betriebs vorsieht, wäre der Gegenstandswert auf 9.000,– EUR festzusetzen. Beide Beispiele zeigen aber, dass **nicht in jedem Fall** ein **Rückgriff auf den Hilfswert** nach § 23 Abs. 3 S. 2 RVG angebracht erscheint.

Grundsätzlich ist im Übrigen bei der Bemessung des Gegenstandswertes davon auszuge- **473** hen, dass Gegenstand eines Beschlussverfahrens, in dem etwa über die Wirksamkeit oder das Fortbestehen einer Betriebsvereinbarung gestritten wird, im Kern das durch die Betriebsvereinbarung verwirklichte **Mitbestimmungsrecht** des Betriebsrates ist. Etwaige wirtschaftliche Auswirkungen für den einzelnen Arbeitnehmer sind dagegen als Effekt dieser Mitbestimmung nicht für die Bemessung des Gegenstandswertes heranzuziehen. Die Bedeutung der Regelungsfrage wird aber meist insbesondere von der Anzahl der betroffenen Arbeitnehmer und damit der Betriebsgröße abhängen. Insofern liegt es auch unter Beachtung des Vorschlags des Streitwertkataloges nahe, den in der Rechtsprechung verbreiteten und auch an anderen Stellen im Streitwertkatalog verwendeten Anknüpfungspunkt in § 9 BetrVG für die Bewertung eines Mitbestimmungsrechts, wie es sich auch durch eine Betriebsvereinbarung ausdrückt, zu verwenden. Auch wenn bzgl. der der Möglichkeit eines Einigungsstellenverfahrens, der Nachwirkung und des Verhältnisses zu Tarifverträgen zwischen mitbestimmten und freiwilligen Betriebsvereinbarungen zu unterscheiden ist, gelten im Übrigen für Be-

---

1 Vgl. zur Unterscheidung ErfK-ArbR/Kania, § 77 Rn 9 ff.
2 Vgl. LAG Hamm, NZA-RR 2006, 595.

triebsvereinbarungen, etwa für deren Abschluss und Wirksamkeit, die gleichen Grundsätze.[3] Dies spricht dafür, bei der Bemessung des Gegenstandswertes ebenfalls nicht zwischen mitbestimmten und freiwilligen Betriebsvereinbarungen zu unterscheiden. Dies tut auch der Vorschlag des Streitwertkataloges nicht.

474 Dem entsprechend wäre auch in Beschlussverfahren, die eine Betriebsvereinbarung zum Gegenstand haben, – dem Vorschlag des Streitwertkatalogs insoweit folgend – ausgehend vom Hilfswert je nach **Betriebsgröße** bzw. der Anzahl der betroffenen Arbeitnehmer für jede Staffel der in § 9 BetrVG geregelten Betriebsratsgröße der Hilfswert gesondert zu nehmen und zu addieren.

C. Bewertung im Einzelfall

475 Die nach billigem Ermessen zu treffende Entscheidung über den Gegenstandswert sollte insofern zunächst den Ausgangswert anhand der Betriebsgröße ermitteln.

> **Beispiel:**
> Bei 750 Arbeitnehmern ist der Hilfswert angesichts der erreichten 7. Stufe der Betriebsratsgröße mit 7 zu multiplizieren (= 35.000,– EUR).

476 Ergibt sich aus den Umständen des Einzelfalls, dass der so errechnete Ausgangswert die Bedeutung der Betriebsvereinbarung aus Sicht des Antragstellers im Beschlussverfahren nur unzureichend abbildet, ist eine entsprechende Erhöhung oder auch Absenkung des Ausgangswertes vorzunehmen. Maßgebend ist hierfür die Bedeutung der Streitigkeit aus der **Sicht des Antragstellers**. Begehrt etwa der Arbeitgeber die Feststellung, dass die Betriebsvereinbarung nach ihrer Kündigung nicht fortwirkt, um die mit der weiteren Durchführung der vereinbarten Regeln einhergehende Kostenbelastung zu vermeiden, ist der Gegenstandswert entweder allein nach der wirtschaftlichen Bedeutung der Betriebsvereinbarung zu bemessen oder ggf. der nach der Betriebsgröße ermittelte Ausgangswert angemessen zu steigern, wenn mit der Betriebsvereinbarung **besondere Kosten** verbunden sind, die bei Betriebsvereinbarungen, die z.B. nur bestimmte Betriebsabläufe regeln, nicht anfallen. Ist dagegen der Betriebsrat Antragsteller, wird sich die Bemessung auf die fortgesetzte Verwirklichung des Mitbestimmungsrechts begrenzen, so dass eine Steigerung des Gegenstandswertes nicht angezeigt erschiene.

477 Betrifft die Betriebsvereinbarung ihrem Anwendungsbereich nach nur einen **Teil der Belegschaft,** kann die Bedeutung der Betriebsvereinbarung auch hier durch eine Anpassung des Ausgangswertes im Verhältnis der betroffenen Arbeitnehmer zur Gesamtbelegschaft ermittelt werden.

---

3 Vgl. ErfK-ArbR/Kania, § 77 Rn 12.

Beispiel:
Fallen von einer Belegschaft von 750 Arbeitnehmern nur 50 % in den Anwendungsbereich der Betriebsvereinbarung, wäre der Ausgangswert nur unter Berücksichtigung der betroffenen Arbeitnehmer zu ermitteln, so dass bei 375 Arbeitnehmern der Hilfswert angesichts der erreichten 4. Stufe mit 4 zu multiplizieren wäre (= 20.000,– EUR).

Treten anderweitige besondere Umstände hinzu, sind auch diese bei der Festsetzung des Gegenstandswertes erhöhend oder absenkend zu berücksichtigen. Abzustellen ist hierbei unter anderem auch darauf, ob das Beschlussverfahren besonderes aufwendig oder ggf. **besonders einfach gelagert** ist, weil z.b. nur eine einzige Rechtsfrage ohne besondere tatsächliche Schwierigkeiten entscheidungserheblich ist.   **478**

Auf diese Weise lässt sich der Vorschlag des Streitwertkataloges, „ausgehend" vom Hilfswert den Gegenstandswert zu bestimmen, aufnehmen und auch unter Berücksichtigung des Einzelfalls eine Anpassung vornehmen. Ein Verständnis des Vorschlags des Streitwertkatalogs, wonach lediglich der einfache Hilfswert nach § 23 Abs. 3 S. 2 RVG regelmäßiger Ausgangswert für ein Beschlussverfahren über eine Betriebsvereinbarung ist und dieser angemessen zu erhöhen oder zu verringern ist, dürfte dagegen zu unangemessenen Ergebnissen führen. Angesichts der für die betriebliche Regelung der Arbeitsbedingungen besonderen Bedeutung von Betriebsvereinbarungen ist nicht davon auszugehen, dass diese grundsätzlich mit einem Gegenstandswert von 5.000,– EUR angemessen bewertet wären. Der einfache Hilfswert dürfte insofern lediglich als Mindestwert anzusehen sein, da auch bei einfachen Streitigkeiten um eine Betriebsvereinbarung zumindest eine Wertigkeit in Höhe des Hilfswertes vorliegt. Dafür spricht der Sinn und Zweck des Hilfswertes. Dessen Absenkung dürfte daher nur in Ausnahmefällen sachgerecht erscheinen.   **479**

Nr.	Gegenstand
4.	**Einigungsstelle, Einsetzung nach § 98 ArbGG bei Streit um:**
4.1	Offensichtliche Unzuständigkeit: Höchstens Hilfswert nach § 23 Abs. 3 S. 2 RVG.
4.2	Person des Vorsitzenden: Grundsätzlich 1/4 Hilfswert nach § 23 Abs. 3 S. 2 RVG.
4.3	Anzahl der Beisitzer: Grundsätzlich insgesamt 1/4 Hilfswert nach § 23 Abs. 3 S. 2 RVG.

Die II. Nr. 4.1 bis 4.3 betreffen Beschlussverfahren, deren Gegenstand in der Regel keine besonderen tatsächlichen oder rechtlichen Schwierigkeiten aufweist. Die Anknüpfung an den Hilfswert erscheint deshalb sachgerecht. Muss das Gericht über die Zuständigkeit der Einigungsstelle entscheiden und ist diese offensichtlich unzuständig, soll   **480** höchstens der Hilfswert nach § 23 Abs. 3 S. 2 RVG anzusetzen sein. Für Streitigkeiten über die Besetzung der Einigungsstelle soll „grundsätzlich" lediglich ein $1/4$ des Hilfswertes anzusetzen sein.

481   Die Einigungsstelle kann nach den gesetzlichen Vorgaben des BetrVG, aber auch nach Maßgabe tarifvertraglicher Vorschriften, einer Regelungsabrede oder Betriebsvereinbarung zuständig sein. Ist die **Zuständigkeit der Einigungsstelle** gesetzlich oder tariflich vorgesehen, kann das entsprechende Verfahren durch eine der Betriebsparteien erzwungen werden. Im Übrigen ist die Zuständigkeit der Einigungsstelle vom fortbestehenden Einverständnis der Betriebsparteien abhängig, kann also jederzeit frei widerrufen werden.[1]

482   Dem Vorschlag des Streitwertkataloges kann insofern gefolgt werden, als es sich bei den betroffenen Verfahren um **vergleichsweise einfache Streitigkeiten** handelt. Ist die Einigungsstelle tatsächlich „**offensichtlich**" **unzuständig** (§ 98 Abs. 1 S. 2 ArbGG), bedarf es hierfür weder einer Beweisaufnahme noch eines besonderen Aufwandes der Bevollmächtigten. Vielmehr muss sich die Unzuständigkeit der Einigungsstelle aus dem einfachen Vortrag der Beteiligten ergeben. Voraussetzung ist, dass sich die Zuständigkeit der Einigungsstelle unter keinem rechtlichen Gesichtspunkt als denkbar darstellt.[2] In einem solchen Fall erscheint die Festsetzung des Hilfswerts als Gegenstandswert sachgerecht. Setzt die Entscheidung des Gerichts jedoch eine umfangreichere Auseinandersetzung mit den zugrunde liegenden Streitigkeiten voraus oder weist sie tatsächliche und/oder rechtliche Schwierigkeiten auf, ist der Vorschlag des Streitwertkataloges bereits nicht mehr einschlägig.

483   Die **Bestimmung des Vorsitzenden** der Einigungsstelle mag bisweilen tatsächlich kompliziert erscheinen und zwischen den Beteiligten hochgradig umstritten sein. Als Verfahrensgegenstand ist diese Frage gleichwohl als einfach zu bezeichnen. Auch insoweit liegt an sich die Festsetzung des Hilfswertes als Auffangwert nahe. Die vom Streitwertkatalog vorgeschlagene Reduzierung auf $1/4$ des Wertes ist dagegen nicht nachvollziehbar. Gerade für Fälle dieser Art ist der Hilfswert als Gegenstandswert gedacht und daher in voller Höhe anzusetzen. Dies gilt sowohl für die Bestimmung des Vorsitzenden wie auch die Frage der Anzahl der Beisitzer. Und dies auch nur, wenn mit der Entscheidung keine besonderen Schwierigkeiten verbunden. Da aber die **Anzahl der Beisitzer** selbst bisweilen eine aufgrund der tatsächlichen Schwierigkeiten der vor der Einigungsstelle zu verhandelnden Angelegenheit schwierige Frage ist, dürfte die Festsetzung des vollen Hilfswerts auch nur dann angemessen sein, wenn das Gericht die regelmäßige Besetzung mit je einem Beisitzer je Seite für angemessen hält.

---

1 Vgl. Düwell/Lipke/Lipke, ArbGG, § 98 Rn 2 f.
2 Vgl. Düwell/Lipke/Lipke, ArbGG, § 98 Rn 17.

Überzeugend im Sinne einer nach billigem Ermessen erfolgenden Festsetzung des **484** Gegenstandswertes dürfte daher die Bestimmung des vollen Hilfswertes nach § 23 Abs. 3 S. 2 RVG dann sein, wenn es sich bei diesen einem Einigungsstellenverfahren vorausgehenden Entscheidungen tatsächlich um einfache handelt. Sollte dagegen aufgrund tatsächlicher oder rechtlicher Schwierigkeiten ein komplizierterer Fall vorliegen, dann wäre eine über den Hilfswert hinausgehende Bestimmung des Gegenstandswertes angezeigt. In der Literatur wird hierzu durchaus vertreten, dann auf die **wirtschaftliche Bedeutung der vor der Einigungsstelle zu verhandelnden Angelegenheit** abzustellen.[3]

Nr.	Gegenstand
5.	*Einigungsstelle, Anfechtung des Spruchs*
	Ausgehend vom Hilfswert nach § 23 Abs. 3 S. 2 RVG wird gegebenenfalls unter Berücksichtigung der Umstände des Einzelfalls, z.B. Inhalt und Bedeutung der Regelungsfrage, eine Erhöhung bzw. ein Abschlag vorgenommen.

Auch für die Anfechtung eines Spruchs der Einigungsstelle schlägt der Streitwertkatalog **485** vor, den Hilfswert nach § 23 Abs. 3 S. 2 RVG als Ausgangspunkt für die Bemessung des Gegenstandswertes zu nehmen. Hiergegen spricht zunächst nichts. Der Streitwertkatalog erweckt allerdings den Anschein, als ob der Hilfswert regelmäßig so eine Art eine „Mittelwert" wäre, der zu erhöhen oder zu reduzieren ist. Dies ist wiederum so pauschal nicht nachvollziehbar. Dagegen erteilt der Vorschlag des Streitwertkataloges einer in der Rechtsprechung durchaus verbreiteten Praxis, auf die Honorare für den Vorsitzenden und die Mitglieder der Einigungsstelle abzustellen,[1] zu Recht eine Absage, denn auf diese Weise wird weder der wirtschaftliche Wert des Verfahrensgegenstandes ermittelt noch nach billigem Ermessen der Wert für eine nichtvermögensrechtliche Streitigkeit festgesetzt.

Vorrangig erscheint es vielmehr, soweit dies möglich ist, die **Bedeutung der Rege-** **486** **lungsfrage aus Sicht des** den Spruch der Einigungsstelle **Anfechtenden** festzustellen. Dies kann sowohl zu der Annahme einer vermögensrechtlichen wie auch einer nichtvermögensrechtlichen Streitigkeit führen. Von einem vermögensrechtlichen Gegenstand ist auszugehen, wenn mit dem streitgegenständlichen Recht oder Rechtsverhältnis vornehmlich wirtschaftliche Zwecke verfolgt werden. Vermögensrechtlich ist der Gegenstand insbesondere, wenn die Durchsetzung oder Abwehr von Ansprüchen betroffen ist, die auf Geld oder geldwerte Leistungen gerichtet sind.[2] Jedenfalls insoweit besteht

---

3 Vgl. GK-ArbGG/Schleusener, § 12 Rn 452 ff.; dagegen etwa Düwell/Lipke/Lipke, § 98 Rn 1a.
1 Vgl. LAG Stuttgart, DB 1994, 1044.
2 Vgl. BAG, NZA 2005, 70.

nämlich nach § 23 Abs. 3 RVG kein Anlass, von vornherein auf den Hilfswert zurückzugreifen, der nur für solche Fälle dient, in denen die wirtschaftliche Bedeutung nicht feststellbar ist. Dem entsprechend kann etwa – **aus der Sicht des Arbeitgebers** – die mit dem Einigungsstellenverfahren verbundene **Einsparung oder Steigerung von Ausgaben** als Gegenstandswert des entsprechenden Beschlussverfahrens festgesetzt werden.[3] Denkbar erscheint es insoweit auch, im Falle der Betroffenheit einer Reihe einzelner Arbeitnehmer auf die für den individuellen Streitfall anzuwendenden Regeln für die Streitwertbemessung zurückzugreifen und von diesen die Summe zu bilden, etwa wenn im Zusammenhang mit einer Zulagenberechtigung deren Summe aus Sicht des Arbeitgebers pauschal nicht ermittelbar ist.

487   Bietet der Gegenstand des Einigungsstellenverfahrens dagegen keinen Anhaltspunkt für eine solche Bemessung des Gegenstandswertes, kann auf den Hilfswert zurückgegriffen werden. Die Annahme, es handele sich dagegen immer um eine nichtvermögensrechtliche Streitigkeit, da es allein um die „richtige" Beteiligung des Betriebsrates ginge, erscheint dagegen für Beschlussverfahren, in denen der Bestand eines Spruchs der Einigungsstelle gegenständlich ist, nicht überzeugend.[4] Hierfür spricht der Vergleich zur Anfechtung eines von der Einigungsstelle festgesetzten Sozialplans, bei dem ebenfalls dessen vollständiges oder bei teilweiser Anfechtung auch dessen anteiliges Volumen zur Bemessung des Gegenstandswertes heranzuziehen ist.[5] Ist dagegen tatsächlich „**nur**" **die richtige Beteiligung des Betriebsrates** – aus dessen Sicht – streitgegenständlich, ist für die Bemessung des Gegenstandswert dagegen der **Hilfswert** zugrunde zu legen. Dann kann es in der Tat, wie auch bei anderen Ziffern des Streitwertkataloges, nicht auf die wirtschaftlichen Folgen für die betroffenen Arbeitnehmer ankommen, sondern der Streit um die ordnungsgemäße Beteiligung stellt eine nichtvermögensrechtliche Streitigkeit zwischen den Betriebsparteien dar. Ggf. ist der Hilfswert dabei je nach Streitigkeit **mehrfach** anzusetzen, etwa wenn mehrere Dienstpläne gegenständlich sind.[6] Die Festsetzung eines Gegenstandswertes unterhalb des Hilfswertes dürfte dagegen nur ausnahmsweise in Betracht kommen, wenn der Gegenstand des Beschlussverfahrens ungewöhnlich einfach und begrenzt ist.

---

3 Vgl. bereits LAG München, Beschl. v. 28.1.1987 – 5 (6) Ta 268/86, juris.
4 So aber LAG Kiel, Beschl. v. 16.6.1995 – 4 (3) Ta 149/94, juris.
5 BAG, NZA 2005, 70.
6 Vgl. LAG Bremen, LAGE § 8 BRAGO Nr. 42.

Nr.	Gegenstand
6.	**Einigungsstelle, Anfechtung des Spruchs über den Sozialplan**
6.1	Macht der Arbeitgeber eine Überdotierung geltend, dann entspricht der Wert des Verfahrens der vollen Differenz zwischen dem festgesetzten Volumen und der von ihm als angemessen erachteten Dotierung.
6.2	Beruft sich der anfechtende Betriebsrat nur auf eine Unterdotierung, dann die Grundsätze von § 23 Abs. 3 S. 2 RVG Anwendung.

Den Ausführungen zu II. Nr. 5 (Rdn 485 ff.) entsprechend sieht der Streitwertkatalog **488** für II. Nr. 6.1 denn auch zutreffend vor, dass für den Fall eines Streits über eine Überdotierung des Sozialplans aus Sicht des Arbeitgebers die volle Differenz zwischen dem festgesetzten Volumen und der von ihm als angemessen erachteten Dotierung den Gegenstandswert des Beschlussverfahrens bildet. Dagegen soll für den Fall, dass der Betriebsrat eine Unterdotierung des Sozialplans zum Gegenstand des Beschlussverfahrens wiederum auf § 23 Abs. 3 S. 2 RVG zurückgegriffen werden.

Ficht **der Arbeitgeber** einen von der Einigungsstelle festgesetzten Sozialplan an, dann **489** handelt es sich um eine vermögensrechtliche Streitigkeit, wenn es ihm um die Beseitigung einer für ihn nicht akzeptablen Belastung durch das Volumen des beschlossenen Sozialplans geht. Das Interesse des Arbeitgebers ist in einem solchen Fall allein der finanzielle Umfang des Sozialplans, nicht das Bestehen oder der Umfang von Beteiligungsrechten des Betriebsrates. Als Gegenstandswert festzusetzen ist dann die **Differenz** zwischen dem, was aus Sicht des Arbeitgebers der angemessene Umfang des Sozialplanes gewesen wäre, und dem tatsächlich von der Einigungsstelle festgesetzten Volumen. Eine Begrenzung durch § 23 Abs. 3 RVG erfolgt nicht. Maßgeblich für die hierfür erforderliche Feststellung ist dabei das eigene Vorbringen des Arbeitgebers im Einigungsstellenverfahren.[1]

Beispiel:
Hat die Einigungsstelle ein Gesamtvolumen von 2,2 Millionen EUR für den Sozialplan beschlossen und macht der Arbeitgeber geltend, nur ein Volumen von 1,5 Millionen EUR sei angemessen, dann ist der Gegenstandswert des Verfahrens auf 700.000,– EUR festzusetzen.

An dieser zutreffenden Bewertung durch das BAG ändert sich von den Voraussetzungen **490** des Gegenstandes des Beschlussverfahrens her nichts durch den Umstand, dass der Betriebsrat im **umgekehrten Fall** ein „Mehr" begehrt. Auch insoweit geht es nicht allein um das Bestehen oder den Umfang der Beteiligungsrechte des Betriebsrates, sondern es geht um die Durchsetzung bzw. Abwehr von Ansprüchen, die auf Geld oder geldwerte Vorteile gerichtet sind. Aus Sicht des Arbeitgebers ist es auch unerheblich,

1 BAG, NZA 2005, 70.

ob er im Rahmen des Beschlussverfahrens seinerseits die Reduzierung des festgesetzten Volumens des Sozialplans verfolgt oder zu vermeiden sucht, dass der Betriebsrat ein höheres durchsetzen kann. Zwei voneinander abweichende Bemessung der Gegenstandswerte erscheinen angesichts des im Grunde spiegelbildlichen Streits nicht sachgerecht, auch wenn grundsätzlich zuzugeben ist, dass das Interesse des antragstellenden Betriebsrates vom wirtschaftlichen Interesse der betroffenen Arbeitnehmer zu unterscheiden ist. Der Vorschlag in II. Nr. 6.2 des Streitwertkataloges überzeugt daher nicht.

Nr.	Gegenstand
7.	*Einstweilige Verfügung*
7.1	Bei Vorwegnahme der Hauptsachte: 100 % des allgemeinen Wertes.
7.2	Einstweilige Regelung: Je nach Einzelfall, in der Regel 50 % des Hauptsachestreitwertes.

491 Der Vorschlag des Streitwertkataloges geht in II. Nr. 7.1 davon aus, dass der Gegenstandswert in einem einstweiligen Verfügungsverfahren dann dem denjenigen der Hauptsache entspricht, wenn die Hauptsache vorweggenommen wird. Wird mit dem jeweiligen Antrag insoweit die Hauptsache vorweggenommen, als bis zum rechtskräftigen Abschluss der Hauptsache das streitgegenständliche Begehren zunächst verwirklicht werden kann, erscheint der Gegenstandswert des einstweiligen Verfügungsverfahrens in der Tat mit demjenigen des Hauptsacheverfahrens identisch. Insofern ist auch deren kostenrechtliche Gleichbehandlung sachgerecht.

492 Als **Verfügungsanspruch** kommt jeder materiell-rechtliche Anspruch in Betracht, der in einem Beschlussverfahren Gegenstand sein könnte und dessen Vereitelung oder Gefährdung durch Zeitablauf verhindert werden soll. **Verfügungsgrund** ist die Besorgnis, dass der Anspruch nicht mehr oder nur unzumutbar erschwert zu realisieren ist, wenn er nicht durch die einstweilige Verfügung gesichert wird. Dies schließt nicht aus, dass der Streit an sich nach umfassender Interessenabwägung durch die begehrte einstweilige Verfügung bereits abschließend entschieden wird.[1]

Beispiel:
Anspruch des Betriebsrats auf das Zurverfügungstellen von Räumen für die Durchführung einer einzelnen Betriebsversammlung. Anspruch des Arbeitgebers auf Unterlassung einer Betriebsversammlung, wenn diese mit betrieblichen Belangen nicht vereinbar ist.

493 Wird dagegen im Wege der einstweiligen Anordnung eine **vorläufige Regelung** getroffen, die nicht mit dem in der Hauptsache verfolgten Ziel identisch ist, aber erforderlich ist, um die Realisierbarkeit des betreffenden Anspruchs nicht unzumutbar zu gefährden,

---

1 Vgl. Düwell/Lipke/Reinfelder, ArbGG, § 85 Rn 20 ff.

ist nicht von vornherein von einem identischen Gegenstandswert auszugehen. Der Vorschlag des Streitwertkataloges geht insofern zutreffend davon aus, dass der Gegenstandswert unterhalb des Wertes der Hauptsache liegen könnte. Deutlich hervorzuheben ist jedoch, dass je nach den Umständen des Einzelfalls auch die vorläufige Regelung einen Gegenstandswert aufweisen kann, der dem der Hauptsache entspricht. Dass der Gegenstandswert regelmäßig nur die Hälfte desjenigen der Hauptsache aufweist, mag zwar häufig zutreffen, darf jedoch nicht zu einer schematischen Anwendung dieses Vorschlags führen. Vielmehr ist im Einzelfall jeweils festzustellen, welchen Wert das einstweilige Verfügungsverfahren aufweist. Dabei kann sich sowohl ein Wert oberhalb von 50 % ergeben, als auch darunter.

Beispiel:
Vorläufige Durchsetzung des vom Arbeitgeber bestrittenen Zugangsrechts einer im Betrieb vertretenen Gewerkschaft. Vorläufiges Unterlassen einer Arbeitgeber-Maßnahme, deren Mitbestimmungspflichtigkeit nach dem BetrVG im Hauptsache-Verfahren zu klären ist.

Ausgeschlossen sind allerdings vorläufige Regelungen einer mitbestimmungspflichtigen **494**
Angelegenheit durch das Arbeitsgericht, bevor die Einigungsstelle entschieden hat.[2]

Nr.	Gegenstand
8.	**Freistellung eines Betriebsratsmitglieds**
8.1	Freistellung von der Arbeitspflicht im Einzelfall (§ 37 Abs. 2 und 3 BetrVG): Bewertung nach § 23 Abs. 3 S. 2 RVG, abhängig von Anlass und Dauer der Freistellung kann eine Herauf- oder Herabsetzung des Wertes erfolgen.
8.2	Zusätzliche Freistellung (§ 38 BetrVG): Grundsätzlich doppelter Hilfswert nach § 23 Abs. 3 S. 2 RVG.

A. Vorbemerkung

Beide Vorschläge des Streitwertkataloges gehen bei Beschlussverfahren über die Frei- **495**
stellung von Betriebsratsmitgliedern von nicht-vermögensrechtlichen Streitigkeiten aus
und orientieren sich deshalb am Hilfswert des § 23 Abs. 3 S. 2 RVG, wobei die Freistel-

---

2 Düwell/Lipke-Lipke, ArbGG, § 98 Rn 24.

lung im Einzelfall nach § 37 Abs. 2 und 3 BetrVG je nach Anlass und Dauer die Festsetzung eines Gegenstandes ober- wie auch unterhalb des Hilfswerts erlauben soll, während bei zusätzlichen Freistellungen nach § 38 BetrVG grundsätzlich der doppelte Hilfswert angesetzt werden soll.

B. Freistellungen im Einzelfall (§ 37 BetrVG)

496 Die Freistellung von Betriebsratsmitgliedern nach § 37 Abs. 2 und 3 BetrVG entspricht dem Grundsatz der **Unentgeltlichkeit der Betriebsratstätigkeit**, die wiederum die innere Unabhängigkeit des Betriebsrats bei seiner Aufgabenwahrnehmung sicherstellen soll. Deshalb sind nach Abs. 2 die Betriebsratsmitglieder von ihrer Tätigkeit ohne Minderung des Arbeitsentgelts zu befreien, wenn und soweit es nach Umfang und Art des Betriebs zur ordnungsgemäßen Aufgabenwahrnehmung erforderlich ist. Ist es aus betriebsbedingten Gründen notwendig, Betriebsratsaufgaben außerhalb der Arbeitszeit zu erfüllen, besteht nach Abs. 3 Anspruch auf einen entsprechenden Freizeitausgleich, der innerhalb eines Monats zu gewähren ist. Andernfalls ist die aufgewendete Zeit wie Mehrarbeit zu vergüten.

I. Vermögensrechtliche Streitigkeit

497 Aus Sicht des Arbeitgebers handelt es sich bei einem Streit um die erforderliche Freistellung eines Betriebsratsmitglieds indes kaum um eine nicht bezifferbare Streitigkeit, sondern der für die Betriebsratstätigkeit zu leistende Aufwand lässt sich durchaus und konkret in Geld ausdrücken. Muss der Arbeitgeber nämlich nach § 37 BetrVG einen Arbeitnehmer von seiner Verpflichtung zur Erbringung der Arbeitsleistung freistellen, bedeutet dies für den Arbeitgeber, dass er für die Dauer der Freistellung die Arbeitsleistung nicht erhält, obwohl er dies nach dem Arbeitsvertrag eigentlich verlangen könnte. Dieser **Arbeitsausfall** stellt für den Arbeitgeber einen wirtschaftlichen Faktor und damit ein **vermögensrechtliches Interesse** dar.[1] Es ist deshalb von einer vermögensrechtlichen Streitigkeit auszugehen, deren Wert gem. § 3 ZPO vom Gericht festzusetzen ist.

II. Bewertung im Einzelfall

498 Da die Freistellung nach § 37 Abs. 2 oder 3 BetrVG in ihrem Umfang nicht vornherein feststeht, sondern je nach Arbeitsanfall für den Betriebsrat variieren kann, liegt es an sich nahe, für die Bemessung des Gegenstandswertes auf den konkreten Vergütungsanspruch der betroffenen Betriebsratsmitglieder abzustellen. Für ein Beschlussverfahren, das einen Einzelfall zum Gegenstand hat, dürfte dies sachgerecht sein, denn in Höhe

---

1 So zutr. LAG Mainz, Beschl. v. 2.6.2008 – 1 Ta 80/08, Rn 9, juris.

des jeweiligen **Arbeitgeber-Brutto-Aufwandes je entgangener Stunde** der eigentlich geschuldeten Arbeitsleistung des Betriebsratsmitglied liegt der wirtschaftliche Aufwand des Arbeitgebers.[2]

Beispiel:
Ist die Freistellung eines Betriebsratsmitglieds für die Teilnahme an einer Fortbildung im Umfang von 3 Stunden zzgl. der Wegezeit von einer weiteren Stunde streitig, ist hierfür der Arbeitgeber-Brutto-Aufwand für den betreffenden Arbeitnehmer je Stunde x 4 als Gegenstandswert anzusetzen.

Handelt es sich dagegen um eine grundsätzliche Streitigkeit zwischen Betriebsrat und **499** Arbeitgeber, die sich um den regelmäßigen Umfang der Betriebsratstätigkeit eines Arbeitnehmers dreht und damit über einen einmaligen, konkret bezifferbaren Anlass hinausgeht, etwa im Zusammenhang mit der Festlegung des Betriebsrates, an einem bestimmten Wochentag während eines bestimmten Zeitraums seine Sitzungen durchzuführen, ist eine abstraktere Bewertung geboten. Zwar erschiene es an sich denkbar, die auf der Grundlage des Beschlusses des Betriebsrates zur Gestaltung seiner Tätigkeit betroffenen Arbeitsstunden des Betriebsratsmitglieds für die Dauer der Amtszeit hochzurechnen und danach den Gegenstandswert zu bemessen, doch dies hätte ggf. zur Konsequenz, dass der Gegenstandswert z.b. deutlich über den **Wert eines Vierteljahresgehaltes** des betroffenen Arbeitnehmers hinausgehen könnte. Um insoweit Wertungswidersprüche zu vermeiden, erscheint es sachgerecht, in solchen Fällen den Gegenstandswert der Höhe nach auf ein Vierteljahrsgehalt zu begrenzen.[3] Entsprechendes würde z.b. auch gelten, wenn zwischen Arbeitnehmer und Arbeitgeber ein bestimmter Umfang der Betriebsratstätigkeit aus Gründen der besseren Planbarkeit vereinbart werden soll oder wurde und dieser Umfang nun streitig wäre.

Beispiel:
Vgl. zur Berechnung die Kommentierung zu I. Nr. X (Rdn 142).

Der Vorschlag des Streitwertkataloges, aufgehend vom Hilfswert des § 23 Abs. 3 S. 2 **500** RVG den Gegenstandswert durch Herauf- oder Herabsetzung zu bestimmen, überzeugt insofern nicht. Da eine vermögensrechtliche Streitigkeit vorliegt, ist § 3 ZPO maßgebend und der Gegenstandswert nach den aus Sicht des Arbeitgebers aufzuwendenden Kosten für die betroffene Arbeitszeit zu bemessen, für die er nicht die vertraglich vereinbarte Gegenleistung des Arbeitnehmers erhält.

C. Zusätzliche Freistellung (§ 38 BetrVG)

Ebenso wenig überzeugt der Vorschlag des Streitwertkataloges für zusätzliche Freistel- **501** lungen nach § 38 BetrVG.

---

2 Vgl. auch LAG Köln, NZA-RR 2007, 660; LAG Köln, Beschl. v. 26.6.2007 – 7 Ta 75/07, Rn 11, juris.
3 Vgl. LAG Mainz, Beschl. v. 3.3.1993 – 9 Ta 8/93, juris.

502   Bei entsprechender Betriebsgröße geht das BetrVG davon aus, dass die Erforderlichkeit von Freistellungen in entsprechendem Umfang auch ohne konkreten Nachweis besteht. Die Staffel des § 38 BetrVG ist eine Mindeststaffel.[4] Der Betriebsrat hat darüber hinaus einen Anspruch darauf, dass die Zahl der freizustellenden Betriebsratsmitglieder erhöht wird, wenn dies zur ordnungsgemäßen Durchführung seiner Aufgaben erforderlich ist. Maßgebend hierfür ist, ob unter Einsatz aller sonstigen personellen Möglichkeiten, etwa einer verstärkten zeitweiligen Freistellung nach § 37 Abs. 2 BetrVG, die zusätzlich begehrte Freistellung erforderlich ist, um die ordnungsgemäße Tätigkeit des Betriebsrates sicherzustellen.[5]

503   Auch insoweit liegt, wie bei Freistellungen nach § 37 Abs. 2 u. 3 BetrVG, eine **vermögensrechtliche Streitigkeit** vor, deren Gegenstandswert nach § 3 ZPO festzusetzen ist. Da das einzelne Betriebsratsmitglied, das zusätzlich freigestellt werden soll, vom Betriebsrat auszuwählen ist und in der Folge auch einen daraus abgeleiteten Individualanspruch hat,[6] lässt sich, wie bereits zum Vorschlag II. Nr. 8.1 des Streitwertkataloges dargelegt, der konkret für den Arbeitgeber entstehende Kostenaufwand für die begehrte zusätzliche Freistellung beziffern. Da es sich hierbei um eine grundsätzliche (und nicht um eine anlassbezogene) Freistellung handelt, wäre als Gegenstandswert das **Vierteljahresgehalt des betreffenden Betriebsratsmitglieds** festzusetzen. Der Vorschlag des Streitwertkataloges, den zweifachen Hilfswert nach § 23 Abs. 3 S. 2 RVG anzusetzen, mag dieser Größenordnung im Einzelfall nahe kommen, doch berücksichtigt er weder in hinreichendem Maße die Möglichkeit, dass der Kostenaufwand für den Arbeitgeber auch deutlich darüber liegen kann, noch die Möglichkeit, dass das betreffenden Betriebsratsmitglied ggf. deutlich weniger Kostenaufwand für den Arbeitgeber auslösen könnte.[7]

Nr.	Gegenstand
9.	*Informations- und Beratungsansprüche*
9.1	Grundsätzlich Hilfswert des § 23 Abs. 3 S. 2 RVG, abhängig vom Gegenstand des Mitbestimmungsrechts und der Bedeutung des Einzelfalls sowie des Aufwands kann eine Herauf- oder Herabsetzung des Wertes erfolgen.
9.2	Sachverständige/Auskunftsperson: Nichtvermögensrechtliche Streitigkeit Es ist vom Hilfswert nach § 23 Abs. 3 S. 2 RVG auszugehen, einzelfallabhängig kann eine Herauf- oder Herabsetzung erfolgen.

---

4 ErfK-ArbR/Koch, § 38 Rn 1.
5 BAGE 63, 1.
6 Vgl. ErfK-ArbR/Koch, § 38 Rn 1.
7 Vom Hilfswert dagegen ausgehend LAG Düsseldorf, Beschl. v. 22.8.1991 – 7 Ta 245/91, juris; LAG Stuttgart, Beschl. v. 21.3.1991 – 8 Ta 15/91, juris.

A. Vorbemerkung

Der Vorschlag des Streitwertkataloges geht auch hier wieder vom Hilfswert des § 23 **504**
Abs. 3 S. 2 RVG aus und sieht dessen Erhöhung oder Absenkung je nach den Umständen
des Einzelfalls vor. Dies soll sowohl für Informations- und Beratungsansprüche des
Betriebsrates im Allgemeinen wie auch für Streitigkeiten bzgl. der Hinzuziehung von
Sachverständigen und Auskunftspersonen gelten.

B. Allgemeiner Gegenstandswert von Informations- und Beratungsansprüchen

Nach § 80 Abs. 2 S. 1 BetrVG ist der Betriebsrat vom Arbeitgeber rechtzeitig und **505**
umfassend zu unterrichten, um seine Aufgaben nach dem BetrVG wahrnehmen zu
können. Auf sein Verlangen hin sind dem Betriebsrat hierfür auch die erforderlichen
Unterlagen zur Verfügung zu stellen (S. 2). Aus § 80 Abs. 1 Nr. 2 BetrVG folgt zudem
ein allgemeines Initiativrecht des Betriebsrates, der Maßnahmen beim Arbeitgeber beantragen kann, die dem Wohl des Betriebes, der gesamten Belegschaft oder eines einzelnen
Arbeitnehmers dienen. Der Arbeitgeber ist zwar nur in den gesetzlich ausdrücklich
vorgesehenen Fällen zur Umsetzung solcher Vorschläge verpflichtet, doch folgt aus
§§ 74 Abs. 1, 2 Abs. 1 BetrVG, dass sich der Arbeitgeber mit entsprechenden Anträgen
des Betriebsrates ernsthaft auseinandersetzen muss.[1] Besondere Unterrichtungs- und
Beratungsrechte des Betriebsrates finden sich z.B. in § 90 BetrVG.

Besteht über solche Informations- und Beratungsansprüche Streit zwischen den Be- **506**
triebsparteien, ist dieser im Beschlussverfahren zu klären. Die Bemessung des Gegenstandswertes solcher Streitigkeiten fällt nicht leicht. Dennoch ist, soweit entsprechende
Anhaltspunkte dafür vorliegen, die individuelle Bewertung des Gegenstandswertes vorrangig, bevor auf den Hilfswert des § 23 Abs. 3 S. 2 RVG zurückgegriffen werden
kann. Gehen etwa mit der Erfüllung von Informations- und Beratungsansprüchen selbst
besondere Kosten einher (vgl. die Hinzuziehung von Sachverständigen, dazu unten
Rdn 508 ff.), wären diese bei der Bemessung des Gegenstandswertes zu berücksichtigen.
Lassen sich solche Anhaltspunkte nicht finden, ist der Rückgriff auf den Hilfswert des
§ 23 Abs. 3 S. 2 RVG, wie ihn der Streitwertkatalog vorschlägt, sachgerecht, denn der
wirtschaftliche Wert des Informations- und Beratungsgegenstandes selbst ist nicht

---

1 ErfK-ArbR/Kania, § 80 Rn 10.

mit dem Beteiligungsrecht des Betriebsrates gleichzusetzen, denn dieses unterscheidet sich nicht danach, ob hiervon eine Maßnahme erfasst ist, deren Umsetzung für den Arbeitgeber nur geringfügige Kosten oder solche in Millionenhöhe auslöst. Ob lediglich eine kleine Abteilung des Betriebs oder die gesamte Belegschaft betroffen ist, ist für die Informations- und Beratungsansprüche des Betriebsrates als solche ebenfalls unerheblich. Der Streit um dieses Beteiligungsrecht des Betriebsrats ist insofern eine **nichtvermögensrechtliche Streitigkeit**.

507 Gleichwohl wird man bei der Bemessung des Gegenstandswertes des Beschlussverfahrens die Bedeutung des Informations- und Beratungsgegenstandes nicht vollständig ausblenden dürfen, so dass etwa mit Blick auf die wirtschaftliche Bedeutung oder die Anzahl der betroffenen Arbeitnehmer der Hilfswert des § 23 Abs. 3 S. 2 RVG entsprechend zu erhöhen oder auch herabzusetzen ist (vgl. insoweit auch den Vorschlag des Streitwertkataloges zu II. Nr. 10). Letzteres dürfte aber nur in Ausnahmefällen denkbar erscheinen, denn auch in Fällen von wirtschaftlich geringer Bedeutung oder nur wenigen betroffenen Arbeitnehmern kommt dem Beteiligungsrecht des Betriebsrates eine grundsätzliche Bedeutung zu. Für die Erhöhung des Hilfswertes kann auch hier die Staffel des § 9 BetrVG eine Orientierung bieten (vgl. II. Nr. 1.1).

C. Sachverständige/Auskunftspersonen

508 Soweit dies für die ordnungsgemäße Aufgabenerfüllung des Betriebsrates erforderlich ist, sind ihm vom Arbeitgeber sachkundige Arbeitnehmer als Auskunftspersonen zur Verfügung zu stellen (§ 80 Abs. 2 S. 3 BetrVG). Auf der Grundlage einer entsprechenden Vereinbarung mit dem Arbeitgeber kann der Betriebsrat auch Sachverständige hinzuziehen (§ 80 Abs. 3 BetrVG).

509 Jedenfalls bei der **Hinzuziehung eines Sachverständigen** ist von einer **vermögensrechtlichen Streitigkeit** auszugehen, die nach dem Wert der veranschlagten Kosten des Sachverständigen zu bemessen ist. Zwar stellt der Streit um die Erteilung der Zustimmung zur Hinzuziehung eines Sachverständigen für sich genommen keine bezifferbare Streitigkeit dar, doch hat der Antrag des Betriebsrates auf Hinzuziehung eines bestimmten Sachverständigen gleichwohl vermögensrechtlichen Charakter. Aus dem nichtvermögensrechtlichen Anspruch des Betriebsrats auf Hinzuziehung des Sachverständigen als solchem folgt nämlich der Anspruch auf die vermögenswerte Übernahme der entsprechenden Kosten.[2]

510 Das Zurverfügungstellen eines sachkundigen Arbeitnehmers als **Auskunftsperson** löst für den Arbeitgeber insoweit ebenfalls Kosten aus, als er – wie bei der Freistellung von Betriebsratsmitgliedern (vgl. II. Nr. 8, Rdn 498 ff.) – in der für die Beratung und

---

2 Zutr. LAG Hamm, NZA-RR 2002, 472.

Information des Betriebsrats erforderlichen Zeit die arbeitsvertraglich von der Auskunftsperson geschuldete Tätigkeit nicht erhält, gleichwohl aber deren Vergütung weiterhin schuldet. Dem Arbeitgeber entstehen daher, ebenso wie bei der Hinzuziehung eines Sachverständigen, bezifferbare Kosten in Höhe der Brutto-Arbeitgeber-Kosten für die aufzuwendende Arbeitszeit der Auskunftsperson. Es liegt mithin eine **vermögensrechtliche Streitigkeit** vor, deren Wert nach § 3 ZPO als Gegenstandswert für das Beschlussverfahren festzusetzen ist.

Die Annahme des Streitwertkataloges, es läge eine nichtvermögensrechtliche Streitigkeit **511** vor und deshalb sei auch insoweit vom Hilfswert nach § 23 Abs. 3 S. 2 RVG auszugehen, überzeugt daher nicht. Die vorrangig geltende Vorschrift des § 3 ZPO steht der vorgeschlagenen Orientierung am Hilfswert vielmehr entgegen.

Nr.	Gegenstand
10.	*Mitbestimmung in sozialen Angelegenheiten*
	Streit über das Bestehen eines Mitbestimmungsrechts: Grundsätzlich Hilfswert des § 23 Abs. 3 S. 2 RVG; abhängig vom Gegenstand des Mitbestimmungsrechts und der Bedeutung des Einzelfalls (organisatorische und wirtschaftliche Auswirkungen, Anzahl der betroffenen Arbeitnehmer u.a.) kann eine Herauf- oder Herabsetzung des Wertes ohne Staffelung erfolgen.

A. Vorbemerkung

Der Streitwertkatalog schlägt für die Festsetzung des Gegenstandswertes für das Beste- **512** hen (!) eines Mitbestimmungsrechts wiederum die Orientierung am Hilfswert des § 23 Abs. 3 S. 2 RVG vor und dies ohne Orientierung an den Staffelungen des BetrVG nach der Betriebsgröße. Berücksichtigung soll jedoch die Bedeutung des Einzelfalls, namentlich die organisatorischen oder wirtschaftlichen Auswirkungen oder die Anzahl der betroffenen Arbeitnehmer, finden.

B. Grundsätzliche Bewertung von Mitbestimmungsrechten nach § 87 BetrVG

513 Die Mitbestimmungsrechte des Betriebsrates in sozialen Angelegenheiten nach § 87 BetrVG betreffen **höchst unterschiedliche Gegenstände**. Sie reichen von Fragen der betrieblichen Ordnung, der Arbeitszeitgestaltung, Lohngrundsätzen über Urlaubsgrundsätze bis hin zu technischen Einrichtungen, der Zuweisung von Wohnräumen und der Überwachung der Arbeitnehmer. Eine einheitliche Bemessung des Gegenstandswertes von Beschlussverfahren, die sich angesichts dessen naturgemäß vom Umfang und Aufwand her sehr verschieden darstellen, verbietet sich bereits aus diesem Grund.

514 Soweit das Bestehen eines Mitbestimmungsrechts des Betriebsrates in diesem weit gefassten Bereich zwischen den Betriebsparteien streitig ist, ist mit dem Streitwertkatalog **grundsätzlich** von einer **nichtvermögensrechtlichen** Streitigkeit auszugehen. Dennoch ist auch hier die Bedeutung der Sache für den Antragsteller zu berücksichtigen. Begehrt der Betriebsrat im Wege des Beschlussverfahrens die Feststellung, dass ein Mitbestimmungsrecht besteht, ist allein die Einhaltung der Mitbestimmungsrechte des Betriebsrats für den Wert der Auseinandersetzung maßgeblich.

515 Für die auch vom Streitwertkatalog vorgeschlagene Bewertung des Gegenstandes eines Mitbestimmungsrechts ist an anderer Stelle – z.B. bei der Betriebsänderung (vgl. II. Nr. 1.1) – insbesondere auf die **Betriebsgröße** bzw. die **Anzahl der betroffenen Arbeitnehmer** abgestellt und dafür auf die Staffel des § 9 BetrVG zurückgegriffen worden, indem der Hilfswert **je Staffel** gesondert genommen und addiert wird.

> **Beispiel:**
> Bei 750 betroffenen Arbeitnehmern ist der Hilfswert angesichts der erreichten 7. Stufe der Betriebsratsgröße mit 7 zu multiplizieren (= 35.000,– EUR).

516 Genau dieses Vorgehen, das sich angesichts der durchaus vergleichbaren Bedeutung der Mitbestimmungsrechte nach § 87 BetrVG auch hier anbietet, schließt der Streitwertkatalog explizit aus. Das ist nicht nachvollziehbar, lässt sich doch – ausgehend vom Hilfswert – die Bedeutung des betroffenen Mitbestimmungsrechts auf diese Weise durchaus sachgerecht abbilden (vgl. die Kommentierung zu II. Nr. 1.1, Rdn 428 ff.).

517 Darüber hinaus ist darauf abzustellen, **wie einschneidend** die beabsichtigte Maßnahme des Arbeitgebers **für die betroffenen Arbeitnehmer** ist. Insoweit ist dem Vorschlag des Streitwertkataloges zu folgen. Auch hierfür bietet sich aber ein entsprechendes Vorgehen wie bei der Bemessung des Gegenstandswertes bei einer Betriebsänderung an. Anzuknüpfen wäre wiederum an die Staffel des § 9 BetrVG, mit Hilfe der nach dem oben genannten Beispiel ein Ausgangswert für eine weitere Gewichtung des Gegenstandes ermittelt werden kann, der hiernach etwa im Verhältnis der betroffenen Arbeitnehmer zur Gesamtbelegschaft nochmals gesteigert werden könnte, wenn dies der Erfassung der Bedeutung des Mitbestimmungsrechts entspricht.

Beispiel:
Der Arbeitgeber plant eine Neufestlegung von leistungsbezogenen Entgeltbestandteilen, die im Bereich der Produktion, nicht aber in der Verwaltung und weiteren Betriebsteilen, Anwendung finden sollen. Die insoweit betroffenen Arbeitnehmer machen 30 % der Belegschaft aus. Der im ersten Beispiel ermittelte Wert von 35.000,– EUR wäre in diesem Fall um weitere 10.500,– EUR zu erhöhen.

Denkbar erscheint darüber hinaus in Einzelfällen auch eine konkrete Bezifferung, wenn **518** z.b. ohne ordnungsgemäße Beteiligung des Betriebsrates eine bereits durchgeführte Maßnahme rückgängig gemacht werden muss. Die vergeblich aufgewandten **Kosten des Arbeitgebers** bilden insoweit den Wert des Mitbestimmungsrechts in diesem konkreten Einzelfall ab.[1]

C. Bewertung im Einzelfall

Der Vorschlag des Streitwertkataloges bietet mit seinem „grundsätzlichen" Bezug zum **519** Hilfswert nur sehr begrenzt Orientierung. Die bisherige Rechtsprechung weist zum Teil erhebliche Steigerungen des Hilfswertes auf.[2] In welcher Weise die vom Streitwertkatalog vorgeschlagene Erhöhung oder Herabsetzung des Hilfswertes erfolgen soll, zeigt dieser nicht auf, will jedoch auf den Bezug zu den Staffeln des BetrVG verzichten. Will man indes die Betriebsgröße bzw. die Anzahl der betroffenen Arbeitnehmer einbeziehen, spricht viel für die Berücksichtigung der Staffel nach dem dargestellten Vorbild. Die Einbeziehung der organisatorischen oder wirtschaftlichen Bedeutung der jeweiligen Maßnahme ist darüber hinaus möglich.

Nr.	Gegenstand
11.	*Mitbestimmung in wirtschaftlichen Angelegenheiten: siehe hierzu II. Nr. 1.*

Der Streitwertkatalog schlägt für die Mitbestimmung in wirtschaftlichen Angelegenhei- **520** ten nach den §§ 106 ff. BetrVG eine Bemessung des Gegenstandswertes nach dem Vorbild derjenigen Regeln für die Betriebsänderung vor (II. Nr. 1, Rdn 423 ff.). Da eine **Betriebsänderung** eine der zentralen wirtschaftlichen Angelegenheiten ist, die Mitbestimmungsrechte des Betriebsrates auslösen, ist dies sachgerecht.

Jedoch sind mit diesem Vorschlag des Streitwertkataloges **nicht alle möglichen Streitig-** **521** **keiten**, die Gegenstand eines Beschlussverfahrens sein können, erfasst. Streitigkeiten etwa über die Errichtung Zusammensetzung, Amtszeit und Größe des Wirtschaftsaus-

---

1 Vgl. LAG Düsseldorf, AE 2005, 279.
2 Vgl. LAG Düsseldorf, Beschl. v. 16.2.1989 – 7 Ta 11/89, juris; LAG Frankfurt, AE 2001, 147; LAG Mecklenburg-Vorpommern, AE 1998, 65.

schusses nach § 107 BetrVG, Streit über Berichtspflichten des Arbeitgebers oder Meinungsverschiedenheiten zwischen Wirtschaftsausschuss/Betriebsrat und Arbeitgeber i.S.d. § 110 BetrVG sind vom Vorschlag des Streitwertkataloges nicht auf den ersten Blick erfasst. Angesichts der jeweiligen Bedeutung der Angelegenheit kann aber auf der Grundlage der Streitwertbemessung bei einer Betriebsänderung ggf. eine Erhöhung oder ein Abschlag vorgenommen werden.

Nr.	Gegenstand
12.	*Nichtigkeit einer Betriebsratswahl: siehe Betriebsratswahl (II. Nr. 2.3).*

522   Die Erwägungen für die Bemessung des Gegenstandswertes eines Beschlussverfahrens, das die mögliche Nichtigkeit einer Betriebsratswahl betrifft, wurden bereits im Zusammenhang mit der Betriebsratswahl und der Wahlanfechtung erläutert. Der Verweis des Streitwertkataloges auf II. Nr. 2.3 ist insofern richtig.

Nr.	Gegenstand
13.	*Personelle Einzelmaßnahmen nach §§ 99, 100, 101 BetrVG*
13.1	Grundsätzliches: Es handelt sich um nicht vermögensrechtliche Angelegenheiten; entscheidend sind die Aspekte des Einzelfalles, z.B. die Dauer und Bedeutung der Maßnahme und die wirtschaftlichen Auswirkungen, die zur Erhöhung oder Verminderung des Wertes führen können.

523   Die Vorbemerkung im Streitwertkatalog, wonach Streitigkeiten um die Mitbestimmungsrechte des Betriebsrates in personellen Angelegenheiten grundsätzlich nichtvermögensrechtliche Streitigkeiten darstellen, zugleich aber Dauer, Bedeutung und **wirtschaftliche (!) Auswirkungen** zu berücksichtigen seien, ist widersprüchlich. Dies gilt erst recht, wenn man den Vorschlag des Streitwertkataloges in II. Nr. 17 hinzunimmt, wonach wegen der Rechtskraftwirkung bei einem Zustimmungsersetzungsantrag der Vierteljahresverdienst des betroffenen Arbeitnehmers als Gegenstandswert festgesetzt werden soll. Zwar gilt auch für die Mitbestimmungsrechte in personellen Angelegenheiten, dass Gegenstand des Beschlussverfahrens das Mitbestimmungsrecht des Betriebsrates an sich ist, doch lässt sich dessen wirtschaftliche Bedeutung in den nachfolgend vom Streitwertkatalog aufgenommenen Einzelfällen regelmäßig auf die gleiche Weise beziffern, wie im individuellen Rechtsstreit mit dem betroffenen Arbeitnehmer. Dies zeigt bereits auch der Vorschlag des Streitwertkataloges in II. Nr. 13.4. Jedenfalls aus Sicht des Arbeitgebers stellt sich die Streitigkeit in ihrer wirtschaftlichen Bedeutung als identisch dar, auch wenn die kollektive Ebene im Übrigen von der individuellen Ebene des jeweiligen Streits zu trennen ist. Dem trägt der Streitwertkatalog mit seinen nachfolgenden Vorschlägen denn auch selbst Rechnung, indem er unter Verweis auf § 42 Abs. 2 GKG auf die im Urteilsverfahren maßgeblichen Ansätze abstellt. Dass daneben noch Raum für eine Orientierung am Hilfswert des § 23 Abs. 3 S. 2 RVG bleiben soll, ist dagegen nicht nachvollziehbar, kommt dieser doch überhaupt erst zum Tragen, wenn eine anderweitige Bemessung nicht möglich ist. Anhaltspunkte für die Bezifferung der wirtschaftlichen Bedeutung des jeweiligen Streits bestehen insoweit aber regelmäßig.

Nr.	Gegenstand
13.2	Einstellung: Als Anhaltspunkte für die Bewertung können dienen:
13.2.1	der Hilfswert von § 23 Abs. 3 S. 2 RVG oder
13.2.2	die Regelung von § 42 Abs. 2 S. 1 GKG, wobei eine Orientierung am 2-fachen Monatsverdienst des Arbeitnehmers sachgerecht erscheint.
13.3	Eingruppierung/Umgruppierung: Die Grundsätze zu II. Nr. 13.1 und 13.2 gelten unter Berücksichtigung des Einzelfalles auch bei diesem Mitbestimmungsrecht, wobei bei der Wertung gemäß II. Nr. 13.2.2 die Orientierung an § 42 Abs. 2 S. 2 GKG vorzunehmen ist. Bei der 36-fachen Monatsdifferenz erfolgt ein Abschlag i.H.v. 25 % wegen der nur beschränkten Rechtskraftwirkung des Beschlussverfahrens für den fraglichen Arbeitnehmer.
13.4	Versetzung: Je nach Bedeutung der Maßnahme Hilfswert (bei Vorgehensweise nach II. Nr. 13.2.1) oder Bruchteil davon bzw. (Vorgehensweise nach II. Nr. 13.2.2) 1 bis 2 Monatsgehälter, angelehnt an die für eine Versetzung im Urteilsverfahren genannten Grundsätze.

A. Vorbemerkung

Für Beschlussverfahren nach § 99 Abs. 4 BetrVG, in denen die Einstellung, Eingruppierung/Umgruppierung und Versetzung eines Arbeitnehmers zwischen den Betriebsparteien streitig ist, schlägt der Streitwertkatalog jeweils vor, entweder vom Hilfswert des § 23 Abs. 3 S. 2 RVG oder von der Regelung des § 42 Abs. 2 GKG auszugehen.   **524**

B. Einstellung

525 In der Rechtsprechung der Landesarbeitsgerichte ist die Bemessung des Gegenstandswertes von Beschlussverfahren, die die Einstellung eines Arbeitnehmers betreffen, dem gespaltenen Vorschlag des Streitwertkataloges entsprechend umstritten. Einerseits wird analog des § 42 GKG vom Vierteljahresgehalt ausgegangen[1] oder der Hilfswert nach § 23 Abs. 3 S. 2 RVG angesetzt.[2] Darüber hinaus wurde unter anderem auch ein Bruttomonatsgehalt angenommen[3] oder bei etwa bei einem dreimonatigen Aushilfe-Beschäftigungsverhältnis 1,5 Bruttomonatsgehälter.[4] Der Streitwertkatalog löst diese Diskrepanz nicht auf, sondern stellt sie als gleichberechtigte Alternativen nebeneinander, wobei er für die Bemessung entsprechend § 42 GKG eine „Orientierung" am 2-fachen Monatsverdienst als „sachgerecht" beschreibt.

526 Ein größeres Maß an Berechenbarkeit und Einheitlichkeit bei der Bemessung des Gegenstandswerts solcher Beschlussverfahren erzeugt der Streitwertkatalog mithin nicht. Weder das Vorgehen nach § 23 Abs. 3 S. 2 RVG noch das nach § 42 Abs. 2 GKG ist allerdings zwingend, vielmehr bleibt es an sich bei der **Grundnorm** für die Bemessung des Gegenstandswertes in **§ 3 ZPO** (vgl. Vorbemerkung, Rdn 13 ff.). Als Orientierungsmarke erscheint für die Festsetzung des Gegenstandswertes nach freiem Ermessen § 42 Abs. 2 GKG jedoch durchaus tauglich, denn aus der Sicht des Arbeitgebers, der im Wege des Beschlussverfahrens die verweigerte Zustimmung des Betriebsrates ersetzen lassen will, lässt sich der **wirtschaftliche Wert des Streitigkeit anhand des monatlichen Bruttoverdienstes des Arbeitnehmers** berechnen, wie es § 42 Abs. 2 GKG für das Urteilsverfahren ausdrücklich anordnet. Der Streit um die Einstellung eines Arbeitnehmers ist dabei mit demjenigen um das Bestehen, Nichtbestehen oder der Kündigung eines Arbeitsverhältnisses vergleichbar. Dem entsprechend kann mit einem Teil der Rechtsprechung davon ausgegangen werden, dass regelmäßig die Festsetzung des **Vierteljahresverdiensts** als Gegenstandswert angemessen ist.[5] Der Vorschlag des Streitwertkataloges, lediglich von zwei Monatsverdiensten auszugehen, kann im Einzelfall angemessen sein, ist jedoch nicht als Regel anzusehen. Die Voraussetzung für die Anwendung des Hilfswertes des § 23 Abs. 3 S. 2 RVG dürften dagegen regelmäßig nicht vorliegen, denn Anhaltspunkte für die Bemessung des wirtschaftlichen Wertes aus Sicht des antragstellenden Arbeitgebers bestehen.

---

1 Vgl. LAG Hamm, AE 2003, 40.
2 Vgl. LAG München, NZA-RR 1996, 419.
3 Vgl. LAG Hamburg, NZA-RR 1996, 307.
4 LAG Hamm, AnwBl. 1988, 647.
5 Vgl. LAG Düsseldorf, AuR 1995, 332; LAG Hamburg, DB 1988, 1404; LAG Kiel, DB 1988, 2260.

C. Eingruppierung/Umgruppierung

Die wirtschaftliche Bedeutung eines Beschlussverfahrens, in dem die Eingruppierung **527**
oder Umgruppierung eines Arbeitnehmers streitgegenständlich ist, ist erst recht bezifferbar. Der Rückgriff auf den Hilfswert des § 23 Abs. 3 S. 2 RVG verbietet sich daher.
Vielmehr ist mit dem Vorschlag des Streitwertkataloges entsprechend § 42 Abs. 2 S. 2
GKG vom **36-fachen Betrag der monatlichen Differenz** auszugehen, der das wirtschaftliche Interesse des Arbeitgebers an der begehrten Zustimmung wiederspiegelt.

Zwischen der (ggf. ersetzten) Zustimmung des Betriebsrates nach § 99 BetrVG und **528**
dem individuellen Vergütungsanspruch des Arbeitnehmers im Falle einer tarifvertraglich
vorgesehenen Ein- oder Umgruppierung ist allerdings zu trennen. Der Arbeitnehmer
kann deshalb auch unabhängig von der Zustimmung des Betriebsrates seine Vergütung
nach der richtigen Vergütungsgruppe einklagen. Das **Ergebnis eines Beschlussverfahrens** hat deshalb für den Vergütungsstreit mit dem Arbeitnehmer **keine präjudizielle
Wirkung**.[6] Der Arbeitnehmer kann sich jedoch auf die Feststellung der zutreffenden
Vergütungsgruppe im Beschlussverfahren berufen und seinen Anspruch auf die gesonderte gerichtliche Feststellung stützen.[7]

Der Streitwertkatalog schlägt angesichts dessen einen Abschlag von 25 % auf den 36- **529**
fachen Betrag der monatlichen Differenz vor. Dies ist jedoch auch unter Verweis auf
die beschränkte Rechtskraftwirkung des Beschussverfahrens nicht überzeugend, denn
der wirtschaftliche Wert des Beschlussverfahrens ändert sich durch die beschränkte
Rechtskraftwirkung nicht. Die Ein- oder Umgruppierung eines Arbeitnehmers begründet
dessen Rechtsanspruch auf eine entsprechende Vergütung, wobei es sich bei der Zuordnung des Arbeitnehmers nicht um eine nach außen wirkende konstitutive Maßnahme,
sondern einen Akt der Rechtsanwendung handelt. Die Ein- oder Umgruppierung des
Arbeitnehmers folgt direkt aus den tariflichen Regeln. Der Arbeitnehmer ist eingruppiert, er wird nicht eingruppiert.[8] Der insoweit **streitgegenständliche Wert** in Höhe der
36-fachen monatlichen Differenz ist für den Vergütungsstreit mit dem Arbeitnehmer
wie **auch für das Beschlussverfahren aus Sicht des Arbeitgebers identisch**. Das
Beschlussverfahren nimmt den Vergütungsstreit mit dem Arbeitnehmer auch nicht vorweg oder stellt einen Teil desselben dar. Die vom Streitwertkatalog vorgeschlagene
Verknüpfung beider Verfahren bei der Bemessung des Gegenstandswertes darf dabei
bei der Ermessensentscheidung des Gerichts nach § 3 ZPO keine Bedeutung haben. Ein
Abschlag von 25 % ist deshalb entgegen des Vorschlags des Streitwertkataloges nicht
vorzunehmen, auch wenn dieser hier zwingend formuliert ist.

---

6 BAGE 35, 239.
7 BAGE 77, 1.
8 So BAG, Beschl. v. 3.5.1994 – 1 ABR 53/93, juris.

D. Versetzung

530   Im Falle eines Beschlussverfahrens, in dem die Ersetzung der Zustimmung des Betriebs- rates zu einer Versetzung begehrt wird, gelten die entsprechenden Überlegungen. Hier geht der Vorschlag des Streitwertkataloges bereits selbst davon aus, dass eine **Orientie- rung an den für den Versetzungsstreit im Urteilsverfahren geltenden Grundsätzen** erfolgen sollte. Dem ist zuzustimmen, denn auch hier ist die wirtschaftliche Bedeutung aus Sicht des Arbeitgebers identisch (vgl. insofern die Darlegungen zum Streitwert im Urteilsverfahren unter I. Nr. 14, Rdn 196 ff.).

Nr.	Gegenstand
13.5	Das Verfahren nach § 100 BetrVG wird mit dem 1/2 Wert des Verfahrens nach § 99 Abs. 4 BetrVG bewertet.

531   Wenn aus sachlichen Gründen eine beabsichtigte personelle Maßnahme **dringend erfor- derlich** ist, ist der Arbeitgeber berechtigt, diese auch vor Erteilung der Zustimmung des Betriebsrates **vorläufig umzusetzen** (§ 100 Abs. 1 BetrVG). Bestreitet der Betriebs- rat, dass die Maßnahme aus dringenden Gründen vorläufig umzusetzen war, darf der Arbeitgeber die Maßnahme nur dann aufrechterhalten, wenn er innerhalb von drei Tagen beim Arbeitsgericht die **Zustimmungsersetzung und (!) die Feststellung** beantragt, dass die Maßnahme aus dringenden Gründen erforderlich war (§ 100 Abs. 2 BetrVG). Lehnt das Gericht die Zustimmungsersetzung rechtskräftig ab oder stellt es fest, dass die vorläufige Umsetzung der Maßnahme nicht dringend erforderlich war, so ist die Maßnahme innerhalb von zwei Wochen ab Rechtskraft der Entscheidung zu beenden (§ 100 Abs. 3 BetrVG).

532   Der Streitwertkatalog schlägt vor, ein solches Verfahren nur mit dem 1/2 Wert des Zustimmungsersetzungsverfahrens nach § 99 Abs. 4 BetrVG zu versehen. Angesichts der verschiedenen Reaktionsmöglichkeiten des Betriebsrates sind die Verfahren nach § 99 Abs. 4 und § 100 BetrVG in der Tat zu unterscheiden. Der **Betriebsrat** kann der **vorläufigen Maßnahme für sich genommen zustimmen**, auf die gesetzlich vorgese- hene Unterrichtung durch den Arbeitgeber **schweigen** oder die **Dringlichkeit der Maß- nahme bestreiten**. Stimmt der Betriebsrat der vorläufigen Maßnahme zu oder schweigt er, ist der Arbeitgeber nicht verpflichtet, unverzüglich die Zustimmung zur endgültigen Maßnahme nach § 99 Abs. 4 BetrVG zu beantragen.[1] Vielmehr muss der Betriebsrat seinerseits klarstellen, dass er auf der Durchführung dieses Verfahrens besteht und kann den Arbeitgeber ggf. entsprechend gemäß § 101 BetrVG zur Durchführung dieses Verfahrens zwingen. **Bestreitet der Betriebsrat** dagegen die Dringlichkeit der vorläufi-

---

1 ErfK-ArbR/Kania, § 100 Rn 4.

gen Maßnahme, muss der Arbeitgeber das Verfahren nach § 100 Abs. 2 BetrVG durchführen. Dabei **werden die Zustimmungsersetzung** nach § 99 Abs. 4 BetrVG und die
Feststellung der Dringlichkeit nach § 100 Abs. 2 BetrVG zwingend miteinander **verbunden**, damit der Arbeitgeber nicht den Streit um die Zustimmung offen halten und
allein den Feststellungsantrag stellen kann.[2]

Neben das Beschlussverfahren nach § 99 Abs. 4 BetrVG tritt mit dem **Feststellungsan-** 533
trag nach § 100 Abs. 2 BetrVG mithin ein **eigener Verfahrensgegenstand**. Dessen
Gegenstandswert dürfte mit dem 1/2 Wert des Verfahrens nach § 99 Abs. 4 BetrVG in
der Regel angemessen festgesetzt werden, denn die zugrunde liegenden Streitfragen im
Hinblick auf die Zustimmungsverweigerung des Betriebsrates sind identisch. Für die
Frage der vorläufigen Umsetzung kommt es zwar auf einen davon unabhängigen Sachverhalt, nämlich die die Dringlichkeit belegenden Tatsachen und deren rechtliche Würdi-
gung an, doch ist die Bedeutung des Feststellungsantrags angesichts der Entscheidungs-
möglichkeiten des Gerichts als weniger gewichtig anzusehen. Dem Feststellungsantrag
kommt nämlich nur dann eigenständige Bedeutung zu, wenn das Gericht über ihn vorab
entschieden und festgestellt hat, dass die Erforderlichkeit zur vorläufigen Umsetzung
nicht bestand. In diesem Fall muss der Arbeitgeber die vorläufige Maßnahme nach
§ 100 Abs. 3 BetrVG innerhalb von zwei Wochen beenden und für die endgültige
Umsetzung den Ausgang des Zustimmungsersetzungsverfahrens abwarten. Ersetzt das
Arbeitsgericht die Zustimmung des Betriebsrates, ist das Verfahren bzgl. eines nicht
vorab beschiedenen Feststellungsantrags analog § 83a Abs. 2 S. 1 ArbGG einzustellen.[3]
Obsiegt der Arbeitgeber sowohl hinsichtlich der Zustimmungsersetzung wie bzgl. des
Feststellungsantrags, kann er die Maßnahme endgültig durchführen. Unterliegt er vollständig, ist er daran gehindert und muss die vorläufige Maßnahme innerhalb von zwei
Wochen beenden. Angesichts dessen kann dem Vorschlag des Streitwertkataloges gefolgt werden und der **Feststellungsantrag** mit dem 1/2 Wert des Zustimmungsersetzungsverfahrens nach § 99 Abs. 4 BetrVG neben diesem **gesondert berücksichtigt**
werden.

Nr.	Gegenstand
13.6	Das Verfahren nach § 101 BetrVG wird als eigenständiges Verfahren wie das Verfahren nach § 99 Abs. 4 BetrVG bzw. nach § 100 BetrVG bewertet. Als kumulativer Antrag in einem Verfahren mit 1/2 Wert des Verfahrens nach § 99 Abs. 4 bzw. 100 BetrVG.

---

2 BAGE 56, 108.
3 BAG, NZA 2005, 535.

534 Nach § 101 BetrVG kann der Betriebsrat beantragen, den Arbeitgeber zu verpflichten, eine personelle Maßnahme aufzugeben, zu der der Betriebsrat seine Zustimmung verweigert hat oder deren vorläufige Umsetzung der Arbeitgeber entgegen § 100 BetrVG aufrechterhält. Das Arbeitsgericht kann auf Antrag des Betriebsrats den Arbeitgeber auch durch **Zwangsgeld** hierzu anhalten, wenn der Arbeitgeber die personelle Maßnahme entgegen der rechtskräftigen Entscheidung des Gerichts nicht aufgibt.

535 Der Vorschlag des Streitwertkatalogs geht davon aus, dass es sich bei diesem Verfahren um ein **eigenständiges Verfahren** handelt. Dies ist zutreffend, denn der Verfahrensgegenstand unterscheidet sich sowohl vom Zustimmungsersetzungsverfahren nach § 99 Abs. 4 BetrVG wie auch von dem nach § 100 BetrVG. Die **wirtschaftliche Bedeutung** des Verfahrens ist angesichts seiner Konsequenz, der Aufgabe der entsprechenden Maßnahme bzw. deren Nichtdurchführbarkeit, **identisch**. Der Gegenstandswert ist deshalb in gleicher Höhe festzusetzen, wie bei den beiden anderen Verfahren.

536 Wird der Antrag hingegen bereits als kumulativer Antrag im Verfahren nach § 99 Abs. 4 bzw. § 100 BetrVG gestellt, kommt ihm in deren Rahmen nicht die gleiche wirtschaftliche Bedeutung zu, sondern ist als Mittel zur Durchsetzung der jeweiligen Entscheidung als **Annex** anzusehen. Dem Vorschlag des Streitwertkataloges, in diesem Fall den entsprechenden Antrag zusätzlich mit dem 1/2 Wert des eigentlichen „Hauptverfahrens" zu versehen, kann daher gefolgt werden.

Nr.	Gegenstand
13.7	Bei Massenverfahren mit wesentlich gleichem Sachverhalt, insbesondere bei einer einheitlichen unternehmerischen Maßnahme und parallelen Zustimmungsverweigerungsgründen und/oder vergleichbaren Eingruppierungsmerkmalen, erfolgt – ausgehend von vorgenannten Grundsätzen – ein linearer Anstieg des Gesamtwertes, wobei als Anhaltspunkt folgende Staffelung für eine Erhöhung angewendet wird: – beim 2. bis einschließlich 20. parallel gelagerten Fall wird für jeden Arbeitnehmer der für den Einzelfall ermittelte Ausgangswert mit 25 % bewertet, – beim 21. bis einschließlich 50. parallel gelagerten Fall wird für jeden Arbeitnehmer der für den Einzelfall ermittelte Ausgangswert mit 12,5 % bewertet, – ab dem 51. parallel gelagerten Fall wird für jeden Arbeitnehmer der Ausgangswert mit 10 % bewertet.

537 Der Streitwertkatalog schlägt für sog. Massenverfahren, denen eine einheitliche unternehmerische Maßnahme (z.B. Schließung eines Standortes) und parallele Zustimmungsverweigerungsgründe vorliegen (z.B. bzgl. der Versetzung der betroffenen Mitarbeiter an einen anderen Standort), die Bildung eines Gegenstandswertes vor, der die mit der Parallelität verbundene Vereinfachung der Bearbeitung der Einzelfälle degressiv berücksichtigt. Dies ist grundsätzlich zu befürworten.

Auszugehen ist hierfür von der für den Einzelfall vorzunehmenden Bemessung des **538** Gegenstandswertes für Einstellung, Ein-/Umgruppierung, Versetzung und anderweitige personelle Einzelmaßnahmen nach § 99 BetrVG. Anschließend ist nach dem Vorschlag des Streitwertkataloges wie folgt vorzugehen:

Beispiel:
Ergibt sich dem Grunde nach beim „ersten" betroffenen Arbeitnehmer ein Gegenstandswert von 10.000,– EUR, ist der Gegenstandswert für die betroffenen Arbeitnehmer 2 bis 20 mit je 2.500,– EUR (= 47.500,– EUR), für die betroffenen Arbeitnehmer 21 bis 50 mit je 1.250,– EUR (= 37.500,– EUR) und ab dem 51. Arbeitnehmer mit je 1.000,– EUR zu bemessen. Insgesamt ergäbe sich danach z.b. bei 57 betroffenen Arbeitnehmern für das Beschlussverfahren ein Gegenstandswert von 102.000,– EUR (10.000,– EUR + 19 x 2.500,– EUR + 30 x 1.250,– EUR + 7.000,– EUR).

Man wird jedoch den Vorschlag des Streitwertkatalogs auch insoweit ernstnehmen **539** müssen, dass es sich bei dieser rechnerischen Herleitung lediglich um einen „Anhaltspunkt" handelt. Je nach den Umständen des Einzelfalls ist eine Erhöhung oder auch Verringerung denkbar, wenn der zugrunde liegende Sachverhalt besonders schwierig oder aufwendig ist oder sich im Gegenteil als eher einfache Angelegenheit darstellt.

Nr.	Gegenstand
14.	*Sachmittel – Kostenerstattung nach § 40 BetrVG*
14.1	Vermögensrechtliche Streitigkeit: Entscheidend ist die Höhe der angefallenen Kosten/des Wertes der Aufwendungen; bei dauernden Kosten, z.B. Mietzinszahlungen: max. 36 Monatsaufwendungen.
14.2	Schulungskosten: Vermögensrechtliche Streitigkeit: Entscheidung ist die Höhe der Schulungskosten, inklusive Fahrtkosten.

Der Vorschlag des Streitwertkataloges geht zutreffend davon aus, dass bei Streitigkeiten **540** um die Ausstattung des Betriebsrats mit Sachmitteln wie auch um Schulungskosten um bezifferbare vermögensrechtliche Streitigkeiten handelt.

Zwar ist der Betriebsrat nach § 40 Abs. 2 BetrVG nicht berechtigt, sich selbst **Sachmittel** **541** zu verschaffen, sondern besitzt gegen den Arbeitgeber lediglich einen Anspruch, dass dieser ihm die notwendigen Sachmittel zur Verfügung stellt,[1] doch kann sich der Arbeit-

---

1 BAGE 42, 259.

geber gegen den Aufwand für die erforderliche Ausstattung nicht wehren. Zu den Sachmitteln gehören unter anderem die Büroausstattung, Kommunikationsmittel, EDV, Literatur und im notwendigen Umfang auch Büropersonal. Bei der Entscheidung, ob ein Sachmittel erforderlich ist, besteht ein Beurteilungsspielraum des Betriebsrats. Gerichtlich kann die Entscheidung des Betriebsrats nur daraufhin kontrolliert werden, ob das verlangte Sachmittel der Wahrnehmung seiner gesetzlichen Aufgaben dienen soll und der Betriebsrat bei seiner Entscheidung den berechtigten Interessen des Arbeitgebers und der Belegschaft angemessen Rechnung getragen hat.[2]

542   Zu den von § 40 Abs. 1 BetrVG erfassten Kosten gehören auch diejenigen, die durch die Teilnahme von Betriebsratsmitgliedern an **Schulungen** entstehen, damit diese die für ihre Tätigkeit erforderlichen Kenntnisse erwerben können.[3] Der Betriebsrat darf den Arbeitgeber jedoch nach dem Grundsatz der Verhältnismäßigkeit nur mit Kosten belasten, die er der Sache nach für zumutbar halten kann.[4] Der Betriebsrat hat dabei Größe und Leistungsfähigkeit des Betriebs zu berücksichtigen und hinsichtlich des Schulungszwecks, der Relevanz des Themas, der örtlichen Lage der Schulung und über die Anzahl der teilnehmenden Betriebsratsmitglieder nach pflichtgemäßen Ermessen zu entscheiden.[5]

543   Da im jeweiligen Beschlussverfahren konkret aufzuwendende bzw. nicht aufzuwendende Kosten streitgegenständlich sind, ist deren Summe als Gegenstandswert des Verfahrens festzusetzen.

Nr.	Gegenstand
15.	*Unterlassungsanspruch*
	Sowohl für den allgemeinen Unterlassungsanspruch als auch den Anspruch nach § 23 Abs. 3 BetrVG: Festsetzung entsprechen dem Wert des streitigen Mitbestimmungs- oder Mitwirkungsrechts.

544   Der Vorschlag des Streitwertkatalogs geht zutreffend davon aus, dass sowohl für den allgemeinen Unterlassungsanspruch wie auch für den Anspruch nach § 23 Abs. 3 BetrVG bei Verletzung gesetzlicher Pflichten des Arbeitgebers der Gegenstandswert des Beschlussverfahrens nach dem Wert des jeweils streitigen Mitbestimmungs- oder Mitwirkungsrechts zu bestimmen ist.

---

2 BAGE 91, 325.
3 BAG, Beschl. v. 28.3.2007 – 7 ABR 33/06, juris.
4 BAGE 80, 236.
5 BAGE 26, 269; zu einem unverhältnismäßigen Kostenaufwand BAG, Beschl. v. 19.3.2008 – 7 ABR 2/07, juris.

Die Regelung des § 23 Abs. 3 BetrVG soll – als Gegenstück zu Ausschluss und Auflö-   **545**
sung des Betriebsrats nach § 23 Abs. 1 u. 2 BetrVG – gewährleisten, dass der Arbeitgeber die betriebsverfassungsrechtlichen Regeln einhält. Neben den gesetzlichen Vorschriften sind auch Vorgaben durch Tarifvertrag, Betriebsvereinbarung, Regelungsabrede und Sprüche der Einigungsstelle erfasst, nicht dagegen individualvertragliche
Pflichten des Arbeitgebers. Voraussetzung für den **Anspruch nach § 23 Abs. 3 BetrVG**
ist ein **grober Pflichtenverstoß** des Arbeitgebers. Dies kann bereits ein einmaliger
Verstoß sein, der zudem kein Verschulden voraussetzt. Vertritt der Arbeitgeber zu einer
schwierigen oder ungeklärten Rechtsfrage eine Rechtsauffassung, die sich später als
falsch herausstellt, begründet dies jedoch keinen groben Pflichtenverstoß in diesem
Sinne.[1] Das Gericht gibt dem Arbeitgeber auf den Antrag des Betriebsrats hin auf,
den jeweiligen groben Verstoß zu unterlassen oder die Vornahme einer Handlung des
Betriebsrates zu dulden und droht hierfür ggf. Ordnungsgeld und Zwangsgeld an.

Neben diesen besonders ausgestalteten Anspruch des Betriebsrates tritt ein **allgemeiner**   **546**
Unterlassungsanspruch zum Schutz der Tarifautonomie, der in § 1004 Abs. 1 BGB
i.V.m. Art. 9 Abs. 3 GG gründet.[2] Dieser Unterlassungsanspruch kann auch im Wege
einer einstweiligen Verfügung geltend gemacht werden, wenn anders ein mitbestim-
mungswidriges Verhalten des Arbeitgebers nicht rechtzeitig genug verhindert werden
kann.[3]

Dem Vorschlag des Streitwertkataloges ist zu folgen, denn der Gegenstandswert des   **547**
jeweiligen Anspruchs bemisst sich seiner Höhe nach nicht aus dem Unterlassungsanspruch selbst, sondern hängt von der jeweiligen Handlung oder Unterlassung ab, die
begehrt wird. Maßgeblich ist deshalb der **Wert des jeweiligen Mitbestimmungs- oder**
Mitwirkungsrechts des Betriebsrates.

Nr.	Gegenstand
16.	*Zuständigkeitsstreitigkeiten/Kompetenzabgrenzung*
16.1	Abgrenzung Zuständigkeit Betriebsratsgremien: Grundsätzlich Hilfswert nach § 23 Abs. 3 S. 2 RVG, ggf. wird unter Berücksichtigung der Umstände des Einzelfalls eine Erhöhung bzw. ein Abschlag in Betracht kommen.
16.2	Abgrenzung Betrieb/gemeinsamer Betrieb/Betriebsteil: Grundsätzlich Hilfswert nach § 23 Abs. 3 S. 2 RVG, ggf. wird unter Berücksichtigung der Umstände des Einzelfalls eine Erhöhung bzw. ein Abschlag in Betracht kommen.

1 Vgl. zahlreiche Einzelnachweise aus der Rechtsprechung bei ErfK-ArbR/Koch, § 23 Rn 19.
2 BAGE 91, 210.
3 ErfK-ArbR/Kania, § 87 Rn 138.

548 Nach dem Vorschlag des Streitkataloges soll für die Streitigkeiten über die Abgrenzung der Zuständigkeiten von Betriebsratsgremien wie auch bei Streitigkeiten zur Abgrenzung von Betrieb, gemeinsamen Betrieb und Betriebsteilen grundsätzlich der Hilfswert nach § 23 Abs. 3 S. 2 RVG angesetzt werden, wobei je nach den Umständen des Einzelfalls eine Erhöhung oder Reduzierung vorgenommen werden soll.

549 Denkbar sind insoweit z.b. Streitigkeiten zwischen dem Betriebsrat und dem nach § 27 BetrVG gebildeten **Betriebsausschuss** oder weiteren nach § 28 BetrVG gebildeten **Ausschüssen**, denen Aufgaben zur selbstständigen Entscheidung oder Erledigung übertragen werden können. Vorgesehen ist auch die Bildung von **Arbeitsgruppen** nach § 28a BetrVG.

550 Die Abgrenzung zwischen Betrieb, Betriebsteil oder einem gemeinsamen Betrieb ist in vielfältiger Hinsicht von Bedeutung, etwa schon für die Betriebsratsfähigkeit oder das Ausscheiden eines Betriebsratsmitglieds aus dem Betriebsrat oder auch für die Frage der Übertragung eines Betriebsteils. Unter einem **Betrieb** ist im betriebsverfassungsrechtlichen Sinne ist diejenige organisatorische Einheit zu verstehen, mit der der Arbeitgeber seine wirtschaftlichen oder ideellen Zwecke verfolgt.[1] **Betriebsteile** werden in § 4 Abs. 1 BetrVG als solche definiert, die räumlich weit entfernt vom Hauptbetrieb sind oder durch Aufgabenbereich oder Organisation eigenständig sind. Ein **gemeinsamer Betrieb** liegt vor, wenn mindestens zwei Unternehmen die in einer Betriebsstätte vorhandenen materiellen und immateriellen Mittel für einen oder mehrere einheitliche arbeitstechnische Zwecke zusammenfassen, ordnen, gezielt einsetzen und der Einsatz der menschlichen Arbeitskraft von einem einheitlichen Leitungsapparat gesteuert wird. Die Leitung muss sich dabei auf wesentliche Funktionen des Arbeitgebers in personeller und sozialer Hinsicht erstrecken.[2]

551 Der Vorschlag des Streitwertkataloges zur Bemessung des Gegenstandswertes für ein Beschlussverfahren, in dem Zuständigkeits- bzw. Abgrenzungsfragen dieser Art gegenständlich, ist plausibel. Es wäre verfehlt, wollte man etwa den Wert des Verhandlungsgegenstandes, über den zwei Betriebsratsgremien streiten, oder den Wert des Betriebsteils, dessen Abgrenzung streitig ist, für die Bemessung des Gegenstandswertes des Beschlussverfahrens zugrunde legen. Insoweit sind auch nicht wirtschaftlich bezifferbare Konsequenzen der Zuständigkeits- oder Abgrenzungsentscheidung Gegenstand des Verfahrens, sondern die Kompetenzordnung oder Betriebsstruktur als solche. Hierbei handelt es sich jeweils um **nichtvermögensrechtliche Streitigkeiten**, für deren Wertbestimmung es keine hinreichenden Anhaltspunkte gibt. Der Rückgriff auf den Hilfswert nach § 23 Abs. 3 S. 2 RVG ist daher angezeigt, auch wenn ggf. in Folge der jeweiligen Entscheidung aus der Sicht des Arbeitgebers weitreichende wirtschaftliche Effekte entstehen.

1 BAGE 52, 325.
2 BAGE 109, 332.

Nr.	Gegenstand
17.	*Zustimmungsersetzungsantrag (§ 103 BetrVG)*
	Vergütung des betroffenen Arbeitnehmers für ein Vierteljahr (wegen der Rechtskraftwirkung).

Der Vorschlag des Streitwertkataloges sieht für das Beschlussverfahren zur Ersetzung **552** der Zustimmung des Betriebsrates zur beabsichtigten Kündigung eines Betriebsratsmitglieds nach § 103 BetrVG vor, dass als Gegenstandswert der **Vierteljahresverdienst** des betroffenen Betriebsratsmitglieds anzusetzen ist.

Diesem Vorschlag kann gefolgt werden. Ersetzt das Arbeitsgericht rechtskräftig die **553** Zustimmung, kann der Arbeitgeber das Betriebsratsmitglied (aus außerordentlichen Gründen) kündigen. Für die dagegen erhobene Kündigungsschutzklage des Betriebsratsmitglieds hat die **Zustimmungsersetzung** durch das Gericht **präjudizielle Wirkung**, denn über das Vorliegen eines wichtigen Grundes zur außerordentlichen Kündigung wurde insoweit bereits rechtskräftig entschieden.[1] Dem Arbeitnehmer bleibt insoweit zu einem späteren Zeitpunkt nur neuer Tatsachenvortrag.[2]

Angesichts dessen ist es sachgerecht, den Gegenstandswert für dieses Beschluss- **554** verfahren dem des Kündigungsschutzprozesses entsprechend festzusetzen und daher den Vierteljahresverdienst des Betriebsratsmitglied festzusetzen (zu dessen Berechnung vgl. I. Nr. 10, Rdn 142 ff.).

---

1 BAG, NZA 1993, 501; NZA 1993, 1052.
2 Vgl. Fitting, § 103 Rn 47.

Stichwortverzeichnis

Alles rund ums Arbeitsrecht!

Diese und weitere Bücher finden Sie auf unserer Homepage unter:

www.anwaltverlag.de

DeutscherAnwaltVerlag